Erfolgreich Optionen handeln

Julia Spina

JULIA SPINA

mit einem Vorwort von Tom Sosnoff

Erfolgreich Optionen handeln

Erprobte Strategien
für Ihren Anlageerfolg

Börsenbuchverlag

Die Originalausgabe erschien unter dem Titel
The Unlucky Investor's Guide to Options Trading
ISBN 978-1-119-88265-7

2. Auflage 2025

Übersetzung: Egbert Neumüller
Gestaltung Cover: Holger Schiffelholz
Gestaltung, Satz und Herstellung: Timo Boethelt
Lektorat: Claus Rosenkranz
Druck: CPI books GmbH, Leck, Germany

ISBN 978-3-86470-901-2

Bibliografische Information der Deutschen Nationalbibliothek:
Die Deutsche Nationalbibliothek verzeichnet diese Publikation in der
Deutschen Nationalbibliografie; detaillierte bibliografische Daten
sind im Internet über <http://dnb.d-nb.de> abrufbar.

BÖRSEN MEDIEN
AKTIENGESELLSCHAFT

Postfach 1449 • 95305 Kulmbach
Tel: +49 9221 9051-0 • Fax: +49 9221 9051-4444
E-Mail: info@plassen-buchverlage.de
www.boersenbuchverlag.de
www.facebook.com/plassenverlag
www.instagram.com/plassen_buchverlage

Für Beth, Ken und Joe Spina
sowie für die kleineren, flaumigeren Spinas,
die im Laufe der Zeit zu uns gestoßen sind

„Ass-Ass-Neun" ist bei Tastytrade ein interner Scherz – und es ist sehr gut möglich, dass dies die ärgerlichste Art ist, beim Blackjack zu verlieren. Für diejenigen, die sich mit Glücksspielen nicht auskennen: Beim Blackjack spielen ein als Dealer oder Geber bezeichneter Croupier und ein Spieler miteinander und Ziel des Spiels ist es, möglichst nahe an 21 Punkte, aber nicht darüber zu kommen. Bildkarten zählen zehn Punkte, Asse zählen entweder einen oder elf Punkte. Nun stellen Sie sich vor, Sie sitzen mit schönen 20 auf der Hand am Blackjack-Tisch und der Dealer zeigt Ihnen ein Ass. Er bestätigt, dass er keinen Blackjack hat, und deckt seine zweite Karte auf, ebenfalls ein Ass. Dann ist das Spiel im Grunde gewonnen, denn der Dealer hat ganz schlechte Karten – zwei beziehungsweise zwölf Punkte gegen Ihre 20. Doch dann zieht der Dealer eine dritte Karte – eine Neun – und noch während Sie rechnen, hat das Haus bereits Ihre Chips eingezogen.

INHALT

VORWORT

Ich habe es weit gebracht, seit ich in den 1980er- und 1990er-Jahren in den Trading-Pits den aufrechten Gang lernte. Heute entferne ich bei Hotdogs das Einwickelpapier, bevor ich sie esse, und ich habe auch ein bisschen was über Geldanlage gelernt, nachdem ich mich 20 Jahre lang im ganzen Land mit Menschen getroffen und ihnen beigebracht habe, wie man tradet. Eine verrückte Erkenntnis: Glücklose Anleger geben gewöhnlich die besten Trader ab. Warum? Weil jeder bei einem zufälligen Investment Glück haben und damit Gewinn machen kann, jedoch in der kleinen Welt der erfolgreichen Trader der gemeinsame Nenner quantitatives Geschick ist. Eine weitere verrückte Erkenntnis: Jeder, der Zugang zu den richtigen Informationen hat, kann dieses Geschick erlernen.

Damals, im Jahr 2009, als TD Ameritrade Thinkorswim aufkaufte, warf ich bei den Verhandlungen alles in die Waagschale, was ich hatte, um persönlich den Domainnamen tastytrade.com behalten zu dürfen. Jahre zuvor hatte ich diese Webadresse über GoDaddy für 9,95 Dollar gekauft und ich war ebenso wie bei „Thinkorswim“ überzeugt, dass der Name „Tastytrade“ funktionieren würde. Ich habe keine Ahnung, weshalb mir tastytrade.com so gut gefiel, aber manchmal scheint das Bauchgefühl Recht zu behalten. Der Daseinszweck von Tastytrade war, eine Lücke in den Finanzmedien zu füllen und ein unerprobtes Modell kostenlos anzubieten, das auf rein mathematischem Content aufgebaut war. In den letzten zehn

Jahren haben wir fleißig an unserer Kundenbindung gearbeitet, indem wir komplexe Finanzstrategien für Privatanleger eingeführt haben. Nach wie vor beantworten wir rund um die Uhr Fragen und geben das weiter, was wir als Marketmaker und Softwareunternehmer gelernt haben – und das alles gratis. Wir sind wirklich der Gast, der nicht heimgehen will, aber wir sind überzeugt, dass ununterbrochene Kundenbetreuung von zentraler Bedeutung ist, um Trader zu motivieren.

Ich habe an die letzten zwei Jahrzehnte sehr viele besondere Erinnerungen, aber eine meiner liebsten ist eine Trading-Story, die ich bei einem Ausflug in die Wüste Anfang 2001 erlebt habe. Es war das erste Mal, dass wir in Las Vegas eine Live-Trading-Show veranstalteten, und ein großer Trader, der dabei war, fragte mich, wie lange es dauern würde, über unsere Plattform eine große Order auszuführen. Als ich ihn nach der Order fragte, sagte er, er wolle 10.000 Spreads. Das war, bevor es die elektronische Ausführung von Spreads gab, und ich dachte, er wolle mich veräppeln. Aber um meinen guten Willen zu demonstrieren (und weil ich mir keine Blöße geben wollte), sagte ich, wir würden die Order in einer Sekunde ausführen. Der Kunde war überzeugt, dass das nicht klappen würde, und daher freute ich mich sehr, als ich ihm mitteilen konnte – mit Handzeichen und allem –, dass seine Order in weniger als einer Sekunde ausgeführt worden war und sich der Preis um fünf Cent verbessert hatte. Wir machten uns zwar zum Affen, aber so hat alles angefangen. Im Laufe der Jahre bauten wir weiterhin unverwüstliche Beziehungen zu Hunderttausenden fantastischen Freunden, Tradern und Anlegern auf. Wir spielten im Casino miteinander, aßen zusammen, tranken etwas an der Bar, wir lachten, wenn wir Geld verdienten, und weinten, wenn wir Geld verloren. Wir erzählten uns Witze, brachten einander in Verlegenheit, demütigten uns gegenseitig und quälten unsere Freunde. Wir konzentrierten uns nicht nur deshalb auf den Aufbau dieser Beziehungen, weil es so viel Spaß machte, sondern auch weil wir sahen, wie sehr das die Menschen motivierte, zu lernen, wie man tradet und an den Märkten teilnimmt.

Das war für den Erfolg von Thinkorswim entscheidend und regte uns zur Gründung von Tastytrade an.

Als wir mit Tastytrade anfingen, war unser Testgelände ein ehemaliges Hip-Hop-Studio in der Innenstadt von Chicago. Es befand sich im zweiten Stock, neben dem Empfangstresen stand ein Klavier, mitten im Wohnzimmer ein Schlagzeug. Überall lagen alte Plattenhüllen und kaputte Musikinstrumente herum, aber die Energie war mit Händen zu greifen. Unser Research-Team bestand aus einem Guitar-Hero-Champion in einem Hotdog-Kostüm, ein paar Praktikantinnen und Praktikanten sowie einem ehemaligen Marketmaker. Unser Mentor war eine provokante Sportskanone, die vor allem dafür bekannt war, auf der 50-Yard-Linie des Soldier-Field-Stadions Sex gehabt zu haben, und zu allem Überfluss hatten wir noch einen zusammengewürfelten Haufen Comedians von „The Second City" angeworben. Gott sei Dank wussten wir, wie man tradet, denn von Medienarbeit hatten wir keine Ahnung. Noch schlimmer: Ich werde nie den Tag vergessen, an dem wir beschlossen, Videos in HD-Qualität anzubieten. Da dachte ich mir: „So sehe ich doch auf keinen Fall aus." Deshalb ist Tastytrade so toll – weil wir uns ein komplett neues Modell für ein Finanzmedium ausdachten, als die Chancen gegen uns standen.

Anleger, die Glück haben, durchdenken die Dinge nie, weil sie es nicht brauchen: Sie folgen einfach der Herde und hoffen das Beste. Wir weigerten uns, den traditionellen Finanzmedien auf dem Weg der Eigenwerbung und der finanziellen Irrelevanz nachzufolgen. Wir fanden kluge Leute, spendierten ihnen billiges Essen, ließen sie irrsinnig lange arbeiten, gaben ihnen kostenlose Snacks und ließen sie größtenteils machen, was sie wollten. Das Ergebnis? Wir haben die Welt der strategischen Geldanlage verändert.

Wir wussten schon frühzeitig, dass ein Buch über den Optionshandel unserem Modell der Kundenbetreuung eine neue Ebene hinzufügen würde und ein leistungsfähiges Werkzeug für die Erstellung von Finanz-Content wäre. Vor 18 Jahren schloss ich mich mit einem unserer Mitgründer in unserem alten Konferenzraum ein und wir versuchten, ein Buch zu schreiben. Wir engagierten einen professionellen Autor, entrümpelten unsere Terminkalender und räumten dem Buch Priorität ein. Drei Tage und eine halbe Seite später feuerten wir den Autor und gaben das Buchprojekt auf, um unsere Freundschaft sowie die Zukunft unserer Firma zu bewahren. Schneller Vorlauf ins Jahr 2021: Da packte mich erneut der Buchtick, aber diesmal wusste ich, dass ich dieser Aufgabe nicht gewachsen war. So freundlich, wie es mir möglich ist, bat ich zwei unserer jungen und klugen Research-Mitarbeiter um Hilfe. Ich sagte: „Das ist euer Job." Julia und Anton nahmen diese Herausforderung an und sie haben sie voll und ganz gemeistert. Ich bin wirklich überzeugt, dass dies das logischste, informativste und umfassendste Buch über strategischen Optionshandel ist, das je geschrieben wurde. Die glücklosen Anleger dürfen jubeln. Kein Buch wird jemals der für jeden passende Gral des Optionshandels sein, aber *Erfolgreich Optionen handeln* ist das, was dem am nächsten kommt.

Tom Sosnoff

VORREDE

Wenn die Bedingungen genau richtig sind, passieren außerordentliche Dinge, wenn viele Einzelteile zusammenpassen: Wassermoleküle organisieren sich und bilden Schneeflocken; Zellen fügen sich zusammen und erschaffen Organe; Jetstreams verbinden sich und verursachen Tornados; Sandkörner sammeln sich und lösen Lawinen aus; Investoren verkaufen panisch und sorgen für Börsencrashs. Komplexe Systeme bestehen aus vielen Teilen, die in Wechselwirkung miteinander stehen, und wenn sich diese Teile so organisieren, dass kollektive Phänomene entstehen, die kein Teil allein hätte erzeugen können, liegt die sogenannte Emergenz vor. Komplexe Systeme finden sich in fast allen Disziplinen und die Mathematik zur Beschreibung emergenter Eigenschaften ist nicht nur faszinierend, sondern deutet auch auf grundlegende Ähnlichkeiten zwischen komplexen System hin, die scheinbar nichts miteinander zu tun haben. Die Ausrottung einer Fliegenart durch eine invasive Froschart hat ja nun wirklich nichts mit den Finanzmärkten zu tun, jedoch lässt sich die Dynamik der Fliegenpopulation, die einen ökologischen Kollaps erleidet, kaum von derjenigen einer Aktie unterscheiden, die einen ökonomischen Kollaps erleidet. Viele Physiker fühlen sich zur Finanzwelt hingezogen, weil sich physikalische Systeme und finanzielle Systeme mit ähnlichen theoretischen, statistischen und rechnergestützten Werkzeugen analysieren lassen. Das Interesse an diesen mathematischen Zusammenhängen war das, was mich anfänglich zur Finanzwelt hinzog. Als ich jedoch zu Beginn des Crashs 2020 meinen ersten Trade platzierte, lernte ich schnell, wie wichtig außerdem die finanzielle Intuition vor allem beim Handel mit Optionen ist.

Zwar erwächst die Intuition eines Traders aus Erfahrung, aber effektiver kann er diese Intuition ausbilden, indem er sein Engagement am Markt um ein paar einfache Trading-Philosophien ergänzt. Viele Artikel, Bücher und Blogs, die ich als angehende Optionshändlerin las, behandelten zwar detailliert die Optionstheorie und ihre Mathematik, jedoch begegnete mir nie eine Quelle, die ausdrücklich die unentbehrlichsten Bestandteile der Entwicklung einer praktischen Strategie darlegte. Ohne ein System von Kernprinzipien für das Trading war es eine Herausforderung, die Finanztheorie anzuwenden, die Daten zu interpretieren und zu analysieren sowie irgendwie ein intuitives Gefühl für den Markt zu kultivieren. Doch sobald ich ein Fundament aus Grundlagen des Optionshandels hatte, wurde die Bewältigung der Options-Lernkurve zu einem erheblich besser zu handhabenden Prozess. In meinem Fall entwickelte sich dieses Fundament aus Gesprächen mit meinen Kollegen bei tastytrade (meistens Diskussionen mit Anton Kulikov), aus der regelmäßigen Beobachtung der Optionsmärkte, aus der Nutzung von Optionsdaten und der Optionstheorie für den Aufbau umsetzbarer Strategien sowie aus viel Versuch und Irrtum. Mit diesem Buch verfolge ich das Ziel, neuen Tradern dabei zu helfen, ihre eigene Intuition effektiver aufzubauen, indem ich die Philosophien aufschlüssele, die die Grundlage für meine eigene Intuition waren – ich fange mit ein bisschen Mathematik und Markttheorie an und darauf baue ich dann auf. Erfahrung ist durch nichts zu ersetzen und der erste Options-Trade wird den Anlegern wahrscheinlich mehr beibringen als jedes Buch. Jedoch hoffe ich, dass der Rahmen, den Anton und ich gesetzt haben, es neuen Tradern ermöglicht, sich vertrauensvoll auf den Optionsmarkt zu begeben und aus ihren ersten Handelserfahrungen einen sinnvollen Nutzen zu ziehen, sowohl finanziell als auch hinsichtlich des Lernens.

Julia Spina

DANKSAGUNGEN

Die Welt ist voller Ungewissheiten, doch bin ich ziemlich sicher, dass dieses Projekt ohne die harte Arbeit einiger sehr talentierter Menschen in einer Katastrophe geendet hätte. Zuallererst wäre dieses Buch ohne Tom Sosnoff nicht möglich gewesen. Tom hat das Projekt als Erster vorgeschlagen und er hat mich bei meiner Arbeit sowie in meinen Einschätzungen während des gesamten Prozesses von ganzem Herzen unterstützt. Er ist ein toller Chef und es mangelt ihm nie an fantastischen Restaurantempfehlungen. Die leitende Lektorin Erika Cohen war nicht nur höchst kompetent, sondern es war auch wundervoll, mit ihr zusammenzuarbeiten. Da sie von Anfang an beteiligt war, spielte sie eine riesige Rolle dabei, unsere Gedanken zu ordnen, und ihre Erkenntnisse haben die Lesbarkeit und Verständlichkeit des Stoffes enorm verbessert. Ich wünsche ihr und ihrer Familie nur das Beste. Auch der technische Redakteur Jacob Perlman war für die Entwicklung dieses Buches von entscheidender Bedeutung. Die Arbeit, die er vor Jahren bei Tastytrade leistete, legte das Fundament für viele in diesem Buch präsentierte Ideen und bis zum heutigen Tage inspiriert sie private Trader. Sein mathematischer Sachverstand hat die Genauigkeit und die Darstellung der behandelten technischen Konzepte verbessert und ich kann seine Fähigkeiten nur über den grünen Klee loben.

Auf Verlagsseite war Jeff Joseph maßgeblich für die Verwandlung unserer Reihe von Manuskripten in ein richtiges Buch. Er war immens hilfreich bei der Organisation der Logistik für den Veröffentlichungsprozess, er gab kreative Ratschläge und begründete unsere Beziehung zu Wiley. Ohne die kompetenten Mitglieder des redaktionellen Teams von Wiley, die alle außerordentlich viel Mühe in dieses Buch gesteckt haben, wäre dieses Buch nicht möglich gewesen. Während des gesamten Prozesses haben viele Menschen zu diesem Projekt beigetragen, aber einige von denen, mit denen ich am engsten zusammengearbeitet habe, sind Bill Falloon, Purvi Patel, Manikandan Kuppan, Susan Cerra und Samantha Wu. Auch möchte ich für die künstlerischen Beiträge von Cassie Scroggins danken, die bei der Umschlaggestaltung einen fantastischen Job gemacht hat.

Ebenfalls dankbar bin ich für die inhaltlichen Ratschläge von Thomas Preston, der sich nie vor meinen vielen Anrufen drückte, und für die schriftstellerischen Ratschläge von Vonetta Logan. Anzumerken ist noch, dass alle bei Tastytrade, insbesondere das Research-Team, direkt oder indirekt an der Realisierung dieses Buches beteiligt waren. Die in diesem Buch vorgestellten Ideen wurden nicht von Grund auf entwickelt, vielmehr ergaben sie sich aus den Erfolgen und Misserfolgen der ganzen talentierten Content-Ersteller von Tastytrade in vielen Jahren der Zusammenarbeit.

Julia Spina

EINFÜHRUNG: WARUM MIT OPTIONEN HANDELN?

D*as Haus gewinnt immer.* Dieser mahnende Spruch trifft sicherlich zu, doch er erzählt nicht die ganze Geschichte. Von den an den Tischen geltenden Limits bis hin zu den Auszahlungsquoten sind alle Spiele in einem Casino so gestaltet, dass das Haus einen statistischen Vorteil hat. Es mag an den Spielautomaten gelegentlich große Verluste oder am Blackjack-Tisch häufig geringe Verluste erleiden, aber wenn die Gäste lange genug spielen, wird das Haus unweigerlich einen Gewinn einfahren. Die Casinos verlassen sich schon seit Langem auf dieses Prinzip als Grundlage ihres Geschäftsmodells: Entweder man setzt *gegen* das Haus und hofft, dass einen das Glück begünstigt, oder man *ist* das Haus und hat die Wahrscheinlichkeit auf seiner Seite.

Anders als die Casinos, wo die Chancen gegen die Spieler abgesteckt sind, bieten liquide Finanzmärkte ein dynamisches, ebenes Spielfeld mit mehr Raum, um Strategien zu entwerfen. Aber ähnlich wie im Casino verlässt sich ein erfolgreicher Trader nicht auf sein Glück. Vielmehr hängt der langfristige Erfolg von Tradern von ihrer Fähigkeit ab, aus den Werkzeugen, Strategien und Informationen, die ihnen zur Verfügung stehen, einen beständigen statistischen

Vorteil zu ziehen. Die heutigen Märkte werden für den Durchschnittsmenschen immer zugänglicher, denn der Onlinehandel und der gebührenfreie Handel sind gewissermaßen zum Branchenstandard geworden. Anleger haben Zugang zu einer fast unbegrenzten Auswahl an Strategien und bei dieser Entwicklung spielen Optionen eine interessante Rolle. Eine Option ist eine Art von Finanzkontrakt, der dem Inhaber das Recht gibt, einen Vermögenswert zu oder vor einem künftigen Datum zu kaufen beziehungsweise zu verkaufen – dieses Konzept wird im nächsten Kapitel noch näher erklärt. Optionen verfügen über einstellbare Risiko-Rendite-Profile, die es Tradern ermöglichen, zuverlässig die Gewinnwahrscheinlichkeit, den größten Verlust und den größten Gewinn einer Position zu wählen und möglicherweise in Marktlagen aller Art (bullish, bearish, neutral) Gewinn zu erzielen. Man kann diese höchst vielseitigen Instrumente verwenden, um Risiken abzusichern und Portfolios zu diversifizieren – *oder* man strukturiert Optionen so, dass sie risikobereiten Tradern einen Wahrscheinlichkeitsvorteil bieten.

Neben der Tatsache, dass sich Optionen auf bestimmte Chance-Risiko-Präferenzen einstellen lassen, kann man sie auch mit Depots fast jeder Größe handeln, weil sie *gehebelte* Finanzinstrumente sind. In der Welt der Optionen bedeutet „Hebelwirkung“ oder „Leverage“, dass man mit einem Trade mehr als die anfängliche Investition gewinnen oder verlieren kann. Es kann sein, dass ein Anleger für eine Option 100 Dollar bezahlt und mit dem Trade am Ende 200 Dollar Gewinn macht; es kann aber auch sein, dass er aus dem Verkauf einer Option 100 Dollar erhält und am Ende mit dem Trade 200 Dollar Verlust macht. Die Hebelwirkung mag unsympathisch erscheinen, weil sie mit einem Risiko verbunden ist, aber sie ist nicht von Grund auf gefährlich. Wenn Hebel *missbraucht* werden, können sie ganz leicht finanzielle Verheerungen anrichten. Wenn sie jedoch verantwortlich verwendet werden, ist die Kapitaleffizienz der Hebelwirkung ein leistungsfähiges Werkzeug, das es Tradern ermöglicht, mit wesentlich weniger Kapital das gleiche Risiko-Rendite-Exposure zu erzielen.

Am Markt wird einem nichts geschenkt. Ein Hebelinstrument mit einer Gewinnwahrscheinlichkeit von 70 Prozent muss im Gegenzug ein Risiko mit sich bringen, das in manchen Fällen sogar undefiniert sein kann. Deshalb ist das Kernprinzip des nachhaltigen Optionshandels das Risikomanagement. Ebenso wie Casinos die Größe der Jackpot-Auszahlungen dadurch unter Kontrolle halten, dass den Höchsteinsatz der Spieler begrenzen, müssen Optionshändler durch Begrenzung der Positionsgröße die maximalen Verluste begrenzen, denen sie sich durch gehebelte Positionen aussetzen. Und genauso wie Casinos das Risiko über verschiedene Spiele mit verschiedenen Chancen streuen beziehungsweise diversifizieren, ist auch für den langfristigen Erfolg eines Optionsportfolios die Diversifizierung der Strategien unerlässlich.

Neben dem potenziellen Verlustrisiko von Optionen können noch weitere Faktoren sie für Anleger unattraktiv machen. Anders als Aktien, die passive Instrumente sind, verlangen Optionen aufgrund ihres volatilen Charakters und ihrer zeitlichen Sensitivität einen aktiveren Handelsansatz. Je nach den gewählten Strategien sollte man Optionsportfolios in Abständen von einem Tag bis zu zwei Wochen kontrollieren. Außerdem zeichnet sich der Optionshandel durch eine recht steile Lernkurve aus und im Vergleich zu Aktien erfordert er eine breitere Kenntnis der mathematischen Grundlagen. Die Mathematik der Optionen kann zwar schnell kompliziert und beschwerlich werden, doch bei der Art von Optionshandel, die in diesem Buch behandelt wird, kann man Trading-Entscheidungen häufig mithilfe einer Auswahl von Indikatoren und intuitiven Überschlagsrechnungen treffen.

Ziel dieses Buches ist es, Traderinnen und Trader darin zu schulen, individuell angepasste und auf fundierten Informationen beruhende Entscheidungen zu treffen, die am besten zu ihren einzigartigen Gewinnzielen und Risikotoleranzen passen. Unter Verwendung von Kennzahlen und historischen Backtests stellt dieses Buch das Verlustrisiko von Optionen in einen Kontext, es erkundet die strategische Kapazität solcher Kontrakte und legt den Schwerpunkt beim Aufbau eines belastbaren Optionsportfolios auf die wichtigsten Methoden des Risikomanagements. Um diese Konzepte unkompliziert vorzustellen, beginnt dieses Buch mit einer Besprechung der mathematischen und finanziellen Grundlagen des quantitativen Optionshandels (Kapitel 1), gefolgt von einer einleuchtenden Erklärung der impliziten Volatilität (Kapitel 2) und des Short-Premium-Tradings (Kapitel 3). Nach der Behandlung dieser grundlegenden Konzepte geht das Buch zum Handel in der Praxis über, angefangen bei der Kaufkraftreduktion und Optionshebeln (Kapitel 4), gefolgt von der Konstruktion von Trades (Kapitel 5) und dem Management von Trades (Kapitel 6). Kapitel 7 behandelt wesentliche Themen des Portfoliomanagements und Kapitel 8 zusätzliche Themen des fortgeschrittenen Portfoliomanagements. Kapitel 9 bietet kurze Bemerkungen zu atypischen Trades (binäre Ereignisse). Abgeschlossen wird das Buch durch ein Schlusskapitel über die wichtigsten Lehren (Kapitel 10) und einen Anhang zu mathematischen Themen.

1

MATHEMATISCHE UND FINANZIELLE GRUNDLAGEN

Zweck dieses Buches ist es, einen *qualitativen* Rahmen für die Geldanlage mit Optionen auf Grundlage einer *quantitativen* Analyse von Finanzdaten und Theorien zu bieten. Die Mathematik spielt bei der Entwicklung dieses Rahmens eine entscheidende Rolle, aber sie ist vorwiegend nur Mittel zum Zweck. Daher enthält dieses Kapitel einen kurzen Überblick über die mathematischen und finanziellen Konzepte, die erforderlich sind, um dieses Buch zu verstehen. Da es die Themen nicht gründlich behandelt, empfehlen wir mathematisch Interessierten, die in dem Abschnitt mit den Verweisen aufgelisteten zusätzlichen Texte zu lesen. Manche Abschnitte enthalten als Belege Formeln und ihre Beschreibung, aber sie sind nicht notwendig, um das restliche Buch zu verstehen.

Aktien, börsennotierte Fonds (ETFs) und Optionen

Im Laufe der Entwicklung der Märkte tauchen häufig neue Instrumente und Chancen auf, die von Swaptions bis hin zu Non-fungible Tokens (NFTs) reichen. Zu dem Zeitpunkt, zu dem dieses Buch in die Regale kommt, können die Finanzlandschaft und die darin befindlichen Instrumente ganz anders sein als zu dem Zeitpunkt, als es geschrieben wurde. Anstatt ein breites Spektrum von Instrumenten in den Blick zu nehmen, behandelt dieses Buch grundlegende Trading-Konzepte anhand einer kleinen Auswahl von Anlageklassen (Aktien, ETFs und Optionen), um Beispiele zu formulieren.

Eine *Aktie* ist ein Wertpapier, das einen Eigentumsanteil an einer Aktiengesellschaft darstellt. Normalerweise werden Aktien von der Gesellschaft als Finanzierungsquelle ausgegeben und gewöhnlich werden diese Instrumente öffentlich an Börsen gehandelt, zum

Beispiel an der New York Stock Exchange (NYSE) oder an der Nasdaq. Die Aktionäre haben je nach dem Anteil der Aktien, den sie im Verhältnis zur Anzahl der umlaufenden Aktien besitzen, einen Anspruch auf einen Anteil an dem Vermögen und dem Gewinn der Aktiengesellschaft.

Ein börsennotierter Fonds (ETF = Exchange-Traded Fund) ist ein aus Wertpapieren wie Aktien, Anleihen oder Rohstoff-Futures bestehender Korb. ETFs werden ebenso wie Aktien öffentlich an Börsen gehandelt. Ähnlich wie Investmentfonds stellen diese Instrumente Eigentumsanteile an einem diversifizierten Portfolio dar, das gewöhnlich professionell gemanagt wird. Solche Anlagen bilden Aspekte des Markts nach wie beispielsweise einen Index, einen Sektor, eine Branche oder einen Rohstoff. So ist zum Beispiel der SPDR S&P 500 (SPY) ein Index-ETF, der den S&P 500 Index nachbildet, der Energy Select Sector SPDR Fund (XLE) ist ein Sektor-ETF, der den Energiesektor nachbildet, und der SPDR Gold Trust (GLD) ein Rohstoff-ETF, der den Goldpreis nachbildet. Normalerweise sind ETFs viel billiger zu handeln als die einzelnen in einem ETF-Portfolio enthaltenen Anlagen und sie sind von Grund auf diversifiziert. Die Aktie eines Energieunternehmens unterliegt unternehmensspezifischen Risikofaktoren, während ein Anteil an einem Energie-ETF über mehrere Energieunternehmen gestreut ist.

Wenn man die Preisdynamik einer Aktie oder eines ETFs beurteilt und die Dynamik verschiedener Anlagen miteinander vergleicht, wandelt man die Kursangaben üblicherweise in Renditen um. Die Rendite einer Aktie ist der Betrag, um den ein Aktienkurs gestiegen oder gefallen ist, allerdings nicht in Dollar, sondern anteilig im Verhältnis zum vorherigen Kurs. Man kann Renditen für beliebige Zeiträume angeben (Tage, Monate, Jahre), wobei wir für unsere Berechnungen meistens Tagesrenditen benötigen. Die beiden gängigsten Arten von Renditen sind die einfache prozentuale Rendite, die nach Gleichung (1.1) berechnet wird, und die logarithmierte Rendite, die nach Gleichung (1.2) berechnet wird. Die mathematische Definition von Logarithmen und ihre Eigenschaften werden für

Interessierte im Anhang behandelt, aber man braucht diese Informationen nicht, um das restliche Buch zu verstehen.

$$\text{Einfache Rendite} = R_t = \frac{S_t - S_{t-1}}{S_{t-1}} \quad (1.1)$$

$$\text{Logarithmierte Rendite} = R_t = ln\left(\frac{S_t}{S_{t-1}}\right) \quad (1.2)$$

Wobei gilt: S_t ist der Preis der Anlage am Tag t, S_{t-1} ist der Preis der Anlage am Vortag. So hat beispielsweise eine Anlage, die an Tag 1 einen Kurs von 100 Dollar und an Tag 2 einen Kurs von 101 Dollar hat, eine einfache Rendite von 0,01 beziehungsweise von 1,0 Prozent und eine logarithmierte Rendite von 0,00995.

Die einfache und die logarithmierte Rendite haben unterschiedliche mathematische Eigenschaften (beispielsweise ergibt sich die logarithmierte Gesamtrendite über mehrere Perioden durch Addition der Renditen der einzelnen Perioden), die sich auf fortgeschrittenere quantitative Analysen auswirken. Allerdings sind diese Faktoren für die Zwecke dieses Buches nicht relevant, weil der Unterschied zwischen logarithmierten und einfachen Renditen mehr oder weniger zu vernachlässigen ist, wenn man im Zeitrahmen von Tagen arbeitet. Für alle vorgeführten Berechnungen werden einfache Tagesrenditen verwendet.

Eine *Option* ist ein Finanzderivat, was bedeutet, dass ihr Preis auf dem Wert eines ihr zugrunde liegenden Vermögenswerts beruht, auf dem sogenannten Underlying oder Basiswert. Optionskontrakte werden entweder an Börsen gehandelt (börsennotierte Optionen) oder unter geringer regulatorischer Aufsicht privat gehandelt (OTC-Optionen, OTC = Over The Counter, zu Deutsch „Freiverkehr"). Da OTC-Optionen nicht standardisiert und gewöhnlich für Privatanleger nicht zugänglich sind, werden in diesem Buch nur börsennotierte Optionen behandelt.

Eine Option gibt ihrem Inhaber das Recht (nicht aber die Pflicht), eine bestimmte Menge des Basiswerts zu einem bestimmten Zeitpunkt oder davor zu einem vorher festgelegten Preis zu kaufen beziehungsweise zu verkaufen. Die beiden gängigsten Arten von Optionen sind die amerikanischen und die europäischen Optionen. Amerikanische Optionen können jederzeit vor dem Verfalltag ausgeübt werden, europäische Optionen nur zum Verfalltag.* Da amerikanische Optionen im Allgemeinen beliebter sind als europäische Optionen und da sie flexibler sind, konzentriert sich das vorliegende Buch auf amerikanische Optionen.

Die einfachsten Arten von Optionen sind Calls und Puts – Kaufoptionen und Verkaufsoptionen. Amerikanische *Calls* geben dem Inhaber das Recht, den Basiswert innerhalb eines vorgegebenen Zeitraums zu einem bestimmten Preis zu kaufen, und amerikanische Puts das Recht, den Basiswert zu *verkaufen*. Die Kontraktbedingungen müssen vor Eröffnung des Trades festgelegt werden und sind hier aufgelistet:

- Der zum Kassakurs beziehungsweise zum aktuellen Anteilspreis (S) gehandelte Basiswert.
- Die Anzahl der zugrunde liegenden Anteile. Normalerweise bezieht sich eine Option auf 100 Anteile des Underlyings, die man als „ein Lot" bezeichnet.
- Der Preis, zu dem die Basisanteile vor der Fälligkeit gekauft beziehungsweise verkauft werden können. Dieser Preis wird als Ausübungspreis, Strike-Preis, Strike oder als Basispreis bezeichnet.
- Der Fälligkeitstag oder Verfalltag, nach dem der Kontrakt wertlos ist. Der Zeitraum vom heutigen Tag bis zum Verfalltag ist die Laufzeit beziehungsweise Restlaufzeit des Kontrakts, auch als DTE bezeichnet (Days To Expiration = Tage bis zum Verfall).

Beachten Sie, dass der Preis einer Option üblicherweise bei Calls als C angegeben wird, bei Puts als P und bei nicht spezifizierten Kon-

* An illiquiden Märkten, die wir in Kapitel 5 besprechen werden, sind amerikanische und europäische Optionen einander sehr ähnlich.

trakten als *V.* Optionshändler können diese Kontrakte kaufen oder verkaufen und die Bedingungen für die Profitabilität hängen von der Wahl der Position ab. Der Käufer des Kontrakts bezahlt die sogenannte Optionsprämie (den aktuellen Marktpreis der Option), um die *Long*-Seite der Position einzunehmen. Man spricht auch vom Long-Premium-Trade. Der auch als Stillhalter bezeichnete Verkäufer des Kontrakts erhält die Optionsprämie dafür, dass er die *Short*-Seite der Position einnimmt, also einen Short-Premium-Trade platziert. Die Wahl der Strategie entspricht der Richtungserwartung des Traders. Bei Calls und Puts ist die Richtungserwartung entweder bullish – man nimmt an, dass der Preis des Basiswerts steigen wird – oder bearish – man nimmt an, dass der Preis des Basiswerts fallen wird. Die nachstehende Tabelle bietet eine Übersicht über die Richtungserwartungen und die den jeweiligen Kontrakten entsprechenden Profitabilitätsszenarien.

Tabelle 1.1
Die Definitionen, Profitabilitätsbedingungen und Richtungserwartungen bei Long- und Short-Positionen auf Calls oder Puts

	Call	**Put**
Long	Kauf der Berechtigung, einen Basiswert (S) vor dem Fälligkeitstag zum Basispreis (K) zu kaufen. Der Gewinn steigt, wenn der Preis des Basiswerts über den Basispreis steigt (S > K). Richtungserwartung: bullish	Kauf der Berechtigung, einen Basiswert (S) vor dem Fälligkeitstag zum Basispreis (K) zu verkaufen. Der Gewinn steigt, wenn der Preis des Basiswerts unter den Basispreis fällt (S < K). Richtungserwartung: bearish
Short	Verkauf der Berechtigung, einen Basiswert (S) vor dem Fälligkeitstag zum Basispreis (K) zu kaufen. Der Gewinn steigt, wenn der Preis des Basiswerts unter den Basispreis fällt (S < K). Richtungserwartung: bearish	Verkauf der Berechtigung, einen Basiswert (S) vor dem Fälligkeitstag zum Basispreis (K) zu verkaufen. Der Gewinn steigt, wenn der Preis des Basiswerts über den Basispreis steigt (S > K). Richtungserwartung: bullish

Das Verhältnis zwischen dem Ausübungspreis und dem aktuellen Preis des Basiswerts bestimmt die *Geldnähe* der Position. Diese entspricht dem *inneren Wert* einer Position beziehungsweise dem Wert des Kontrakts bei sofortiger Ausübung. Diesbezüglich kann man die Kontrakte auf dreierlei Weise beschreiben, wobei zu beachten ist, dass Optionen keinen negativen inneren Wert haben können:

- Im Geld (ITM = In The Money): Der Kontrakt würde Gewinn bringen, wenn er sofort ausgeübt würde, und besitzt somit einen inneren Wert.
- Aus dem Geld (OTM = Out of The Money): Der Kontrakt würde Verlust bringen, wenn er sofort ausgeübt würde, und besitzt somit keinen inneren Wert.
- Am Geld (ATM = At The Money): Der Basispreis des Kontrakts entspricht dem aktuellen Preis des Basiswerts, somit besitzt er keinen inneren Wert.

Der innere Wert einer Position hängt vollständig von der Art der Position und von der Wahl des Ausübungspreises im Verhältnis zum Preis des Underlyings ab:

- Call-Optionen
    - Innerer Wert = entweder S - K (aktueller Preis - Basispreis) oder 0
    - ITM: $S > K$
    - OTM: $S < K$
    - ATM: $S = K$

- Put-Optionen
    - Innerer Wert = entweder K - S oder 0
    - ITM: $S < K$
    - OTM: $S > K$
    - ATM: $S = K$

Hier als Beispiel ein Put-Kontrakt mit 45 DTE und einem Basispreis von 100 Dollar:

- Szenario 1 (ITM): Der Kurs des Basiswerts beträgt 95 Dollar. In diesem Fall beträgt der Wert des Put-Kontrakts 5 Dollar je Stück des Basiswerts.
- Szenario 2 (OTM): Der Kurs des Basiswerts beträgt 105 Dollar. In diesem Fall besitzt der Put-Kontrakt keinen inneren Wert.
- Szenario 3 (ATM): Der Kurs des Basiswerts beträgt 100 Dollar. In diesem Fall sagt man ebenfalls, dass der Put keinen inneren Wert besitzt.

Zudem hängt der Wert einer Option auch von spekulativen Faktoren ab, die durch Angebot und Nachfrage bestimmt werden. Der *extrinsische* oder *äußere* Wert einer Option ist die Differenz zwischen dem aktuellen Marktpreis der Option und ihrem inneren Wert. Nehmen wir wieder einen Put-Kontrakt mit 45 DTE und einem Basispreis von 100 Dollar, wobei der Basiswert derzeit 105 Dollar kostet. Nehmen wir des Weiteren an, dass die Anleger aufgrund kürzlich aufgetretener Marktturbulenzen befürchten, dass der Preis des Underlyings in den nächsten 45 Tagen einbrechen und so eine Nachfrage nach diesen OTM-Put-Kontrakten erzeugen wird. Die gestiegene Nachfrage bläht den Preis des Put-Kontrakts auf 10 Dollar pro Stück auf. Da der Put-Kontrakt keinen inneren Wert besitzt, jedoch einen Marktwert von 10 Dollar, beträgt sein äußerer Wert 10 Dollar pro Stück. Betrüge der Preis des Basiswerts hingegen 95 Dollar und der Marktpreis des ITM-Puts ebenfalls 10 Dollar, dann besäße der Kontrakt einen inneren Wert von 5 Dollar und dazu einen extrinsischen Wert von 5 Dollar.

Letztlich hängt die Profitabilität einer Option sowohl von inneren als auch von äußeren Faktoren ab und sie errechnet sich als Differenz zwischen dem inneren Wert einer Option und den Kosten für den Kontrakt. Anhand der nachstehenden Gleichungen lässt sich der

Gewinn beziehungsweise Verlust (P/L = Profit/Loss) näherungsweise berechnen:*

$$\text{P/L Long-Call} = max(0, S - K) - C \tag{1.3}$$

$$\text{P/L Long-Put} = max(0, K - S) - P \tag{1.4}$$

Dabei gibt die *max*-Funktion den größeren der beiden Werte in der Klammer aus. *max*(0, 1) ergibt also 1, *max*(0, -1) hingegen 0. Um den Gewinn/Verlust der entsprechenden Short-Positionen zu berechnen, braucht man die Gleichungen bloß mit -1 zu multiplizieren. Es folgt nun ein Beispiel-Trade, bei dem die Gewinnformel für einen Long-Call angewendet wird.

Ein Call hat eine Restlaufzeit von 45 DTE und der Basiswert steht derzeit bei 100 Dollar (S). Der Ausübungspreis beträgt 105 Dollar (K) und der Long-Call kostet derzeit 100 Dollar je Lot, also 1 Dollar je Stück.

- Szenario 1: Der Basiswert steigt bis zum Verfalltag auf 105 Dollar.
  - P/L Long-Call: 100 Stücke · ((105 $ - 105 $) - 1 $) = -100 $
  - P/L Short-Call: +100 $

- Szenario 2: Der Basiswert steigt bis zum Verfalltag auf 110 Dollar.
  - P/L Long-Call: 100 Stücke · ((110 $ - 105 $) - 1 $) = +400 $
  - P/L Short-Call: -400 $

- Szenario 3: Der Basiswert fällt bis zum Verfalltag auf 95 Dollar.
  - P/L Long-Call: 100 Stücke · (0 $ - 1 $) = -100 $
  - P/L Short-Call: +100 $

* Eigentlich sollte man den künftigen Wert der Option nehmen, aber der Einfachheit halber wird hier der aktuelle Wert der Option als Näherung für ihren künftigen Wert genommen. Der künftige Wert der Optionsprämie ist der aktuelle Wert der Option multipliziert mit dem zeitbereinigten Zinsfaktor.

Der Trader, der die Long-Position einnimmt, bezahlt dem Verkäufer vorab die Prämie und erzielt Gewinn, wenn der innere Wert über den Preis des Kontrakts steigt. Der Short-Trader erzielt Gewinn, wenn der innere Wert unter dem Preis des Kontrakts bleibt, vor allem wenn die Position wertlos verfällt (kein innerer Wert). Der äußere Wert einer Option fällt im Allgemeinen während der Laufzeit des Kontrakts, weil die Unsicherheit bezüglich des Preises des Basiswerts sowie bezüglich des Gewinnpotenzials der Option abnimmt. Während sich eine Position dem Verfalltag nähert, läuft der Preis einer Option auf ihren inneren Wert zu.

Natürlich spielt beim Optionshandel die Bewertung von Optionen eine große Rolle. Um intuitiv zu verstehen, wie Optionen bewertet werden, ist es von entscheidender Bedeutung, die mathematischen Annahmen der Markteffizienz und der Preisdynamik verstanden zu haben.

Die Effizienzmarkthypothese

Als Trader muss man eine Reihe von Annahmen treffen, bevor man einen Trade platziert. Optionshändler müssen eine Annahme hinsichtlich der Richtung treffen, in die sich der Preis des Basiswerts in einem bestimmten Zeitrahmen entwickeln wird: bearish (dass der Preis fällt), bullish (dass der Preis steigt) oder neutral (dass der Preis relativ gleich bleibt). Außerdem müssen Optionshändler Annahmen hinsichtlich des aktuellen Wertes einer Option treffen. Werden Optionskontrakte als überbewertet wahrgenommen, erzielen Long-Positionen mit geringerer Wahrscheinlichkeit Gewinn. Werden Optionskontrakte als unterbewertet wahrgenommen, erzielen Short-Positionen mit geringerer Wahrscheinlichkeit Gewinn. Solche Annahmen über die Preisdynamik von Basiswert und Option sind persönliche Entscheidungen, aber als Trader kann man konsistente Annahmen treffen, indem man auf die Effizienzmarkthypothese (EMH) zurückgreift. Die EMH sagt aus, dass Finanzinstrumente zu einem angemessenen – fairen – Preis gehandelt werden und dass der aktuelle Preis eines Vermögenswerts ein gewisses Maß an verfügbaren Informationen widerspiegelt. Diese Hypothese kommt in drei Formen vor:

1. Schwache EMH: Die aktuellen Preise spiegeln alle Preisinformationen der Vergangenheit wider.
2. Mittelstrenge EMH: Die aktuellen Preise spiegeln alle öffentlich zugänglichen Informationen wider.
3. Strenge EMH: Die aktuellen Preise spiegeln alle denkbaren Informationen wider.

Keine Variante der EMH wird allgemein anerkannt oder abgelehnt. Die Form, von der ein Trader ausgeht, ist subjektiv und die verfügbaren Methoden der Marktanalyse sind je nach dieser Entscheidung eingeschränkt. Die Verfechter der strengen EMH postulieren, dass Anleger davon profitieren, in kostengünstige passive Indexfonds zu investieren, weil man den Markt nicht schlagen könne. Die Gegner sind überzeugt, dass sich der Markt schlagen lässt, indem man Ineffizienzen ausnutzt. Anhänger der schwachen EMH glauben, die Technische Analyse (die vergangene Preistrends nutzt, um künftige Preistrends vorherzusagen) sei ungültig, hingegen sei die Fundamentalanalyse (die anhand wirtschaftlicher Daten künftige Preistrends vorhersagt) immer noch brauchbar. Trader, die die mittelstrenge EMH anerkennen, gehen davon aus, dass die Fundamentalanalyse keinen systematischen Erfolg liefert, der Handel anhand geheimer Informationen hingegen schon. Trader, die die strenge EMH anerkennen, behaupten, nicht einmal Insiderhandel resultiere in konsistentem Erfolg und niemandem stünden Ineffizienzen des Marktes zur Verfügung, die sich ausnutzen lassen.

Dieses Buch befasst sich mit sehr liquiden Märkten und geht von der Annahme aus, dass deren Ineffizienzen nur geringfügig sind. Genauer gesagt geht dieses Buch von einer mittelstrengen Form der EMH aus. In diesem Text geht es nicht darum, Portfolios aufgrund von Prognosen über künftige Preisentwicklungen zu konstruieren, sondern er soll demonstrieren, dass es der Handel mit Optionen anhand der aktuellen Bedingungen und anhand von Richtungserwartungen bezüglich der *Volatilität* (anstelle von Annahmen bezüglich der Preisentwicklung) Optionshändlern ermöglicht, den Markt konsistent zu übertreffen.

Dieser Vorsprung resultiert nicht aus einer grundsätzlichen Ineffizienz des Marktes, sondern aus einem Risikoausgleich. Denken Sie an den Long-Call-Beispiel-Trade im vorigen Abschnitt und bedenken Sie, dass es für den Short-Trader mehr Szenarien gibt, in denen er Gewinn erzielt, als für den Long-Trader. Grundsätzlich liefern Short-Premium-Positionen mit größerer Wahrscheinlichkeit Gewinn als Long-Premium-Positionen. Das liegt an der Annahme, die Preisbildung von Optionen sei effizient, sodass ihre Preise anhand des wahrgenommenen Marktrisikos gestaltet werden – und das bedeutet, dass Long-Positionen nur dann profitieren, wenn der Basiswert große Bewegungen vollführt, die außerhalb der Erwartungen liegen. Da solche Ereignisse selten sind, werden Optionskontrakte in der Mehrzahl der Fälle nicht ausgeübt und Short-Premium-Positionen profitieren öfter als Long-Positionen. Wenn jedoch *tatsächlich* solche großen und unerwarteten Bewegungen auftreten, können Short-Premium-Positionen massive Verluste erleiden. Die Risikoprofile von Optionen sind zwar komplex, aber mithilfe von Wahrscheinlichkeitsverteilungen lassen sie sich einleuchtend darstellen.

Wahrscheinlichkeitsverteilungen

Um die Risikoprofile von Short-Optionen besser zu verstehen, verwendet dieses Buch grundlegende Konzepte der Wahrscheinlichkeitsrechnung, insbesondere Zufallsvariablen und Wahrscheinlichkeitsverteilungen. Zufallsvariablen sind formale Platzhalter für ungewisse Größen. Die Wahrscheinlichkeitsverteilung einer Zufallsvariable gibt die möglichen Werte der betreffenden Anzahl sowie die Eintrittswahrscheinlichkeit jedes Wertes an. Im Allgemeinen werden Wahrscheinlichkeitsverteilungen durch den Buchstaben P dargestellt, den man als „die Wahrscheinlichkeit, dass“ interpretieren kann. Zum Beispiel gilt beim Münzwurf P = 1/2. Zufallsvariablen und Wahrscheinlichkeitsverteilungen sind Instrumente, mit denen man Wahrscheinlichkeitssysteme (also Systeme mit vielen unvorhersehbaren Ergebnissen) wie beispielsweise Aktienkurse untersuchen kann. Zwar lassen sich künftige Ergebnisse nicht präzise vorhersagen, doch wenn man die Verteilung eines Wahrscheinlichkeitssystems kennt, ist es möglich, Erwartungen bezüglich der Zukunft zu formulieren, die auch die mit ihnen verbundene Unsicherheit beinhalten.

Fangen wir mit einem Beispiel für ein einfaches Wahrscheinlichkeitssystem an: Wir werfen zwei Würfel, die von 1 bis 6 beschriftet sind. Wenn nun D die Summe der Augen ist, dann ist D eine Zufallsvariable mit 11 möglichen Werten von 2 bis 12. Manche dieser Ergebnisse sind wahrscheinlicher als andere. Da es beispielsweise mehr Möglichkeiten gibt, 7 Augen zu würfeln ([1,6], [2,5], [3,4], [4,3], [5,2], [6,1]), als Möglichkeiten, 10 Augen zu würfeln ([4,6], [5,5], [6,4]), ist die Wahrscheinlichkeit, 7 Augen zu würfeln, höher. Da es 36 mögliche Würfe gibt ([1,1], [1,2], [2,1] und so weiter) und da jeder Wurf gleich wahrscheinlich ist, kann man dies mithilfe von Symbolen genauer darstellen:

$$P(D = 7) = {}^{6}\!/_{36} \approx 16{,}67\,\%, \text{ während}$$
$$P(D = 10) = {}^{3}\!/_{36} \approx 8{,}33\,\%$$

Die Verteilung von D lässt sich elegant in einem Histogramm darstellen. Diese Art von Graph stellt die Häufigkeit der verschiedenen Ergebnisse innerhalb festgelegter Spannen dar. Wenn man mit Messdaten arbeitet, verwendet man Histogramme, um die tatsächliche Wahrscheinlichkeit einzuschätzen, die der Wahrscheinlichkeitsverteilung eines Wahrscheinlichkeitssystems zugrunde liegt.

In unserem Würfelbeispiel gibt es 11 Klassen, die den 11 möglichen Ergebnissen entsprechen. Abbildung 1.1 zeigt ein solches Histogramm mit den Werten aus 100.000 simulierten Würfen.

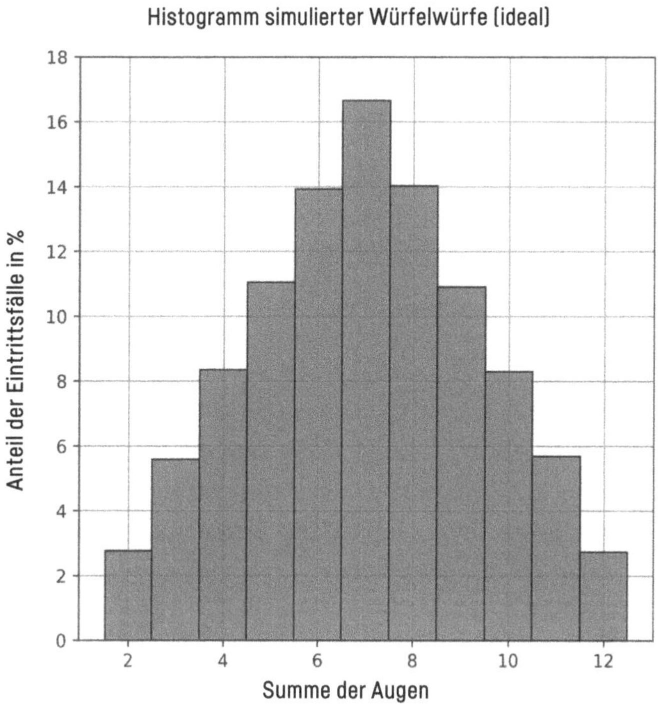

Abbildung 1.1
Histogramm von 100.000 simulierten Würfen mit zwei idealen Würfeln. Dieses Diagramm zeigt die Eintrittswahrscheinlichkeit jedes Ergebnisses bei dieser Simulation (die Höhe der Klasse, die von 6,5 bis 7,5 reicht, beträgt circa 17 %, was bedeutet, dass bei fast 17 % der 100.000 Würfe 7 Augen gefallen sind).

Verteilungen wie die hier gezeigte lassen sich mithilfe quantitativer Parameter zusammenfassen, die man als *Momente* bezeichnet.* Die beiden ersten Momente sind der Erwartungswert und die Varianz.

* Für alle in diesem Kapitel vorgestellten Momente werden Populationsberechnungen verwendet.

Erwartungswert (erstes Moment): Dieser auch missverständlich als Mittelwert oder Durchschnitt bezeichnete Wert gibt die zentrale Tendenz einer Verteilung an. Man berechnet ihn, indem man alle beobachteten Ereignisse ($x_1, x_2, ..., x_n$) addiert und die Summe durch die Anzahl der Ereignisse (n) teilt.

$$\text{Erwartungswert} = \mu = \frac{1}{n} \cdot \sum_{i=1}^{n} x_i = \frac{1}{n} \cdot (x_1 + x_2 + x_3 + ... + x_n) \qquad (1.5)$$

Bei Verteilungen, die auf statistischen Beobachtungen mit einer *ausreichend großen Zahl an Ereignissen* basieren, entspricht der Mittelwert dem Erwartungswert der Verteilung. Der Erwartungswert einer Zufallsvariable ist der gewichtete Durchschnitt der Ergebnisse und der voraussichtlichen durchschnittlichen Ergebnisse bei künftigen Versuchen. Der Erwartungswert einer Zufallsvariable X wird als E[X] notiert und lässt sich entweder anhand statistischer Daten und Gleichung (1.5) berechnen *oder*, wenn die einmaligen Ergebnisse ($x_1, x_2, ..., x_k$) und ihre jeweiligen Wahrscheinlichkeiten $p_i = P(X = x_i)$ bekannt sind, lässt sich der Erwartungswert auch anhand folgender Formel berechnen:

$$E[X] = \sum_{i=1}^{k} x_i \cdot p_i = x_1 \cdot p_1 + x_2 \cdot p_2 + x_3 \cdot p_3 + ... x_k \cdot p_k \qquad (1.6)$$

Im Beispiel der Würfelsumme, die durch die Zufallsvariable D angegeben wird, sind die möglichen Ergebnisse (2, 3, 4, ..., 12) und die jeweilige Wahrscheinlichkeit ihres Eintretens (2,78 %, 5,56 %, 8,33 %, ..., 2,78 %) bekannt, sodass sich der Erwartungswert wie folgt ermitteln lässt:

$$E[D] = 2 \cdot 2{,}78\,\% + 3 \cdot 5{,}56\,\% + 4 \cdot 8{,}33\,\% + ... + 12 \cdot 2{,}78\,\% = 7$$

Der theoretische langfristige Durchschnitt beträgt 7 und daher sollte, wenn das Experiment viele Male wiederholt wird, der mithilfe von Gleichung (1.5) berechnete Erwartungswert circa 7 ergeben.

Varianz (zweites Moment): Sie gibt die Streuung der Datenpunkte beziehungsweise ihre Abweichung vom Erwartungswert der Verteilung an. Die durch den griechischen Buchstaben σ (Sigma) angegebene Standardabweichung ist die Quadratwurzel der Varianz und wird üblicherweise als Maß für Unsicherheit (auch Risiko oder Volatilität) verwendet. Verteilungen mit höherer Varianz sind breiter und ungewisser bezüglich der künftigen Ergebnisse. Die Varianz wird nach folgender Formel berechnet:*

$$\text{Varianz} = \sigma^2 = \frac{1}{n} \cdot \sum_{i=1}^{n} (x_i - \mu)^2 \tag{1.7}$$

Wenn ein großer Anteil der Datenpunkte weit entfernt vom Erwartungswert gestreut ist, dann ist die Varianz des gesamten Datensatzes groß und die Messunsicherheit des Systems signifikant. Die als Var(X) dargestellte Varianz einer Zufallsvariable X lässt sich auch aus dem Erwartungswert E[X] berechnen:

$$\begin{aligned} Var(X) &= E\,[(X - E[X])^2] = E[X^2] - E[X]^2 \\ &= (x_1^2 \cdot p_1 + x_2^2 \cdot p_2 + x_3^2 \cdot p_3 + \ldots + x_k^2 \cdot p_k) \\ &\quad - (x_1 \cdot p_1 + x_2 \cdot p_2 + x_3 \cdot p_3 + \ldots + x_k \cdot p_k)^2 \end{aligned} \tag{1.8}$$

Bei der Zufallsvariable D der Würfelsumme sind die möglichen Ergebnisse (2, 3, 4, ..., 12) und ihre jeweiligen Eintrittswahrscheinlichkeiten (2,78 %, 5,56 %, 8,33 %, ..., 2,78 %) bekannt, sodass sich die Varianz dieses Experiments wie folgt berechnet:

$$\text{Var D} = (2^2 \cdot 2{,}78\,\% + 3^2 \cdot 5{,}56\,\% + 4^2 \cdot 8{,}33\,\% + \ldots + 12^2 \cdot 2{,}78\,\% - (7)^2 \approx 5{,}84$$

Diese Gleichung gibt an, dass die Streuung der Verteilung bei dieser Zufallsvariable etwa 5,84 und die Unsicherheit (Standardabweichung) etwa 2,4 beträgt (zu sehen in Abbildung 1.2).

---

* Das ist die Summe der quadrierten Differenzen zwischen jedem Datenpunkt und dem Erwartungswert der Verteilung, normalisiert um die Anzahl der Datenpunkte des Datensatzes.

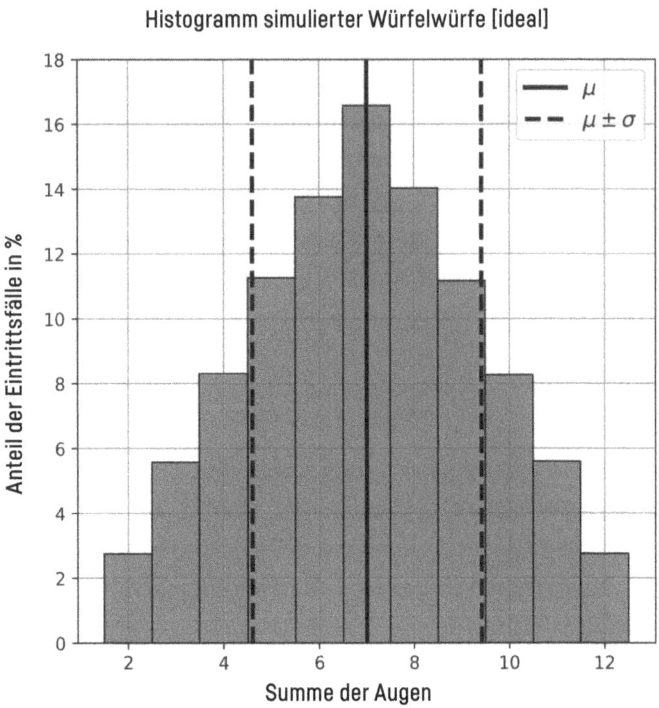

Abbildung 1.2
Histogramm von 100.000 simulierten Würfen mit zwei idealen Würfeln. Eingetragen sind hier der Erwartungswert der Verteilung (durchgezogene Linie) und die Standardabweichung der Verteilung zu beiden Seiten des Erwartungswerts (gestrichelte Linie), beide aus den Ereignissen des simulierten Experiments berechnet. Der Erwartungswert dieser Verteilung betrug 7,0 und die Standardabweichung 2,4, was den theoretischen Schätzungen entsprach.

Man kann diese theoretischen Schätzungen des Erwartungswerts und der Standardabweichung beim Würfelexperiment mit den Werten vergleichen, die statistisch erhoben wurden. Die berechneten ersten und zweiten Momente des simulierten Würfelexperiments sind in Abbildung 1.2 zu Vergleichszwecken eingetragen.

Dass man einen Erwartungswert um 7,0 erhält, leuchtet unmittelbar ein, weil 7 Augen unter den möglichen Ergebnissen der wahrscheinlichste Wurf ist. Die Standardabweichung besagt, dass die mit diesem Erwartungswert verbundene Unsicherheit etwa 2,4 beträgt. Aus der Form der Verteilung, bei der sich der größte Teil der Wahrscheinlichkeiten um die Mitte ballt, kann man schließen, dass das Würfelergebnis mit der größten Wahrscheinlichkeit zwischen 5 und 9 fällt.

Die gezeigte Wahrscheinlichkeitsverteilung ist auf den Erwartungswert bezogen symmetrisch, aber häufig sind Wahrscheinlichkeiten asymmetrisch. Um den Grad der Asymmetrie einer Verteilung zu quantifizieren, verwendet man das dritte Moment.

Schiefe (drittes Moment): Sie ist ein Maß für die Asymmetrie einer Verteilung. Die Schiefe einer Verteilung kann positiv, negativ oder gleich null sein und sie hängt davon ab, ob der Rand rechts des Erwartungswertes größer (positive Schiefe), ob der linke Rand größer (negative Schiefe) oder ob die beiden Ränder gleich sind (eine Schiefe von null). Anders als der Erwartungswert und die Standardabweichung, die die Einheit der Zufallsvariable besitzen, ist die Schiefe eine reine Zahl, die den Grad der Asymmetrie gemäß folgender Formel angibt:

$$\text{Schiefe} = \frac{1}{n} \cdot \frac{\sum_{i=1}^{n} (x_i - \mu)^3}{\sigma^3} \tag{1.9}$$

Am besten versteht man das Konzept der Schiefe und seine Anwendungen mithilfe einer Abwandlung des Würfelbeispiels. Nehmen wir an, die Würfel seien nicht ideal, sondern gezinkt. Betrachten wir nun zwei Szenarien: ein Paar gezinkter Würfel, bei denen kleine Augenzahlen öfter kommen (2 und 3 wahrscheinlicher), und ein Paar gezinkter Würfel, bei denen große Augenzahlen öfter kommen (4 und 5 wahrscheinlicher). Die Wahrscheinlichkeiten, mit denen bei jedem Würfel die einzelnen Augenzahlen fallen, sind in Tabelle 1.2 angegeben.

Tabelle 1.2
Die Wahrscheinlichkeit der einzelnen Augenzahlen in drei unterschiedlichen Szenarien, eines davon ideal, die beiden anderen gezinkt.

	Wahrscheinlichkeit, dass bei einem Würfel eine Zahl fällt		
Gewürfelte Zahl	**Ideal**	**Gezinkt (Tendenz zu kleinen Zahlen)**	**Gezinkt (Tendenz zu großen Zahlen)**
1	16,67 %	10 %	10 %
2	16,67 %	30 %	10 %
3	16,67 %	30 %	10 %
4	16,67 %	10 %	30 %
5	16,67 %	10 %	30 %
6	16,67 %	10 %	10 %

Würfelt man mit dem *idealen* Würfelpaar und erstellt ein Histogramm der möglichen Summen, ist die Verteilung um den Erwartungswert symmetrisch und die Schiefe gleich null. Hingegen sind die Verteilungen bei den gezinkten Würfeln schief, zu sehen in den Abbildungen 1.3 (a) und 1.3 (b).

Abbildung 1.3
(a) Histogramm zu 100.000 simulierten Würfen mit gezinkten Würfeln, bei denen kleinere Zahlen (2, 3) mit größerer Wahrscheinlichkeit fallen.
(b) Histogramm zu 100.000 simulierten Würfen mit gezinkten Würfeln, bei denen größere Zahlen (4, 5) mit größerer Wahrscheinlichkeit fallen.

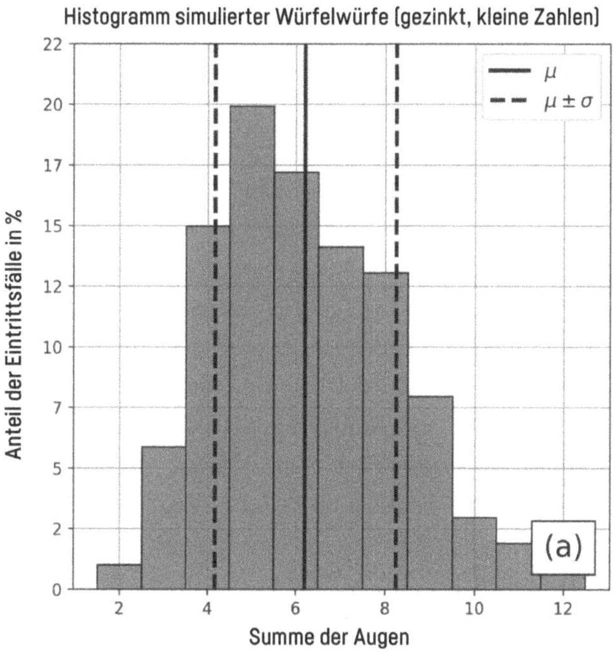
Histogramm simulierter Würfelwürfe (gezinkt, kleine Zahlen)
μ
μ ± σ
(a)
Anteil der Eintrittsfälle in %
Summe der Augen
22
20
17
15
12
10
7
5
2
0
2
4
6
8
10
12

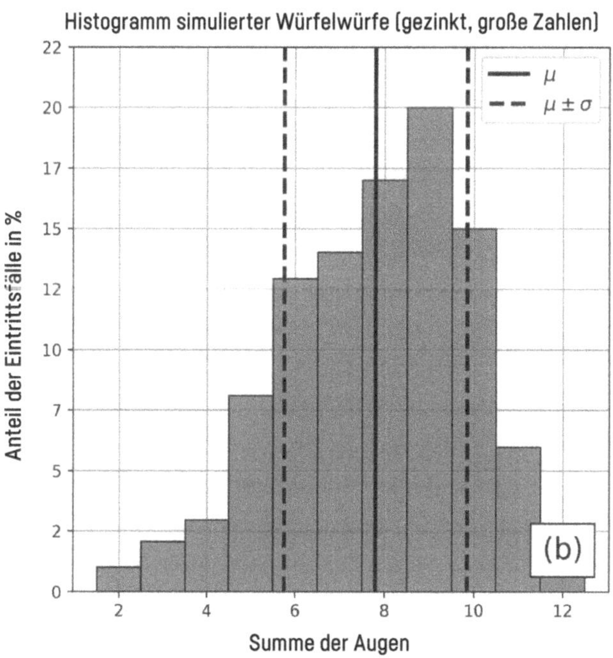
Histogramm simulierter Würfelwürfe (gezinkt, große Zahlen)
μ
μ ± σ
(b)
Anteil der Eintrittsfälle in %
Summe der Augen
22
20
17
15
12
10
7
5
2
0
2
4
6
8
10
12

Die Schiefe einer Verteilung wird danach klassifiziert, wo sich die Masse der Verteilung konzentriert. Erinnern Sie sich, dass die positive Seite rechts vom Erwartungswert liegt, die negative Seite links. Bei dem Histogramm in Abbildung 1.3 (a) ist der Rand auf der positiven Seite länger und die größte Masse konzentriert sich auf die negative Seite. Das ist ein Beispiel für *positive* Schiefe, auch als Rechtsschiefe bezeichnet (Schiefe = 0,45). Bei dem Histogramm in Abbildung 1.3 (b) ist der Rand auf der negativen Seite länger und die größte Masse konzentriert sich auf die positive Seite. Das ist ein Beispiel für *negative* Schiefe, auch als Linksschiefe bezeichnet (Schiefe = -0,45).

Bei einer schiefen Verteilung ändert sich die Interpretation der Standardabweichung. Im Beispiel mit idealen Würfeln beträgt der Erwartungswert des Experiments 7,0 ± 2,4 und besagt, dass bei einem beliebigen Wurf mit der größten Wahrscheinlichkeit ein Ergebnis von 5 bis 9 fällt. Das ist eine gültige Auslegung, weil die Verteilung symmetrisch um den Erwartungswert ist und sich die Masse der Verteilung um ihn herum konzentriert. Schauen Sie sich hingegen die Verteilung in dem gezinkten Beispiel mit Tendenz zu höheren Zahlen an. Sie besitzt einen Erwartungswert von 7,8 und eine Standardabweichung von 2,0, was naiv gesagt nahelegt, dass das Ergebnis höchstwahrscheinlich 6 bis 9 beträgt, wobei die Ergebnisse auf beiden Seiten gleich wahrscheinlich sind. Da sich jedoch die Mehrzahl der Ereignisse auf die positive Seite des Erwartungswerts konzentriert (circa 60 Prozent der Fälle), ist hingegen die Unsicherheit nicht symmetrisch. Dieses Konzept wird in einem späteren Kapitel noch genauer besprochen, weil bei Finanzinstrumenten die Verteilungen üblicherweise schief sind und die Definition des Risikos unter solchen Umständen mehrdeutig ist.

Mathematiker und Naturwissenschaftler stoßen in der Theorie und in der Anwendung öfter auf Wahrscheinlichkeitsverteilungen. Diese Verteilungen werden dann ausführlich untersucht. Nimmt man an, dass die einem Experiment zugrunde liegende Verteilung einer wohlbekannten Form ähnelt, erleichtert dies die statistische Analyse häufig sehr. Man kann mit Fug und Recht sagen, dass die Normalverteilung (auch Gauß-Verteilung oder Glockenkurve) eine der bekanntesten Wahrscheinlichkeitsverteilungen ist und für die quantitative Finanzlehre ist sie grundlegend. Damit lassen sich unzählige Systeme in der wirklichen Welt beschreiben und das liegt am sogenannten zentralen Grenzwertsatz. Dieser Satz besagt grob ausgedrückt, dass dann, wenn eine Zufallsvariable durch Addition vieler voneinander unabhängiger Teile zustande kommt, unabhängig von der Art dieser Teile das Ergebnis normalverteilt ist. So ist beispielsweise die Verteilung in dem Beispiel mit den zwei Würfeln ziemlich nichtnormal, denn sie ist verhältnismäßig dreieckig und hat keine „Tails" – so heißen die Enden beziehungsweise Ränder der Verteilungskurve im Englischen. Würde man die Summe immer größerer Anzahlen von Würfeln betrachten, deren jeder eine unabhängige Zufallsvariable darstellt, dann würde die Verteilung allmählich die Form einer Glockenkurve annehmen. Dies ist in Abbildung 1.4 zu sehen.

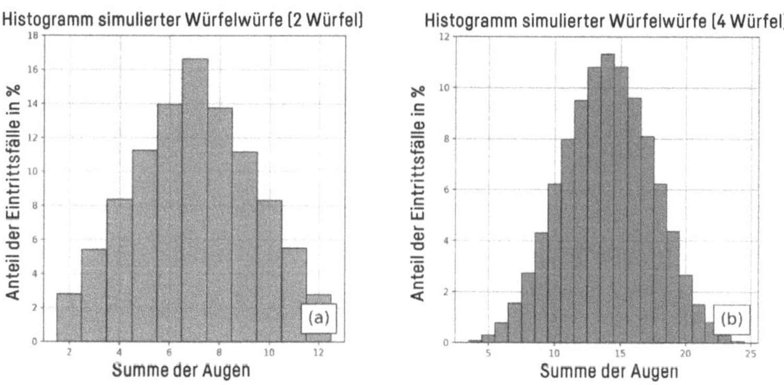

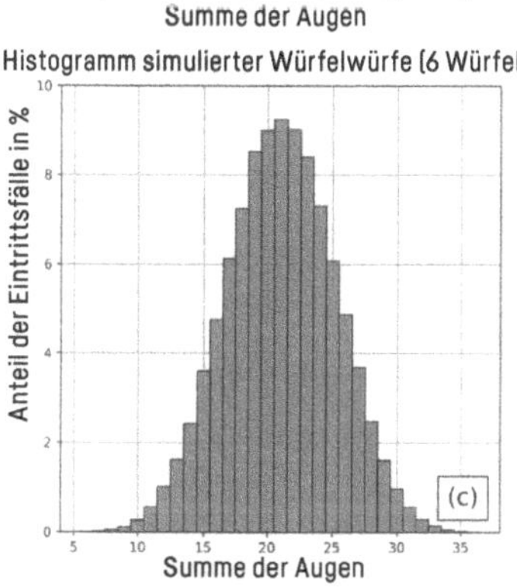

Abbildung 1.4
Histogramm zu 100.000 simulierten Würfelwürfen mit idealen Würfeln von 1 bis 6. (a) 2, (b) 4, (c) 6.

Die Normalverteilung ist eine symmetrische, glockenförmige Verteilung, was bedeutet, dass Ereignisse, die den gleichen Abstand zur Mitte haben, auf beiden Seiten gleich wahrscheinlich sind und dass die Schiefe null beträgt. Der Schwerpunkt der Verteilung liegt in der Mitte und weiter vom Erwartungswert entfernte Ereignisse sind weniger wahrscheinlich. Die Normalverteilung besitzt die faszinierende Eigenschaft, dass 68 Prozent der Fälle innerhalb von $\pm 1\sigma$ Abstand vom Erwartungswert liegen, 95 Prozent innerhalb von $\pm 2\sigma$ und 99,7 Prozent innerhalb von $\pm 3\sigma$. Abbildung 1.5 zeigt eine Normalverteilung.

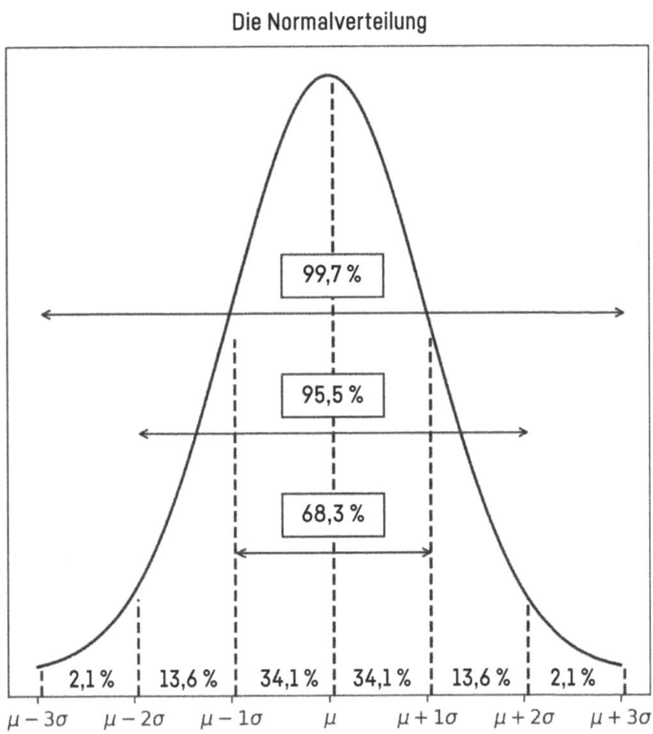

Abbildung 1.5
Detaillierte Darstellung der Normalverteilung und der auf unterschiedliche Standardabweichungen bezogenen Wahrscheinlichkeiten.

Man kann diese Wahrscheinlichkeiten verwenden, um Verteilungen mit ähnlicher Geometrie in einen groben Kontext zu stellen. So betrug beispielsweise in dem Beispiel mit den idealen Würfeln der Erwartungswert des Experiments 7,0 und die Standardabweichung 2,4. Unter der Annahme der Normalverteilung könnte man daraus eine Wahrscheinlichkeit von rund 68 Prozent ableiten, dass künftige Ergebnisse von 5 bis 9 reichen werden. Die tatsächliche Wahrscheinlichkeit beträgt bei dieser Zufallsvariable 66,67 Prozent, was zeigt, dass die Annahme der Normalverteilung zwar nicht exakt stimmt, aber zu Näherungszwecken verwendet werden kann. Je mehr Würfel man nimmt, umso genauer wird der Näherungswert.

In der quantitativen Finanzlehre ist es unglaublich nützlich, die Verteilungsstatistik und die Eigenschaften der Normalverteilung verstanden zu haben. Die Erwartungsrendite einer Aktie wird gewöhnlich anhand der mittleren Rendite abgeschätzt und das historische Risiko anhand der Standardabweichung der Renditen (historische Volatilität). Auch bei logarithmierten Renditen geht man allgemein davon aus, dass sie normalverteilt sind. Das stimmt allerdings nur näherungsweise, weil die überwältigende Mehrzahl der Aktien und ETFs schiefe Renditeverteilungen haben.* Trotzdem liefert die auf der Normalverteilung basierende Schätzung einen quantitativen Rahmen für Erwartungen bezüglich künftiger Preisbewegungen. Außerdem vereinfacht diese Näherung mathematische Modelle der Preisdynamik und der Optionsbewertung, deren namhaftestes das Black-Scholes-Modell ist.

---

* Die Schiefe der Renditeverteilung wird auch verwendet, um das direktionale Risiko einer Anlage abzuschätzen. Das vierte Moment (die Wölbung) gibt an, wie massiv die Ränder einer Renditeverteilung sind, und es wird häufig verwendet, um das Ausreißerrisiko einer Anlage einzuschätzen.

Das Black-Scholes-Modell

Die Black-Scholes-Formel für die Berechnung von Optionspreisen revolutionierte die Optionsmärkte, als sie 1973 veröffentlicht wurde. Sie bot den ersten populären quantitativen Rahmen, um den fairen Preis einer Option anhand der Kontraktparameter und der Eigenschaften des Basiswerts einzuschätzen. Die Black-Scholes-Gleichung modelliert die Preisentwicklung einer europäischen Option (einer Option, die nur zum Fälligkeitsdatum ausgeübt werden kann) im Kontext der allgemeinen Finanzmärkte. Die entsprechende Black-Scholes-Formel nutzt diese Gleichung, um den theoretischen Preis einer Option anhand ihrer Parameter einzuschätzen.

Dazu ist festzuhalten, dass der Zweck dieses Abschnitts über das Black-Scholes-Modell *nicht* darin besteht, dessen mathematische Grundlagen zu erhellen, die sehr kompliziert sind. Das Ergebnis des Modells ist lediglich eine theoretische Zahl für den fairen Wert einer Option. In der Praxis weicht der Preis einer Option normalerweise von diesem Wert ab, weil das Modell die Spekulationen am Markt sowie Angebot und Nachfrage nicht berücksichtigt. Jedoch ist es unerlässlich, zumindest eine oberflächliche Vorstellung vom Black-Scholes-Modell zu haben, um (1) die grundlegenden Annahmen der Finanzmärkte zu verstehen und (2) zu verstehen, woher die implizite Volatilität (ein Maß für die Risiko*wahrnehmung* des Marktes) kommt.

Das Black-Scholes-Modell beruht auf einer Reihe von Annahmen bezüglich der Dynamik von finanziellen Vermögensgegenständen und des Gesamtmarkts. Diese lauten wie folgt:

- Der Markt ist reibungsfrei (es gibt also keine Transaktionskosten).
- Man kann in beliebiger (auch beliebig kleiner) Menge Geld zum risikolosen Zinssatz (dem theoretischen Zinssatz einer risikolosen Anlage, eine makroökonomische Variable, die als konstant angenommen wird) aufnehmen oder ausleihen.

- Es besteht keine Möglichkeit der Arbitrage (Gewinne über den risikolosen Zinssatz hinaus können nicht ohne Risiko erzielt werden).
- Aktien können in beliebigen Mengen gekauft und verkauft werden, auch in Bruchteilen.
- Aktien schütten keine Dividenden aus.*
- Die logarithmierten Aktienrenditen folgen einer brownschen Bewegung mit konstantem Drift und konstanter Volatilität (theoretischer Erwartungswert und theoretische Standardabweichung der annualisierten logarithmierten Renditen).

Eine brownsche Bewegung beziehungsweise ein Wienerprozess ist eine Art von stochastischem Prozess oder stochastischem System, das in seiner Entwicklung über die Zeit zufälligen Schwankungen unterliegt. Der Standard-Wienerprozess (W(t)), der traditionell verwendet wurde, um die Ortswechsel eines Partikels zu beschreiben, der bei thermischem Gleichgewicht in einem Fluid suspendiert ist**, ist mathematisch durch die Bedingungen auf der folgenden Seite definiert. Wenn es einem lieber ist, kann man die mathematische Definition übergehen, denn die hinter der Mathematik stehende intuitive Überlegung ist wichtiger, um die theoretischen Grundlagen der Optionsbewertung zu verstehen, und diese Grundlagen folgen noch.

---

* In Varianten des ursprünglichen Modells können auch Dividenden berücksichtigt werden.

** Diese Anwendung von Wienerprozessen und ihre Verwendung in der Finanzmathematik beruht darauf, dass sie sich als Skalierungsgrenze der einfachen Zufallsbewegung (Random Walk) ergeben. Ein einfacher Random Walk ist ein diskreter Prozess, der in voneinander unabhängigen Schritten von ±1 mit einer Wahrscheinlichkeit von 1/2 verläuft. Die Skalierungsgrenze wird erreicht, indem man die Größe der Schritte verringert und ihre Rate so weit beschleunigt, dass der Prozess weder an seinem Anfangspunkt stehenbleibt noch sofort ins Unendliche davonläuft.

- W(0) = 0 (also der Prozess beginnt am Ort 0).
- W(t) ist fast mit Sicherheit stetig.
- Die Inkremente von W(t), die als W(t) - W(s) definiert sind, wobei $0 < s < t$, sind normalverteilt, der Erwartungswert beträgt 0, die Varianz t - s (die Schritte des Wienerprozesses sind also bei einem konstanten Erwartungswert von 0 und einer Varianz von Δt normalverteilt).
- Disjunkte Inkremente von W(t) sind voneinander unabhängig (das heißt, der aktuelle Schritt des Prozesses wird weder von den vorherigen Schritten beeinflusst noch beeinflusst er die nachfolgenden Schritte).

Vereinfacht gesagt ist ein Wienerprozess ein Prozess, der einem zufälligen Verlauf folgt. Jeder Schritt auf diesem Pfad ist probabilistisch und von den anderen unabhängig. Stellt man disjunkte Schritte von gleicher Dauer in einem Histogramm dar, ergibt sich eine Normalverteilung mit konstantem Erwartungswert und konstanter Varianz. Die Dynamik einer brownschen Bewegung wird durch diesen zugrunde liegenden Prozess bestimmt. Am besten begreift man diese Bedingungen visuell und dies demonstriert auch, weshalb diese Annahme in der Entwicklung des Black-Scholes-Modells als Näherung für die Preisdynamik vorkommt. Die Abbildungen 1.6 und 1.7 veranschaulichen den Charakter einer brownschen Bewegung und Abbildung 1.8 zeigt zu Vergleichszwecken die Dynamik des SPY von 2010 bis 2015.*

* Beachten Sie, dass die Zeitspannen in diesem Buch, sofern nicht anders angegeben oder dargestellt, grundsätzlich am ersten Tag des letzten Jahres enden. Für den hier gezeigten Bereich beginnen die Zahlen am 1. Januar 2010 und enden am 1. Januar 2015.

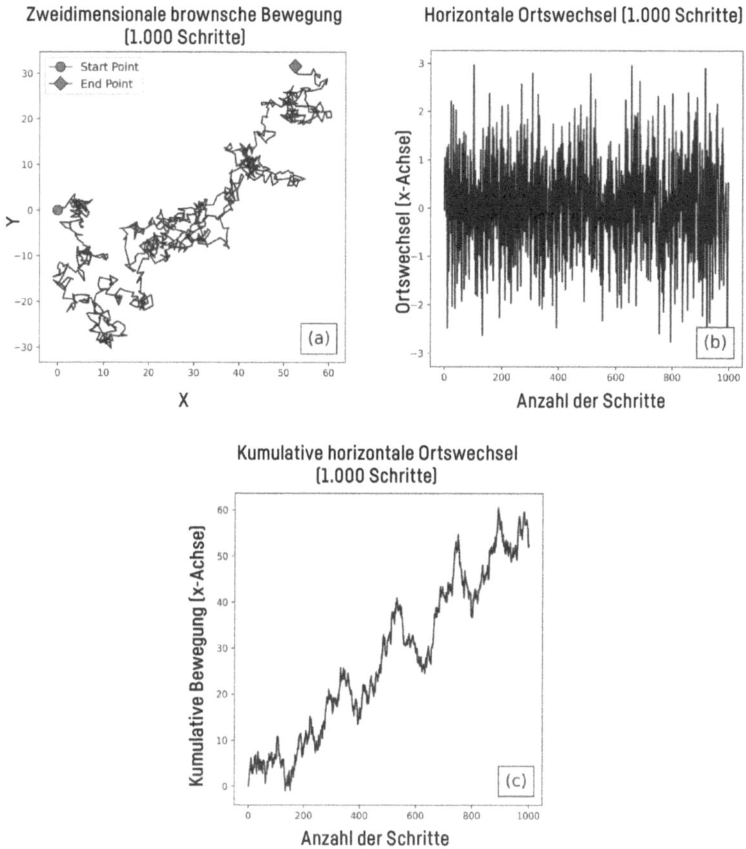

Abbildung 1.6
(a) Die zweidimensionale Position eines Partikels in einem Fluid, das eine brownsche Bewegung vollzieht. Der Partikel beginnt beim Ursprung (X = 0, Y = 0) und bewegt sich in 1.000 Schritten an einen anderen Ort. (b) Die horizontalen Ortswechsel* des Partikels (die Bewegungen des Partikels entlang der x-Achse über 1.000 Schritte). (c) Die kumulative horizontale Bewegung des Partikels über 1.000 Schritte.

* Der Ortswechsel entlang der X-Achse ist die Differenz zwischen dem aktuellen horizontalen Ort des Partikels und dem vorherigen horizontalen Ort des Partikels nach jedem Schritt.

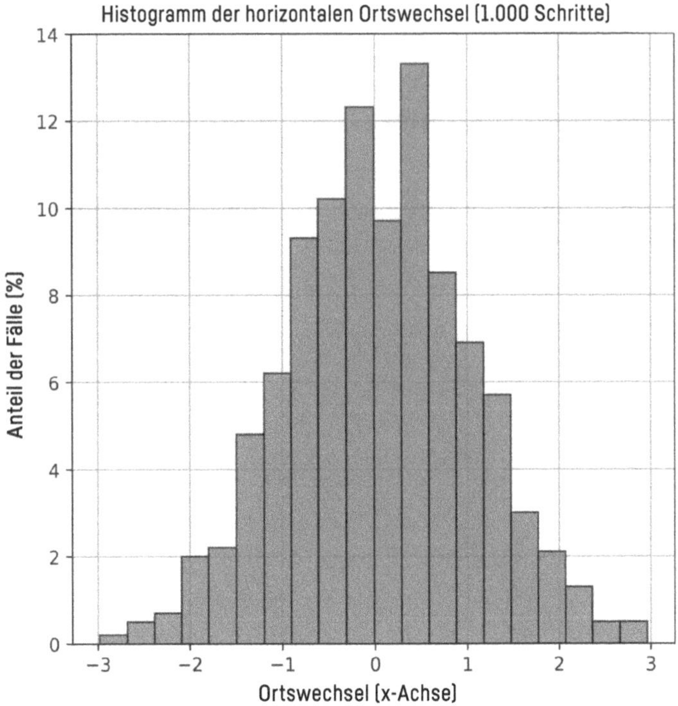

Abbildung 1.7
Die Verteilung der horizontalen Ortswechsel des Partikels über 1.000 Schritte. Es ist charakteristisch für einen Wienerprozess, dass die Inkremente normalverteilt sind und dass sie einen Erwartungswert von 0 und die Varianz t - s haben (die in diesem Fall gleich 1 ist). Diese Abbildung zeigt, dass Schrittgrößen zwischen -1 und 1 am häufigsten sind, Schrittgrößen mit einem Betrag größer 1 hingegen weniger häufig.

Die in Abbildung 1.8 (b) dargestellte Preisentwicklung des SPY ähnelt ziemlich den in Abbildung 1.6 (c) dargestellten kumulativen horizontalen Ortswechseln im Rahmen der brownschen Bewegung. Die Tagesrenditen des SPY neigen zwar stärker zu Ausreißern als die horizontalen Ortswechsel der brownschen Bewegung, sie haben jedoch einige gemeinsame Merkmale. Die symmetrische Geometrie im Histogramm der SPY-Renditen ähnelt der groben Normalverteilung der horizontalen Ortswechsel, wobei die Ränder der Verteilung infolge der Historie großer Preisbewegungen markanter sind.

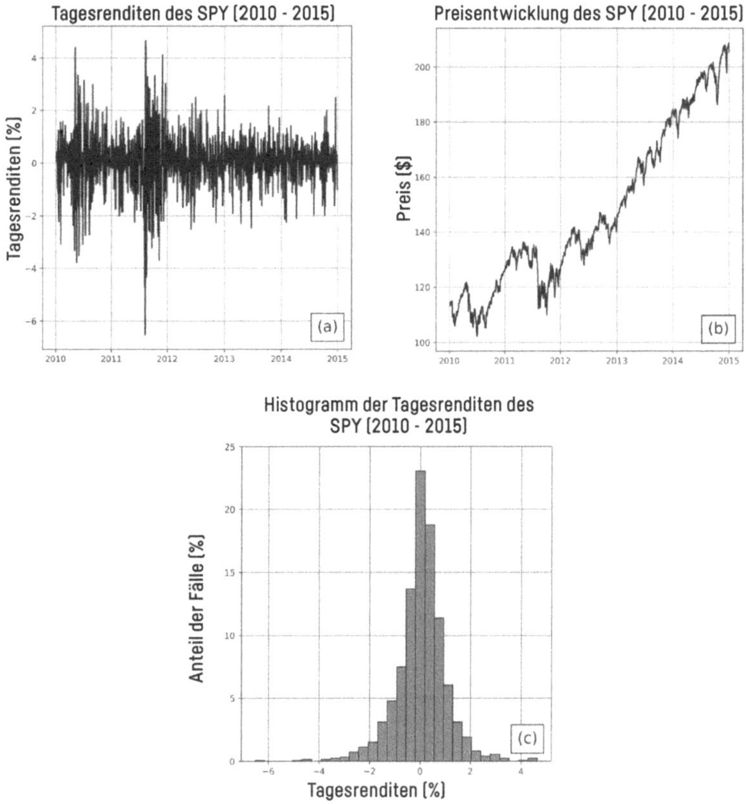

Abbildung 1.8
(a) Tagesrenditen, (b) Preis und (c) Histogramm der Tagesrenditen des SPY von 2010 bis 2015.

Die Ähnlichkeiten zwischen Preisdynamik und brownscher Bewegung sind zwar klar, aber das ist immer noch ein stark vereinfachtes Modell der Preisdynamik. In Wirklichkeit sind die logarithmierten Aktienrenditen nämlich nicht normalverteilt, sondern weisen üblicherweise je nach dem konkreten Basiswert eine Schiefe nach oben oder nach unten auf. Zudem lassen sich Drift und Volatilität einer Aktie nicht unmittelbar beobachten und es lässt sich nicht experimentell bestätigen, ob diese Variablen konstant sind. Die anhand historischer Renditezahlen angenäherte Volatilität ist im zeitlichen

Verlauf selten konstant (man bezeichnet dieses Phänomen als Heteroskedastizität). Auch sind Aktienrenditen üblicherweise im zeitlichen Verlauf nicht voneinander unabhängig (ein Phänomen, das man als Autokorrelation bezeichnet), was jedoch eine Anforderung dieses Modells ist.

Auch wenn die Annahme der Normalverteilung nicht ganz zutrifft, ermöglicht diese Vereinfachung die Entwicklung des im grau markierten Bereich gezeigten restlichen theoretischen Rahmens. Der Formalismus in diesem Abschnitt ist zusätzlicher Stoff für mathematisch Interessierte. Die bedeutsamere Interpretation dieser Berechnungen folgt später. Dazu ist festzuhalten, dass das Black-Scholes-Modell technisch davon ausgeht, dass Aktienkurse einer *geometrischen brownschen Bewegung* folgen, was zutreffender ist, weil Preisbewegungen nicht in den negativen Bereich gehen können. Die geometrische brownsche Bewegung ist eine leichte Abwandlung der brownschen Bewegung und verlangt, dass nicht das Signal selbst, sondern der Logarithmus des Signals einer brownschen Bewegung folgt. In Bezug auf die Preisdynamik bedeutet dies, dass die logarithmierten Renditen bei konstanter Drift (Rendite) und Volatilität normalverteilt sind.*

Für den Preis einer Aktie, die einer geometrischen brownschen Bewegung folgt, lässt sich die Dynamik des Anlagepreises durch folgende stochastische Differentialgleichung darstellen.**

$$dS(t) = S(t)(\mu dt + \sigma dW(t)) \tag{1.10}$$

* Auch die einfachen Renditen werden in diesem Buch näherungsweise als normalverteilt betrachtet. Dies wird vom Black-Scholes-Modell zwar nicht ausdrücklich impliziert, aber es ist in den meisten Fällen eine angemessene und intuitive Näherung, weil die Differenz zwischen logarithmierten Renditen und einfachen Renditen im Tagesrahmen meistens vernachlässigbar ist.

** Der Buchstabe d bezeichnet in der Analysis eine mathematische Ableitung. Ebenso bezeichnet er eine infinitesimale Änderung der Variable, auf die er angewendet wird. dS[t] ist eine sehr kleine Bewegung des Aktienkurses im Zeitpunkt t. ∂ ist die partielle Ableitung, die eine sehr kleine Änderung einer Variable in Bezug auf Änderungen einer anderen darstellt.

Wobei gilt: S(t) ist der Aktienkurs zum Zeitpunkt t, W(t) ist der Wienerprozess zum Zeitpunkt t, μ ist ein Driftsatz, σ ist die Volatilität der Aktie. Es wird angenommen, dass Drift und Volatilität der Aktie konstant sind, und es muss erneut betont werden, dass sich keine dieser Variablen unmittelbar beobachten lässt. Sie lassen sich mithilfe der durchschnittlichen Rendite einer Aktie und der Standardabweichung der historischen Rendite annähern, aber man kann sie niemals präzise kennen.

Die Gleichung sagt aus, dass jede Preisänderung einer Aktie (dS(t)) durch ein vorhersehbares Maß an Drift (bei einer Erwartungsrendite μdt) und ein gewisses Maß an zufälligem Rauschen (σdW(t)) bestimmt wird. Anders gesagt besteht die Gleichung aus zwei Komponenten: Die eine modelliert *deterministische* Preistrends (S(t)μdt), die andere modelliert probabilistische Preisschwankungen (S(t)σdW(t)). Die wichtige Erkenntnis, die man aus dieser Beobachtung mitnehmen sollte, besagt, dass der Aktienkurs grundsätzlich eine Unsicherheit beinhaltet, die durch die Beiträge aus dem Wienerprozess wiedergegeben wird. Da die Inkremente eines Wienerprozesses voneinander unabhängig sind, geht man üblicherweise auch davon aus, dass zusätzlich zur Normalverteilung der logarithmierten Renditen auch mindestens die schwache EMH greift.

Verwendet man diese Gleichung als Grundlage für die Ableitung, ergibt sich unter der Annahme, dass ein risikoloses Optionsportfolio den risikolosen Zinssatz abwerfen muss, sowie unter Umstellung der Terme die Black-Scholes-Gleichung:

$$\frac{\partial C}{\partial t} + rS\left(\frac{\partial C}{\partial S}\right) + \frac{1}{2}\partial^2 S^2\left(\frac{\partial^2 C}{\partial S^2}\right) = rC \qquad (1.11)$$

Wobei C der Preis eines europäischen Calls ist (der von S und t abhängt), S der Aktienkurs (abhängig von t), r der risikolose Zinssatz und σ die Volatilität der Aktie. Die Black-Scholes-Formal lässt sich berechnen, indem man die Black-Scholes-

Gleichung gemäß den Grenzbedingungen löst, die durch Zahlung bei Verfall einer europäischen Option gegeben sind. Die Formel, die den Wert einer europäischen Call-Option auf eine Aktie ergibt, die keine Dividende ausschüttet, bietet die folgende Gleichung:

$$C(S, t) = N(d_1)S(t) - N(d_2)Ke^{-r(T-t)} \qquad (1.12)$$

Wobei gilt: $N(d_1)$ ist der Wert der kumulativen Standard-Normalverteilungsfunktion bei d_1, Gleiches gilt für $N(d_2)$, T ist der Verfallzeitpunkt der Option, (T - t) ist die Laufzeit des Kontrakts, S(t) ist der Aktienkurs zum Zeitpunkt t, K ist der Ausübungspreis der Option, d_1 und d_2 sind durch folgende Gleichungen gegeben:

$$d_1 = \frac{1}{\sigma\sqrt{T-t}}\left[\ln\left(\frac{S(t)}{K}\right) + \left(r + \frac{1}{2}\sigma^2\right)(T-t)\right] \qquad (1.13)$$

$$d_2 = d_1 - \sigma\sqrt{T-t} \qquad (1.14)$$

Wobei σ die Volatilität der Aktie ist. Wenn diese Gleichungen umständlich wirken, dann, weil sie es sind.

Wie gesagt, es ist nicht der Zweck dieses Abschnitts, die dem Black-Scholes-Modell zugrunde liegende Mechanik detailliert zu beschreiben. Die Gleichungen (1.10) bis (1.14) wurden vielmehr aufgenommen, um drei wichtige Punkte zu betonen:

1. In einem Aktienkurs ist ein Element grundsätzlicher Unsicherheit eingeschlossen. Außerdem wird angenommen, dass Aktienkursbewegungen voneinander unabhängig und logarithmisch normalverteilt sind.*

---

* Die Logarithmusfunktion und die logarithmische Normalverteilung werden im Anhang behandelt.

2. Ein Schätzwert für den fairen Preis einer Option lässt sich anhand des Aktienkurses, der Volatilität der Aktie, dem risikolosen Zinssatz, der Laufzeit des Kontrakts und dem Basispreis berechnen.
3. Die Volatilität einer Aktie, die bei der Einschätzung des Risikos einer Anlage sowie bei der Bewertung einer Option eine bedeutende Rolle spielt, lässt sich nicht unmittelbar beobachten. Das bedeutet, dass man das „wahre Risiko" eines Finanzinstruments niemals exakt kennen kann. Das Risiko lässt sich nur anhand von Kennzahlen wie der historischen Volatilität oder der Standardabweichung der historischen Renditen über einen bestimmten Zeitraum annähern, der üblicherweise der Kontraktlaufzeit entspricht. Anstatt bei der Einschätzung des Risikos einer Anlage eine Kennzahl zu verwenden, die in die Vergangenheit blickt, wie etwa die historische Volatilität, kann man das Risiko einer Anlage auch aus dem Preis ihrer Optionen ableiten.

Wie schon gesagt liefert das Black-Scholes-Modell lediglich eine *theoretische* Schätzung des fairen Wertes einer Option. Sobald ein Kontrakt am Optionsmarkt gehandelt wird, wird sein Preis häufig je nach den Spekulationen und dem wahrgenommenen Risiko nach oben oder nach unten gedrückt. Die Abweichung des Preises einer Option aufgrund dieser externen Faktoren von ihrem theoretischen Wert weist auf ihre *implizite Volatilität* hin. Bei der Erstbewertung einer Option wird die historische Volatilität der Aktie in das Modell eingepreist. Wenn aber der gehandelte Preis der Option über oder unter ihrem theoretischen Wert liegt, dann deutet das darauf hin, dass die *wahrgenommene* Volatilität des Basiswerts von derjenigen abweicht, die anhand der historischen Renditen geschätzt wurde.

Die implizite Volatilität dürfte die für den Optionshandel wichtigste Kennzahl sein. Im Endeffekt ist sie ein Maß für das *empfundene* Risiko eines Basiswerts gemäß Angebot und Nachfrage von Optionskontrakten. Nehmen wir als Beispiel eine Aktie, die keine

Dividende ausschüttet, die derzeit 100 Dollar kostet und eine historische Volatilität über 45 Tage von 20 Prozent hat. Nehmen wir weiter an, dass eine Call-Option auf die Aktie mit einer Restlaufzeit von 45 Tagen und einem Ausübungspreis von 105 Dollar für 2 Dollar gehandelt wird. Setzt man diese Parameter in das Black-Scholes-Modell ein, müsste die Call-Option theoretisch für 1 Dollar je Aktie gehandelt werden. Jedoch hat die Nachfrage nach dieser Position den Kontraktpreis wesentlich steigen lassen. Damit das Modell einen Call-Preis von 2 Dollar je Aktie auswirft, müsste die Volatilität des Basiswerts 28 Prozent betragen (wenn man davon ausgeht, dass alles andere gleich bleibt). Das heißt, obwohl die historische Volatilität des Basiswerts nur 20 Prozent beträgt, beläuft sich das wahrgenommene Risiko des Basiswerts (also die implizite Volatilität) in Wirklichkeit auf 28 Prozent.

Abschließend noch einmal: Zweck dieses Abschnitts war es nicht, tiefer in die Mathematik des Black-Scholes-Modells einzudringen. Vielmehr wurden diese Konzepte vorgestellt, um die nachstehenden Axiome zu begründen, die die Grundlage des vorliegenden Buchs darstellen:

- Gewinne lassen sich nicht ohne Risiko erzielen.
- Die logarithmierten Renditen von Aktien beinhalten grundsätzlich Unsicherheit und man geht davon aus, dass sie normalverteilt sind.
- Aktienkursbewegungen sind im zeitlichen Verlauf unabhängig voneinander (die künftigen Kursbewegungen sind von den vergangenen Kursbewegungen unabhängig, was mindestens die schwache EMH erfordert).
- Theoretisch kann man den fairen Preis von Optionen anhand des Aktienkurses, der Volatilität der Aktie, des risikolosen Zinssatzes, der Kontraktlaufzeit und des Basispreises berechnen.
- Die Volatilität einer Anlage lässt sich nicht unmittelbar beobachten, lediglich anhand von Kennzahlen wie der historischen Volatilität oder der impliziten Volatilität schätzen.

Die Griechen

Neben der impliziten Volatilität sind die sogenannten Griechen die relevantesten aus dem Black-Scholes-Modell abgeleiteten Kennzahlen. Dabei handelt es sich um Risikokennzahlen, deren jede die Sensitivität des Preises einer Option bezüglich Änderungen irgendeiner Variable beschreibt. Die für Optionshändler wichtigsten Griechen sind Delta (Δ), Gamma (Γ) und Theta (Θ).

Einer der wichtigsten und am weitesten verbreiteten Griechen ist das Delta (Δ). Es ist eine erste Ableitung* und gibt die erwartete Änderung des Optionspreises bei einem Anstieg des Preises des Basiswerts um 1 Dollar an (unter der Annahme, dass alle anderen Variablen konstant bleiben). Die zugehörige Gleichung sieht so aus:

$$\Delta = \frac{\partial V}{\partial S} \tag{1.15}$$

Wobei V der Preis der Option (Call oder Put) und S der Preis der zugrunde liegenden Aktie ist, wozu anzumerken ist, dass ∂ die partielle Ableitung ist. Der Wert des Deltas reicht von -1 bis 1 und das Vorzeichen hängt von der Art der Position ab:

- Aktien-Long-Position: Δ = 1.
- Long Call und Short Put: Δ liegt zwischen 0 und 1.
- Long Put und Short Call: Δ liegt zwischen -1 und 0.

So steigt zum Beispiel der Preis einer long gehaltenen Call-Option mit einem Delta von 0,50 (notiert als 50Δ, weil sich für ein Lot mit 100 Stücken des Basiswerts ein Δ von 50 ergibt) um circa 0,50 Dollar je Stück, wenn der Basiswert um 1 Dollar steigt. Das leuchtet ein, weil eine long gehaltene Aktie, ein long gehaltener Call und ein Short Put bullishe Strategien sind, was bedeutet, dass sie profitieren, wenn

---

* Die erste Ableitung Δ ist vom Preis der Option V abgeleitet. Zweite Ableitungen sind Ableitungen einer ersten Ableitung.

der Preis des Basiswerts steigt. In ähnlicher Weise erleiden Long Puts und Short Calls – bearishe Strategien – Verluste, wenn der Preis des Underlyings steigt.

Das Delta hat ein Vorzeichen und einen Betrag, daher ist es ein Maß für den *Grad* des *direktionalen Risikos* einer Position. Das Vorzeichen des Deltas gibt die Richtung des Risikos an, sein Betrag gibt an, wie schwer die Anlage dem Risiko ausgesetzt ist. Je höher der Betrag des Deltas, umso größer das Gewinn- und Verlustpotenzial des Kontrakts. Das liegt daran, dass Positionen mit größeren Deltas näher am Geld beziehungsweise weiter im Geld sind und dass sie empfindlicher auf Preisänderungen des Basiswerts reagieren. Ein Kontrakt mit einem Delta von 1,0 (100Δ) ist der Richtung maximal ausgesetzt und ist maximal im Geld. 100Δ-Optionen verhalten sich wie der Aktienkurs, denn ein Anstieg des Underlyings um 1 Dollar bewirkt einen Anstieg des Optionspreises pro Aktie um 1 Dollar. Ein Kontrakt mit einem Delta von 0,0 ist der Richtung nicht ausgesetzt und ist maximal aus dem Geld. Ein 50Δ-Kontrakt ist so definiert, dass der Basispreis am Geld ist.*

Da das Delta ein Maß für das direktionale Exposure ist, spielt es bei der Absicherung (Hedging) gegen direktionale Risiken eine große Rolle. Wenn beispielsweise ein Trader eine 50Δ-Position laufen hat und möchte, dass die Position relativ schwach auf Bewegungen des Underlyings reagiert, könnte der Trader dieses Exposure durch Hinzunahme 50 negativer Deltas ausgleichen (zum Beispiel zwei Long Puts mit 25Δ). Die Gesamtposition bezeichnet man dann als deltaneutral.

Der zweite Grieche, Gamma (Γ), ist eine zweite Ableitung und ein Maß für die Veränderung des *Deltas* der Option bei einer erwarteten Preisänderung des Basiswerts um 1 Dollar. Mathematisch wird das Gamma folgendermaßen dargestellt:

---

* In der Praxis unterscheiden sich der Basispreis und der Preis des Basiswerts bei 50Δ-Kontrakten aufgrund der Schiefe des Basispreises leicht voneinander.

$$\Gamma = \frac{\partial \Delta}{\partial S} = \frac{\partial^2 V}{\partial S^2} \tag{1.16}$$

Ebenso wie beim Delta hängt auch beim Gamma das Vorzeichen von der Art der Position ab:

- Long Call und Long Put: $\Gamma > 0$
- Short Call und Short Put: $\Gamma < 0$

Das heißt, wenn der Preis des Basiswerts um 1 Dollar steigt, dann wird das Delta bei allen Long-Positionen positiver und bei allen Short-Positionen negativer. Das leuchtet unmittelbar ein, weil ein Kursanstieg des Basiswerts um 1 Dollar einen Long Call weiter ins Geld treibt und so das direktionale Exposure des Kontrakts erhöht, während er einen Long Put weiter aus dem Geld treibt, wodurch das inverse direktionale Exposure des Kontrakts sinkt und das negative Delta in Richtung null verschiebt. Am höchsten ist der Betrag des Gammas bei ATM-Positionen, während es bei ITM- und OTM-Positionen niedriger ist – was bedeutet, dass das Delta auf Preisbewegungen bei -50Δ und 50Δ am empfindlichsten reagiert.

Das Gamma zu kennen ist beim Handel mit Optionen von entscheidender Bedeutung, insbesondere wenn man auf ein spezifisches direktionales Exposure aus ist. Das Delta des Kontrakts schwankt normalerweise, sodass das Gamma der Position einen besseren Hinweis auf das langfristige direktionale Exposure bietet. Nehmen wir an, ein Trader will eine deltaneutrale Position konstruieren, indem er einen Short Call (negatives Delta) mit einem Short Put (positives Delta) kombiniert, wobei er Kontrakte mit 20Δ oder 40Δ in Betracht zieht (bei sonst gleichen Kriterien). Die 40Δ-Kontrakte sind näher am ATM-Punkt (50Δ) und haben ein größeres Gewinnpotenzial als die 20Δ-Positionen, aber sie haben auch ein signifikant höheres Gamma-Risiko und bleiben mit geringerer Wahrscheinlichkeit auf lange Sicht deltaneutral. Dann hängt die optimale Wahl davon ab, wie viel Risiko der Trader einzugehen bereit ist, sowie von seinen Gewinnzielen. Für Trader mit hohen Gewinnzielen und einem

Depot, das ausreichend groß ist, um die großen P/L-Ausschläge sowie das Verlustpotenzial des Trades auszuhalten, sind die 40Δ-Kontrakte besser geeignet.

Das Theta (Θ) ist eine erste Ableitung, die die erwarteten P/L-Änderungen angibt, die sich aus der täglichen Abnahme des äußeren Werts der Option (der Differenz zwischen dem aktuellen Marktpreis der Option und dem inneren Wert der Option) ergibt. Häufig spricht man auch vom Zeitwertverlust der Option. Das Theta wird mathematisch wie folgt dargestellt:

$$\Theta = \frac{\partial V}{\partial t} \tag{1.17}$$

Wobei V der Preis der Option (Call oder Put) ist und t die Zeit. Das Vorzeichen des Thetas hängt von der Art der Position ab und ist dem des Gammas entgegengesetzt:

- Long Call und Long Put: $\Theta < 0$
- Short Call und Short Put: $\Theta > 0$

Anders ausgedrückt senkt die Abnahme des äußeren Wertes im Laufe der Zeit (der Zeitwertverlust) den Wert einer Long-Position und erhöht den Wert einer Short-Position. So wird beispielsweise bei einem Long Call mit einem Theta von -5 je Lot ein täglicher Wertverlust von 5 Dollar erwartet. Das leuchtet unmittelbar ein, weil die Inhaber des Kontrakts allmähliche Verluste hinnehmen müssen, während ihre Anlage mit der Zeit an Wert verliert – das ergibt sich daraus, dass der Wert der Option mit schwindender Unsicherheit in Richtung ihres inneren Wertes läuft. Da der äußere Wert eines Kontrakts im Laufe der Zeit sinkt, profitiert die Short-Seite einer Position vom zeitlichen Verlauf und erlebt einen „positiven Zeitwertverlust“. Am größten ist der Betrag des Thetas unter sonst gleichen Bedingungen bei ATM-Optionen, niedriger ist er bei ITM- und OTM-Positionen.

Gamma und Theta einer Position sind gewissermaßen gegenläufig. Zum Beispiel unterliegt ein Long Call, der den Vorteil eines großen positiven Gammas besitzt, gleichzeitig einem großen Zeitwertverlust. Sehen Sie sich einmal folgende Beispiele an:

- **Position 1:** Ein Call mit 45 DTE, 16Δ und Basispreis 50 Dollar; der Basiswert steht bei 45 Dollar. Die Long-Position hat daher ein Gamma von 5,4 und ein Theta von -1,3.
- **Position 2:** Ein Call mit 45 DTE, 44Δ und Basispreis 50 Dollar; der Basiswert steht bei 49 Dollar. Die Long-Position hat ein Gamma von 7,9 und ein Theta von -2,2.

Im Vergleich zur ersten Position hat die zweite ein größeres Gamma-Exposure, was bedeutet, dass das Delta des Kontrakts und sein Preis empfindlicher auf Preisänderungen des Basiswerts reagieren und dass er mit höherer Wahrscheinlichkeit ins Geld läuft. Allerdings bringt diese Position auch einen größeren Theta-Zeitwertverlust mit sich, also sinkt auch ihr äußerer Wert schneller.

Beachten Sie zum Abschluss dieser Besprechung des Black-Scholes-Modells und seiner Risikokennzahlen, dass die Ergebnisse aller Optionspreismodelle mit Vorsicht zu genießen sind. Die Bewertungsmodelle gründen sich auf vereinfachte Annahmen über die echten Finanzmärkte. Diese Annahmen sind unter hochvolatilen Marktbedingungen weniger repräsentativ, die Gewinne und die Verluste werden dann viel größer. Man kann die Annahmen und Kennzahlen („Griechen") des Black-Scholes-Modells *unter den meisten Marktbedingungen* verwenden, um angemessene Erwartungen zu Risiko und Rendite zu formulieren, es ist aber auch wichtig, diesen Rahmen um modellunabhängige Kennzahlen zu ergänzen.

Kovarianz und Korrelation

Bislang haben wir nur über den Handel mit einzelnen Positionen gesprochen, aber genauso wichtig ist es, die Beziehungen zwischen mehreren Positionen zu quantifizieren. Die Kovarianz gibt an, wie sich zwei Signale im Verhältnis zu ihren Erwartungswerten in Bezug aufeinander bewegen. Das ist eine wirkungsvolle Möglichkeit, die Variabilität zwischen zwei Variablen zu ermitteln. Für ein Signal X mit den beobachteten Werten ($x_1, x_2, ..., x_n$) und dem Erwartungswert μ_x und ein zweites Signal Y mit den beobachteten Werten ($y_1, y_2, ..., y_n$) und dem Erwartungswert μ_y ist die Kovarianz durch folgende Gleichung gegeben:

$$\text{Kovarianz} = Cov(X, Y) = \frac{1}{n} \cdot \sum_{i=1}^{n} (x_i - \mu_x)(y_i - \mu_y) \qquad (1.18)$$

Ausgedrückt in Form der Zufallsvariablen X und Y ist dies äquivalent mit Folgendem:*

$$Cov(X, Y) = \mathrm{E}[(X - \mathrm{E}[X])(Y - \mathrm{E}[Y])] \qquad (1.19)$$

Vereinfacht gesagt gibt die Kovarianz quantitativ die Tendenz einer linearen Beziehung zwischen zwei Variablen an:

- Eine *positive* Kovarianz zeigt an, dass hohe Werte des einen Signals mit hohen Werten des anderen zusammenfallen, und das Gleiche gilt für niedrige Werte der beiden Signale.
- Eine *negative* Kovarianz zeigt an, dass hohe Werte des einen Signals mit niedrigen Signalen des anderen zusammenfallen und umgekehrt.
- Eine Kovarianz von null zeigt an, dass zwischen den beiden Variablen kein linearer Trend beobachtet wurde.

Am besten versteht man die Kovarianz anhand eines grafischen Beispiels. Sehen Sie sich in den nachstehenden Abbildungen die Tagesrenditen folgender ETFs an: SPY (S&P 500), QQQ (Nasdaq 100), GLD (Gold) und TLT (Schatzanleihen mit Laufzeiten > 20 Jahre).

* Die Kovarianz einer Variable zu sich selbst (zum Beispiel Cov(X, X)) ist einfach die Varianz des Signals an sich.

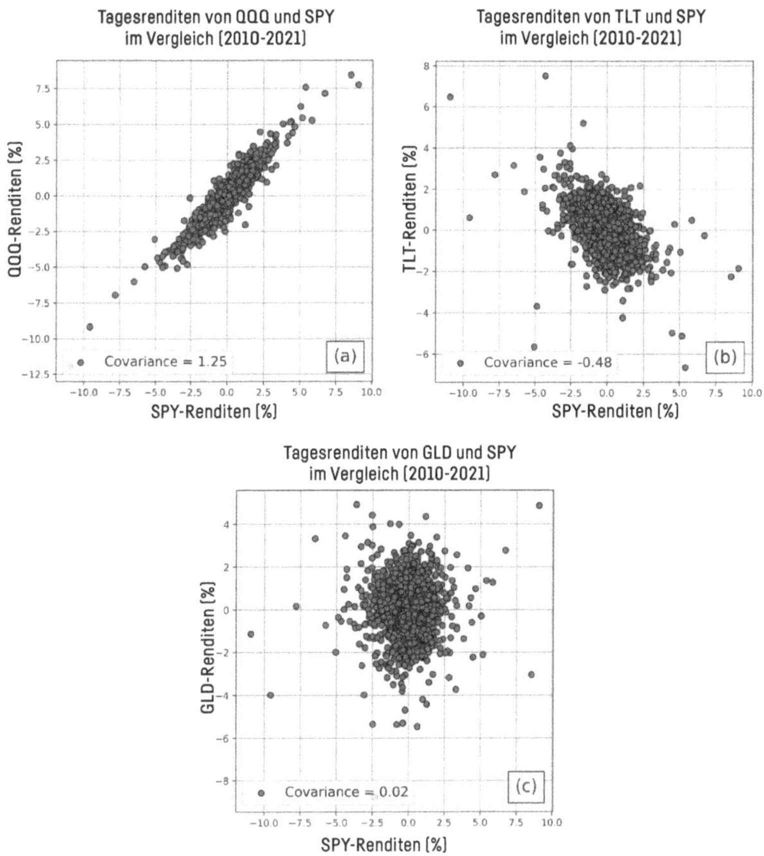

Abbildung 1.9
(a) Renditen von QQQ und SPY im Vergleich. Die Kovarianz zwischen diesen beiden Anlagen beträgt 1,25, was darauf hinweist, dass sich diese Instrumente tendenziell gemeinsam bewegen. (b) Renditen von TLT und SPY im Vergleich. Die Kovarianz zwischen diesen beiden Anlagen beträgt -0,48, was darauf hinweist, dass sie sich tendenziell gegenläufig bewegen. (c) Renditen von GLD und SPY im Vergleich. Die Kovarianz zwischen den beiden Anlagen beträgt 0,02, was darauf hindeutet, dass zwischen diesen Variablen keine starke lineare Beziehung besteht.

Die Kovarianz misst die Richtung der linearen Beziehung zwischen zwei Variablen, liefert aber keinen klaren Begriff von der *Stärke* dieser Beziehung. Da die Kovarianz zwischen zwei Variablen spezifisch für den Maßstab der Variablen ist, sind die Kovarianzen zweier Paare nicht miteinander vergleichbar. Die Korrelation hingegen ist die normalisierte Kovarianz und gibt sowohl die Richtung als auch die Stärke der linearen Beziehung an; und sie ist bezüglich des Maßstabs invariant. Der Korrelationskoeffizient ρ zweier Signale X, Y mit den Standardabweichungen σ_X, σ_Y und der Kovarianz Cov(X, Y) ist wie folgt gegeben:

$$\text{Korrelation} = \rho_{xy} = \frac{Cov(X,Y)}{\sigma_X \sigma_Y} \tag{1.20}$$

Der Korrelationskoeffizient reicht von -1 bis 1, wobei 1 einer perfekten positiven linearen Beziehung und null keiner messbaren linearen Beziehung entspricht. Wenn wir uns die in Abbildung 1.9 gezeigten Beispielpaare noch einmal ansehen, können wir nun die Stärke der linearen Beziehung in allen Fällen beurteilen und vergleichen.

In Abbildung 1.9(a), dem Renditevergleich zwischen QQQ und SPY, beträgt die Korrelation zwischen den beiden Anlagen 0,88, was auf eine starke positive lineare Beziehung hinweist. In Abbildung 1.9(b), dem Renditevergleich zwischen TLT und SPY, beträgt die Korrelation zwischen den beiden Anlagen -0,43, was auf eine mäßige negative lineare Beziehung hinweist. Und in Abbildung 1.9(c), dem Renditevergleich zwischen GLD und SPY, beträgt die Korrelation zwischen den beiden Anlagen 0,00, was auf keine messbare lineare Beziehung zwischen diesen Variablen hinweist. Laut den Korrelationswerten der gezeigten Paare besteht die stärkste lineare Beziehung zwischen SPY und QQQ, weil hier der Betrag des Korrelationskoeffizienten am höchsten ist.

Der Korrelationskoeffizient spielt bei der Portfoliokonstruktion eine sehr große Rolle, vor allem aus der Perspektive des Risikomanagements. Die Korrelation quantifiziert die Beziehung zwischen den Richtungstendenzen zweier Anlagen. Wenn die in einem Portfolio enthaltenen Anlagen hochgradig korrelierte Renditen haben (positiv oder negativ korreliert), ist das Portfolio dem direktionalen Risiko hochgradig ausgesetzt. Um zu verstehen, wie sich die Korrelation auf das Risiko auswirkt, muss man die additive Eigenschaft der Varianz bedenken. Für zwei Zufallsvariablen X, Y mit den Varianzen Var(X), Var(Y) und der Kovarianz Cov(X, Y) ist die *kombinierte* Varianz folgendermaßen gegeben:

$$\mathrm{Var}(X + Y) = \mathrm{Var}(X) + \mathrm{Var}(Y) + 2\mathrm{Cov}(X, Y) \tag{1.21}$$

Wenn man zwei Anlagen miteinander kombiniert, hängt die Gesamtauswirkung auf die Unsicherheit des Portfolios von den Unsicherheiten der einzelnen Anlagen und auch von der zwischen ihnen bestehenden Kovarianz ab. Deshalb kann bei jeder neuen Position, die zusätzliches Kapital des Portfolios bindet, die Kovarianz die Unsicherheit des Portfolios erhöhen (hohe Korrelation), sich kaum auf die Unsicherheit des Portfolios auswirken (Korrelation nahe null) oder die Unsicherheit des Portfolios senken (negative Korrelation).

Weitere Risikokennzahlen

In diesem Kapital haben wir mehrere Risikomaße vorgestellt: die historische Volatilität, die implizite Volatilität und die sogenannten Griechen. Es gibt noch zwei weitere Kennzahlen, die erwähnenswert sind und im ganzen Buch auftauchen werden, das Beta (β) und der Conditional Value at Risk (CVaR). Das Beta ist ein Maß für das systematische Risiko und konkret gibt es die Volatilität der Aktie im Verhältnis zur Volatilität des Gesamtmarkts an, die üblicherweise anhand einer Referenzanlage wie etwa dem SPY geschätzt wird. Bei einer Marktrendite R_m hat eine Aktie mit der Rendite R_i folgendes Beta:

$$\beta = \frac{Cov(R_i, R_m)}{Var(R_m)} \tag{1.22}$$

Die Volatilität einer Aktie im Verhältnis zum Markt lässt sich dann wie folgt bewerten:

- β > 1: Die Anlage neigt dazu, sich stärker zu bewegen als der Markt. (Wenn zum Beispiel das Beta einer Aktie 1,5 beträgt, dann neigt sie dazu, sich um 1,50 Dollar zu bewegen, wenn sich der Markt um 1,00 Dollar bewegt.)
- β = 1: Die Bewegungen der Anlage entsprechen tendenziell denen des Marktes.
- 0 < β < 1: Die Anlage ist weniger volatil als der Markt. (Wenn zum Beispiel das Beta einer Aktie 0,5 beträgt, dann schwankt die Aktie um 50 Prozent weniger als der Markt.)
- β = 0: Die Anlage beinhaltet kein systematisches Risiko (Marktrisiko).
- β < 0: Die Anlage neigt dazu, sich entgegengesetzt dem Gesamtmarkt zu bewegen.

Diese Kennzahl ist unentbehrlich für das Portfoliomanagement, wo sie für die Berechnung des betagewichteten Deltas verwendet wird. Das werden wir in Kapitel 7 detaillierter behandeln.

Value at Risk (VaR) ist eine weitere Verteilungskennzahl, die besonders nützlich ist, wenn man es mit sehr schiefen Verteilungen zu tun hat. VaR ist eine Schätzung der potenziellen Verluste eines Portfolios oder einer Position über einen bestimmten Zeitraum bei einem bestimmten Wahrscheinlichkeitsniveau gemäß dem historischen Verhalten. So kann man zum Beispiel bei einer Position mit einem Tages-VaR von -100 Dollar bei einem Wahrscheinlichkeitsniveau von 5 Prozent nur an 5 Prozent der Tage damit rechnen, dass man an einem Tag 100 Dollar (oder mehr) verliert. Das bedeutet, dass die untersten 5 Prozent der Fälle in der historischen täglichen P/L-Verteilung bei -100 Dollar oder schlechter liegen. Abbildung 1.10 zeigt eine grafische Darstellung der historischen Verteilung der Tagesrenditen des SPY.

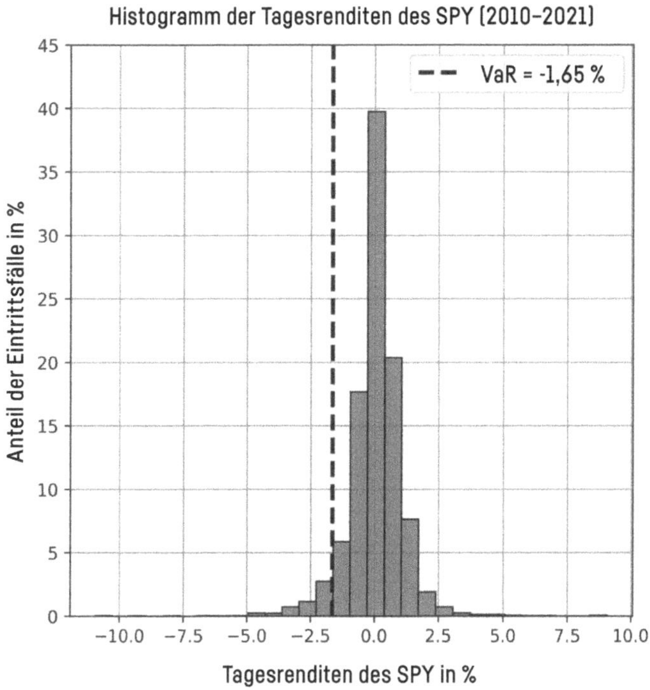

Abbildung 1.10
Verteilung der Tagesrenditen des SPY von 2010 bis 2021, dazu VaR bei einem Wahrscheinlichkeitsniveau von 5 Prozent. Dieser zeigt an, dass der SPY an 95 Prozent aller Tage höchstens 1,65 Prozent verloren hat.

Bei Strategien mit signifikanter negativer Schiefe gibt der VaR einen numerischen Schätzwert aufgrund der früheren Tendenzen für das Potenzial extremer Verluste an. Um mehr Gewicht auf den negativen Rand einer Verteilung zu legen und eine extremere Verlustschätzung zu ermitteln, können Trader auch den CVaR verwenden, der auch als erwartetes Defizit bekannt ist. Der CVaR ist eine Schätzung des zu erwartenden Verlustes eines Portfolios oder einer Position in dem Fall, dass die Schwelle der extremen Verluste (VaR) überschritten wird. Man berechnet ihn, indem man den Durchschnitt der in der Verteilung enthaltenen Verluste bildet, die über die VaR-Schwelle hinausgehen. Damit Sie sehen, wie VaR und CVaR bezogen auf die Renditen des SPY im Vergleich aussehen, hier Abbildung 1.11:

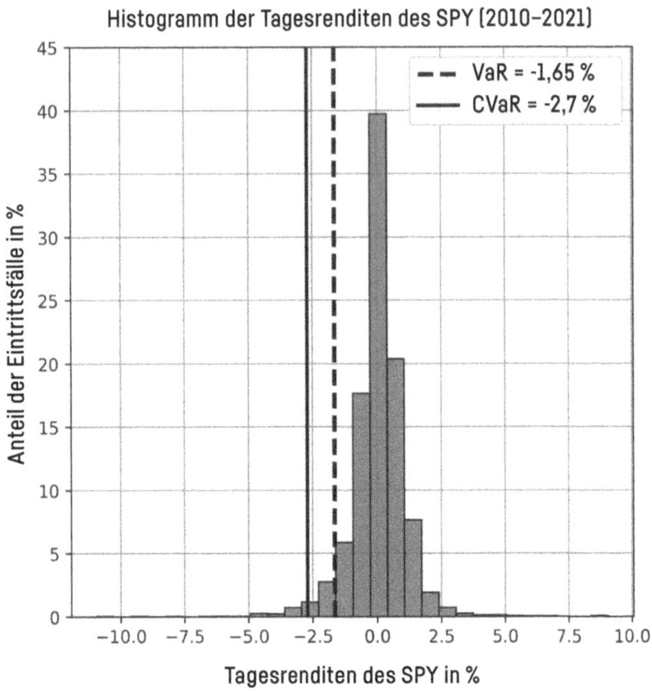

Abbildung 1.11
Verteilung der Tagesrenditen des SPY von 2010 bis 2021, dazu VaR bei einem Wahrscheinlichkeitsniveau von 5 Prozent. Ein CVaR von 2,7 Prozent zeigt an, dass der SPY an den 5 Prozent schlechtesten Tagen durchschnittlich 2,7 Prozent verloren hat.

Die Entscheidung, ob man VaR oder CVaR verwendet, hängt vom Risikopotenzial des betreffenden Portfolios oder der betreffenden Position ab. CVaR spricht empfindlicher auf Randverluste an und liefert eine Kennzahl, die aus der Risikoperspektive konservativer ist. Sie ist für die Art von Instrumenten, um die es in diesem Buch geht, besser geeignet.

2

VOLATILITÄTS-TRADING UND DIE IMPLIZITE VOLATILITÄT

Trader sichern sich häufig mithilfe von Optionen gegen extreme Marktschwankungen (nach oben oder nach unten) ab. Optionen sind im Endeffekt eine finanzielle Versicherung und daher bilden sich ihre Preise ähnlich wie bei anderen Formen der Versicherung. Die Prämien steigen oder fallen je nach dem *wahrgenommenen* Risiko des Basiswerts (was sich aus Angebot und Nachfrage bei den betreffenden Kontrakten ergibt), genauso wie der Preis für eine Sturmversicherung je nach dem wahrgenommenen Sturmrisiko in einer bestimmten Region steigt oder fällt. Um das am Markt wahrgenommene Risiko zu quantifizieren, verwenden Trader die implizite Volatilität (IV).

Die implizite Volatilität ist die Volatilität, die den aktuellen Marktpreis einer Option zum fairen Preis dieser Option gemäß einem Modell wie beispielsweise Black-Scholes machen würde.* Wenn Optionspreise *steigen* (wenn also mehr Nachfrage nach der Versicherung besteht), steigt die IV entsprechend, und wenn die Optionspreise sinken, sinkt auch die IV. Somit ist die IV ein Näherungswert für die *Empfindung* des Marktrisikos bezogen auf Angebot und Nachfrage finanzieller Versicherungen. Die IV gibt den wahrgenommenen *Betrag* der erwarteten Preisbewegungen wieder und bezieht sich nicht auf die Richtung.** Tabelle 2.1 bietet ein Zahlenbeispiel.

---

* Die implizite Volatilität (IV) ist ebenso wie die historische Volatilität ein Prozentsatz und bezieht sich auf logarithmierte Renditen. Es ist üblich, die IV entweder als Dezimalzahl (0,X) oder als Prozentsatz (X %) anzugeben. Ein IV-Index, der ein Instrument ist, das die IV verfolgt und später in diesem Kapitel vorgestellt wird, wird üblicherweise in Punkten (X) angegeben, sollte aber als Prozentsatz (X %) verstanden werden.

** Man kann Informationen über die erwartete Richtungsbewegung eines Basiswerts erhalten, indem man die IV über verschiedene Basispreise analysiert. Dies wird im Anhang genauer ausgeführt.

Tabelle 2.1
Zwei Basiswerte mit dem gleichen Preis sowie Put-Kontrakte auf diese Basiswerte mit gleichen Parametern (Anzahl der Aktien, Ausübungspreis, Laufzeit). Die Preise der Kontrakte sind unterschiedlich, was anzeigt, dass die beiden Instrumente unterschiedliche implizite Volatilitäten haben.

Put-Kontrakt 45 Tage	Basiswert A	Basiswert B
Preis des Basiswerts	101 $	101 $
Basispreis	100 $	100 $
Preis des Kontrakts	10 $	5 $

Der Preis des Puts beträgt rund 10 Prozent des Aktienkurses von Basiswert A beziehungsweise 5 Prozent des Aktienkurses von Basiswert B. Dies deutet darauf hin, dass mit dem Preis von Underlying A mehr wahrgenommene Unsicherheit verbunden ist als mit dem von Underlying B. Auch zeigt es an, dass das erwartete Ausmaß der künftigen Bewegungen des Preises des Basiswerts bei Basiswert A größer ist als bei Basiswert B.

Die Nachfrage nach Optionen steigt tendenziell, wenn die historische Volatilität eines Basiswerts unerwartet steigt, vor allem bei großen Abwärtsbewegungen. Das bedeutet, dass die IV tendenziell positiv mit der historischen Volatilität und negativ mit dem Preis korreliert ist. Es gibt jedoch Ausnahmen von dieser Regel, denn die IV basiert ja auf dem wahrgenommenen Risiko, nicht unmittelbar auf einem historischen Risiko. Die IV kann aufgrund von Faktoren steigen, die nicht unmittelbar mit Preisbewegungen zusammenhängen, zum Beispiel aufgrund von unternehmensspezifischer Unsicherheit (Geschäftsberichte, törichte Tweets des CEO) oder von Unsicherheit im größeren volkswirtschaftlichen Maßstab (politische Konflikte, vorgeschlagene gesetzliche Maßnahmen). Das bedeutet auch, dass sich die Volatilitätsprofile von Instrument zu Instrument signifikant unterscheiden, und das wird später in diesem Kapitel noch weiter besprochen.

Ähnlich wie die historische Volatilität bezieht sich die IV auf den Bereich von einer Standardabweichung um die historischen Renditen eines Instruments. Obgleich die historische Volatilität die tatsächliche *frühere Volatilität der Renditen* ist, ist sie eine Näherung für die *künftige Volatilität der Renditen*, denn sie basiert darauf, wie der Markt Optionen nutzt, um sich gegen künftige Preisbewegungen abzusichern. Zwar besitzt jede Option auf einen Basiswert ihre eigene implizite Volatilität, doch die „gesamte" IV einer Anlage wird üblicherweise anhand von Optionen mit 30 Tagen Restlaufzeit berechnet und ist eine grobe Prognose der annualisierten Volatilität.*

> Beispiel: Eine Anlage hat einen Preis von 100 Dollar und eine IV von 0,10 (10 Prozent). Das heißt, es wird erwartet, dass sich die Anlage bis zum Ende des darauffolgenden Jahres um 10 Prozent nach oben oder nach unten bewegen wird. Das bedeutet, dass der Preis am Ende höchstwahrscheinlich zwischen 90 und 110 Dollar liegen wird.

Die Prognose der impliziten Volatilität kann man auch auf den erwarteten Kurs nach Tagen, Wochen, Monaten oder längeren Zeiträumen skalieren. Es folgen die Gleichungen für die Berechnungen der erwarteten Preisspannen einer Anlage innerhalb eines Vorhersagezeitraums.**

$$\text{Erwartete Spanne von } 1\sigma \text{ in } \% = \text{IV} \cdot \sqrt{\frac{\textit{Anzahl Kalendertage}}{365}} \qquad (2.1)$$

* Die IV liefert eine grobe Näherung für die erwartete Preisspanne, aber auf den meisten Trading-Plattformen wird sie nicht so berechnet. Mehr Informationen über die präzise Berechnung der erwarteten Preisspanne finden Sie im Anhang. Vorläufig verwenden wir diese vereinfachte Formel, weil sie am unmittelbarsten einleuchtet.

** Wenn man den risikolosen Zinssatz ignoriert, kann man die erwartete Preisspanne einer Aktie mit dem Preis S und der Volatilität σ über T Tage durch $Se^{\pm\sigma\sqrt{T/365}}$ abschätzen. Die Formel in Gleichung (2.2) ist eine Näherung, weil für kleine x gilt: $e^x \approx 1 + x$. Diese Näherung verliert bei größeren x ihre Gültigkeit, sodass diese Berechnung der erwartenden Spanne ungenauer wird, wenn die IV hoch ist. Das wird im Anhang ausführlicher erläutert.

$$\text{Erwartete Spanne von } 1\sigma \text{ in \$} = \text{Aktienkurs} \cdot \text{IV} \cdot \sqrt{\frac{\textit{Anzahl Kalendertage}}{365}} \tag{2.2}$$

Diese Schätzwerte der erwarteten Preisspanne werden in den späteren Kapiteln verwendet, um Optionsstrategien zu formulieren. Der Zeitrahmen für die erwartete Spanne wird häufig auf die Kontraktlaufzeit abgestimmt. Die meisten Beispiele in diesem Buch haben eine Laufzeit (DTE = Days To Expiration) von 45 Tagen (also 33 Handelstagen), daher werden die impliziten Volatilitäten meist mit 0,35 multipliziert, damit die Vorhersagen den Vertragslaufzeiten entsprechen.

Hilfreich für die bildliche Darstellung der wahrscheinlichen Preisänderungen eines Instruments aufgrund von Marktspekulationen ist der Trichter der erwarteten Bewegung. Die Breite des Trichters wird mithilfe von Gleichung (2.2) berechnet und richtet sich nach der IV des Basiswerts. Konkreter gesagt sind die Trichter in Umfeldern mit höherer Volatilität breiter und sie sind schmaler, wenn die Volatilität niedrig und der erwartete Bereich enger ist. Sehen Sie sich die Trichter der erwarteten Bewegung in Abbildung 2.1 zu den für den SPY erwarteten Preisspannen an.

Abbildung 2.1(c) zeigt den tatsächlichen Kursverlauf des SPY im Dezember 2019, der während des größten Teils der 45-tägigen Laufzeit innerhalb der erwarteten Preisspanne blieb. In der Mehrzahl der Fälle halten sich die Preise innerhalb der erwarteten Preisspanne und man kann die Annahmen des Black-Scholes-Modells verwenden, um eine theoretische Schätzung zu entwickeln, wie oft dies der Fall sein dürfte.

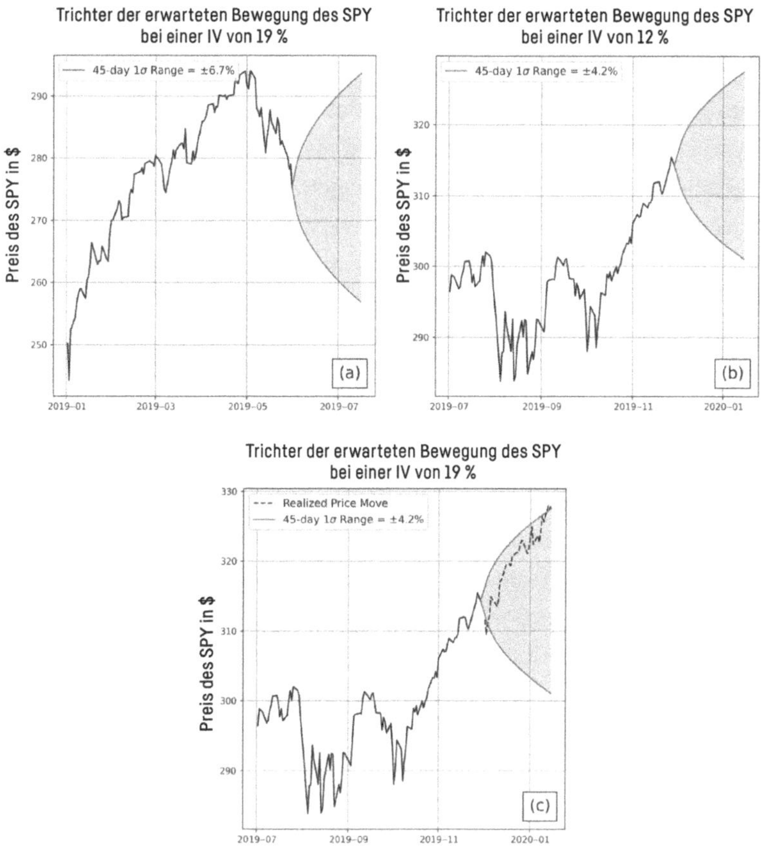

Abbildung 2.1

(a) Der Trichter der erwarteten Bewegung des SPY über 45 Tage Anfang 2019. Der Preis des SPY betrug circa 275 Dollar und die IV rund 19 Prozent, was einer über 45 Tage erwarteten Preisspanne von ±6,7 Prozent (Gleichung (2.1)) beziehungsweise ±18 Dollar (Gleichung (2.2)) entsprach. (b) Der Trichter der erwarteten Bewegung des SPY über 45 Tage, als die IV 12 Prozent betrug. (c) Der gleiche Trichter der erwarteten Bewegung wie in (b) mit der tatsächlichen Preisbewegung über 45 Tage.

Volatilitäts-Trading

Die Preise an Finanzmärkten werden von einer unvorstellbaren Zahl von Faktoren beeinflusst, sodass es äußerst schwierig ist, Preisbewegungen präzise vorherzusagen. Man kann sagen, dass die zuverlässigste Methode, Erwartungen bezüglich künftiger Preistrends zu formulieren, die Verwendung von Kennzahlen aus früheren Preisdaten sowie von finanziellen Modellen ist. Die IV wird aus den aktuellen Optionspreisen und aus dem Black-Scholes-Modell der Optionsbewertung abgeleitet und das bedeutet, dass man die Annahmen des Black-Scholes-Modells nutzen kann, um die erwartete Preisspanne in einen zusätzlichen statistischen Kontext zu stellen. Konkreter gesagt kann man die Wahrscheinlichkeit, dass eine Aktie innerhalb ihres aus der IV abgeleiteten Preisbereichs bleiben wird, daraus ableiten, weil man annimmt, die Aktienrenditen seien normalverteilt. Der Bereich der Normalverteilung einer Standardabweichung schließt 68,2 Prozent der Ereignisse ein, sodass theoretisch eine Wahrscheinlichkeit von 68,2 Prozent besteht, dass eine Aktie innerhalb des erwarteten Bereichs landet. Mithilfe von Gleichung (2.1) kann man diese Wahrscheinlichkeit über beliebige Zeiträume verallgemeinern.

> Beispiel: Der Preis einer Anlage beträgt 100 Dollar, ihre IV 0,10 (10 Prozent). Es wird mit einer Wahrscheinlichkeit von 68 Prozent erwartet, dass sich der Preis der Anlage bis zum Ende des nächsten Jahres zwischen 90 und 110 Dollar hält. Ebenso wird mit einer Wahrscheinlichkeit von 68 Prozent erwartet, dass sich der Preis der Anlage innerhalb von 58 Tagen zwischen 96 und 104 Dollar hält (Berechnung anhand von Gleichung (2.2)).

Jedoch zeigen die historischen Daten, dass die am Markt wahrgenommene Unsicherheit (IV) tendenziell öfter über der tatsächlichen Preisbewegung des Basiswerts liegt, als es die Theorie nahelegt.

Während die Theorie vorhersagt, dass die IV die tatsächliche Bewegung nur in 68 Prozent der Fälle zu hoch angibt, hat die IV des Marktes (SPY) sie in der Zeit von 2016 bis 2021 in 87 Prozent der Fälle zu hoch angegeben. Das bedeutet, dass der Preis des SPY häufiger als geschätzt innerhalb der erwarteten Preisspanne geblieben ist. Die tatsächlichen Bewegungen waren nur in 13 Prozent der Fälle größer, was darauf hindeutet, dass die IV das am Markt realisierte Risiko nur selten zu niedrig angibt. Das *exakte* Ausmaß, in dem die IV die tatsächliche Volatilität zu hoch angibt, hängt von dem jeweiligen Instrument ab. Sehen Sie sich zum Beispiel in Tabelle 2.2 an, wie oft die IV die Volatilität von Aktien und börsennotierten Fonds (ETFs) zu hoch angegeben hat.

Tabelle 2.2
Übertreibung der tatsächlichen Bewegungen von sechs Anlagen von 2016 bis 2021 durch die IV: SPY (ETF auf den S&P 500), GLD (Rohstoff-ETF auf Gold), SLV (Rohstoff-ETF auf Silber), AAPL (Apple-Aktie), GOOGL (Google-Aktie), AMZN (Amazon-Aktie).

Volatilitätsdaten (2016 bis 2021)

Anlage	Übertreibung durch die IV
SPY	87 %
GLD	79 %
SLV	89 %
AAPL	70 %
GOOGL	79 %
AMZN	77 %

Bei verschiedenen Anlagen ist es je nach ihrem einzigartigen Risikoprofil mehr oder weniger wahrscheinlich, dass sie innerhalb der erwarteten Spanne ihrer Preisbewegung bleiben. Aktien unterliegen unternehmensbezogenen Risikofaktoren und sind tendenziell volatiler. ETFs, die eine Vielzahl von Vermögensgegenständen enthalten, sind von Grund auf diversifiziert, sodass sie meist weniger zu dramatischen Kursausschlägen neigen. So enthält der S&P 500 zwar Apple, aber auch 499 andere Unternehmen. Das bedeutet, dass ein auf den Technologiesektor bezogenes Ereignis auf AAPL größere Auswirkungen als auf den SPY hat. Auch Rohstoffe wie Gold und Silber sind meist weniger volatil als einzelne Aktien, sodass sie weniger zu IV-Spitzen neigen und ihre Renditen berechenbarer sind. Auch wenn sich die Übertreibungsquoten der IV bei verschiedenen Instrumenten unterschieden, kann man daraus schließen, dass die *Befürchtung* großer Preisbewegungen gewöhnlich größer ist als die tatsächlichen Preisbewegungen des Marktes. Und wie genau können nun Options-Trader aus diesem Wissen über die IV und die Übertreibung seitens der IV Nutzen ziehen?

Kommen wir noch einmal auf das Beispiel der Sturmversicherung zurück. Der Preis für eine Sturmversicherung ist proportional zu den erwarteten Kosten für Sturmschäden in der betreffenden Gegend. Die Preise basieren auf dem historischen Sturmgeschehen und auf Vorhersagen künftiger Ereignisse, die bezogen auf die tatsächlichen Ergebnisse zu niedrig, zu hoch oder zutreffend sein können. Menschen, die Sturmversicherungen *verkaufen*, nehmen zunächst Prämien ein und der Wert hängt von dem wahrgenommenen Risiko für Gebäudeschäden ab. In einer ereignislosen Sturmsaison werden die meisten Policen nicht genutzt und die Versicherungen behalten den Großteil der anfänglich eingenommenen Prämien. In dem unwahrscheinlichen Fall, dass ein Sturmschaden in einem Gebiet, in dem sich die Versicherten ballen, *wesentlich* schlimmer ausfällt als erwartet, erleiden die Versicherer sehr große Verluste. Während der meisten Zeit erzielen Versicherungsgesellschaften kleine, beständige Gewinne, sie sind aber auch seltenen großen Verlusten ausgesetzt.

Bei der Finanzversicherung besteht ein ähnliches Spannungsfeld zwischen Lohn und Risiko, denn die Verkäufer erzielen während der meisten Zeit kleine, beständige Gewinne, gehen aber auch das Risiko großer Verluste unter extremen Bedingungen ein. Die IV liefert eine näherungsweise Prognose für den Preisbereich eines Basiswerts mit einer Gewissheit von 68 Prozent. Das bedeutet, es besteht eine Wahrscheinlichkeit von 68 Prozent, dass Calls mit Strikes am oberen Ende der Spanne und Puts mit Strikes am unteren Ende ohne inneren Wert verfallen. Wenn zum Beispiel ein Trader einen Call und einen Put mit Preisen am Rand des Trichters der erwarteten Preisbewegung verkaufen würde, dann würde er theoretisch mit einer Wahrscheinlichkeit von 68 Prozent Gewinn machen. Würde sich der Preis des Basiswerts unerwartet nach oben oder nach unten bewegen, könnte er allerdings einen beträchtlichen Verlust erleiden.

Im Gegensatz zu Verkäufern von Sturmversicherungen haben Optionsverkäufer mehr Spielraum, um Strategien zu entwerfen, und mehr Kontrolle über ihr Chance-Risiko-Profil. Stillhalter können sich entscheiden, wann sie ihre Versicherung verkaufen und wie sie ihre Kontrakte so konstruieren, dass sie mit der größten Wahrscheinlichkeit profitabel werden. Da die IV ein Näherungswert für die Nachfrage nach Optionen und für die Aufblähung der Prämie ist, kann man sie nutzen, um günstige Zeiten für den Versicherungsverkauf zu identifizieren. Da die IV außerdem genutzt werden kann, um die wahrscheinlichste Kursspanne einer Anlage abzuschätzen, können Stillhalter sie auch nutzen, um Positionen so zu strukturieren, dass sie wie im vorigen Beispiel wahrscheinlich wertlos verfallen. Optionsverkäufer (oder Stillhalter oder Short-Premium-Trader) sind Optionskäufern gegenüber auf lange Sicht statistisch im Vorteil, wobei sie sich im Gegenzug unwahrscheinlichen, jedoch möglicherweise beträchtlichen Verlusten aussetzen. Wegen dieses langfristigen statistischen Vorteils liegt der Schwerpunkt des vorliegenden Buches auf dem Short-Premium-Trading und das nächste Kapitel beschreibt genau, wie es funktioniert, anhand der impliziten Volatilität zu traden.

Die Zustände des VIX

Der SPY wird häufig als Anhaltspunkt für den breiten Markt verwendet. Er ist auch ein grundlegender Basiswert für die Short-Optionsstrategien in diesem Buch, weil er sehr gut über die Marktsektoren diversifiziert ist und nur ein Minimum an Einzelrisiken besitzt. Der CBOE Volatility Index (VIX) soll die annualisierte IV des SPY nachverfolgen und wird aus Indexoptionen mit 30 Tagen Laufzeit abgeleitet. Da der SPY für den breiten Markt steht, misst der VIX das wahrgenommene Risiko des breiten Marktes. Um dies in einen Zusammenhang zu stellen: Von 1990 bis 2021 reichte der VIX von rund 10 bis zu einem Spitzenwert von gut 80 im März 2020 während der COVID-19-Pandemie.*

Anders als Aktienkurse, die üblicherweise von ihrem Startwert aus im Laufe der Zeit driften, neigt der IV dazu, im Zuge eines zyklischen Trends zu einem langfristigen Wert zurückzukehren. Das liegt daran, dass Aktien verwendet werden, um den wahrgenommenen Wert eines Unternehmens, Sektors oder Rohstoffs einzuschätzen, dass hingegen die IV das Unsicherheitsgefühl des Marktes verfolgt, das nur für eine gewisse Zeit hoch bleiben kann. Während typischer Bullenmarktbedingungen schwankt der VIX um einen relativ niedrigen Wert auf oder unter seinem Durchschnitt von 18,5. Man bezeichnet das als Flaute. Wenn die Volatilität des Marktes aus irgendeinem Grund rasant steigt – häufig als Reaktion auf große und plötzliche Kursschwankungen –, steigt der VIX und schnellt weit über seinen Gleichgewichtszustand hinaus. Sobald sich der Markt an die neuen Volatilitätsbedingungen angepasst hat oder sich die volatilen Bedingungen aufgelöst haben, zieht sich der VIX allmählich wieder in den Flautenzustand zurück. Ein Beispiel für diesen Zyklus sehen Sie in Abbildung 2.2.

---

* Beachten Sie, dass Volatilitätsindizes wie der VIX zwar in Punkten angegeben, jedoch als Prozentsätze aufgefasst werden sollten. So entspricht beispielsweise ein VIX von 30 einer impliziten Volatilität von 30 Prozent.

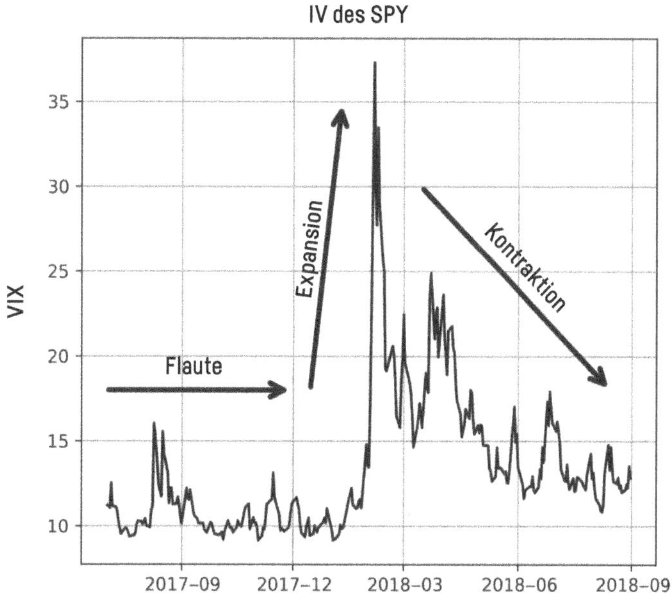

Abbildung 2.2
Die drei Phasen des VIX, Daten von Anfang 2017 bis Ende 2018.

Wenn man vergleicht, wie oft sich der VIX in den einzelnen Zuständen befindet, kommt man auf die folgenden ungefähren Quoten:

- Flaute (70 %): Die IV bleibt konsequent unter oder nahe ihrem langfristigen Durchschnitt. Dieser Zustand tritt auf, wenn die Marktpreise schrittweise nach oben tendieren und die Unsicherheit am Markt beständig niedrig ist.
- Expansion (10 %): Eine Expansion der IV folgt gewöhnlich auf eine längere Flaute und ist durch zunehmende Unsicherheit am Markt sowie typischerweise durch große Preisbewegungen der zugrunde liegenden Aktie gekennzeichnet.
- Kontraktion (20 %): Eine Kontraktion der IV folgt auf eine Expansion und ist durch einen anhaltenden Rückgang der IV gekennzeichnet. Aus einer Kontraktion wird eine Flaute, wenn die IV zu ihrem langfristigen Durchschnitt zurückgekehrt ist.

Am häufigsten sind Flauteperioden und sie dauern meist viel länger als die durchschnittliche Expansion oder Kontraktion. Seit 2000 war die durchschnittliche Flaute mehr als dreimal so lang wie die durchschnittliche Expansion oder Kontraktion. Wenn es zu einer Expansion kommt, dann zieht sich der VIX um so schneller zurück, je höher der Höhepunkt der IV lag. Zum Beispiel dauerte es laut den Zahlen von 2005 bis 2020, wenn der VIX von 20 auf 16 Punkte fiel (ein Rückgang um 20 Prozent), im Schnitt 75,3 Handelstage. Wenn der VIX von 70 auf 56 Punkte zurückging (ebenfalls ein Rückgang um 20 Prozent), brauchte er dafür hingegen im Schnitt nur vier Handelstage.

Spitzen des VIX werden im Allgemeinen durch beispiellose Marktereignisse oder Ereignisse auf der Welt verursacht. Zum Beispiel erreichte der VIX im November 2008 auf dem Höhepunkt der weltweiten Finanzkrise mehr als 80 und im März 2020 während der COVID-19-Pandemie sein Allzeithoch von 82,69. Das VIX-Hoch 2020 war besonders beispiellos, weil die erste bedeutende Spitze des VIX dank COVID-19 am 28. Februar 2020 auftrat, als der VIX auf 40,11 stieg. Das VIX-Hoch des Jahres 2020 war seit Februar 2018 nicht mehr erreicht worden und darauf folgte eine 96-tägige Flaute. Am 16. März 2020 stieg der VIX auf 82,69 und machte aus der Expansion des VIX im Jahr 2020 eine der schnellsten jemals verzeichneten.

Auch wenn Kontraktionsperioden meist länger als Expansionen und viel kürzer als Flauten sind, so folgen doch meist auf größere Kursrutsche oder Korrekturen recht lange Kontraktionen. So dauerte beispielsweise die Kontraktion des VIX nach dem Kursrutsch 2008 deutlich länger als ein Jahr und die nach dem Kursrutsch 2020 mehr als zehn Monate. Das liegt normalerweise daran, dass der Markt und spezifische Subsektoren nach solchen breit angelegten volkswirtschaftlichen Schocks Zeit brauchen, um zu den üblichen Bedingungen zurückzukehren.

Stillhalter können in allen Marktlagen potenziell profitieren, sowohl bei zunehmender Volatilität (bearish), bei abnehmender

Volatilität (bullish/neutral) als auch in Flauten (neutral), wenn sie eine für die jeweiligen Volatilitätsbedingungen geeignete Strategie anwenden. Der grundsätzlich für den Optionsverkauf günstigste Zustand ist eine Kontraktion der IV. Das liegt daran, dass die IV dann zurückgeht, wenn die Optionsprämien nachgeben, denn das bedeutet, dass Options-Trader, die Positionen mit hoher IV* verkauft haben, bei niedriger IV identische Positionen zu einem niedrigeren Preis zurückkaufen und von der Differenz profitieren können. Auf der anderen Seite besitzen Expansionen der Volatilität das Potenzial, Short-Premium-Tradern erhebliche Verluste zu bescheren.

Expansionen der Volatilität treten oft auf, wenn große Preisbewegungen des Basiswerts stattfinden und die Unsicherheit zunimmt, sodass Optionen auf den betreffenden Basiswert teurer werden. Wenn Trader während einer Expansion Optionen verkaufen, wenn die IV *bereits höher* ist, dann können sie von höheren Prämien und von der gewachsenen Wahrscheinlichkeit einer Kontraktion der Volatilität profitieren. Wenn Trader hingegen während einer Flaute Optionen verkaufen, wenn die zu erwartende Spanne eng ist und die Volatilität in eine Expansionsphase *übergeht*, dann werden sie wahrscheinlich große Verluste verbuchen, weil sich der Kurs des Basiswerts bis weit außerhalb der erwarteten Spanne bewegt. Um ihre Positionen frühzeitig zu schließen, müssen diese Trader zudem ihre Optionen für mehr Geld zurückkaufen, als ihnen anfänglich gutgeschrieben wurde, und die Differenz beschert ihnen einen Verlust.

Short-Premium-Trader können zwar in allen Marktlagen profitieren, aber das Risiko signifikanter Verluste ist dann am größten, wenn die Volatilität *niedrig* ist. Unerwartete Übergänge von einer Volatilitätsflaute zu einer Expansion kommen zwar nicht oft vor,

---

* Dazu ist zu beachten, dass der Schwellenwert für eine hohe IV bei jeder Anlage anders ausfällt, weil jedes Instrument einzigartigen Risikofaktoren unterliegt. Die Beurteilung der IV kann wegen der großen Unterschiedlichkeit der Anlagen schwierig sein, doch im nächsten Kapitel wird dies noch ausführlicher besprochen.

aber wenn sie passieren, können sie ein Depot schädigen. Trotzdem ist es notwendig, in solchen Perioden der niedrigen IV zu traden, denn sie verbringt die meiste Zeit in diesem Zustand, allerdings ist in solchen Zeiten das Risikomanagement von entscheidender Bedeutung. Die Methoden des Risikomanagements werden in späteren Kapiteln dargestellt.

Dieser zyklische Verlauf (Flaute, Expansion, Kontraktion, Flaute) lässt sich leicht beobachten, wenn man einen vergleichsweise stabilen Volatilitätsindex wie den VIX betrachtet. Allerdings ist dieser Trend, denn wir als „IV Reversion", also als Rückkehr der IV, bezeichnen, in gewissem Maße bei *allen* IV-Signalen vorhanden.

Reversion der IV

Bestimmte Typen von Signalen neigen dazu, nach einer signifikanten Abweichung (Divergenz) zu einem langfristigen Wert zurückzukehren. Dieses Konzept lässt sich zwar empirisch weder beweisen noch widerlegen, doch ist die Rückkehr der IV eine zentrale Annahme des Optionshandels.* Die Dynamik der Rückkehr und das Mindestniveau der IV unterscheiden sich bei verschiedenen Instrumenten, aber man geht von der Annahme aus, dass die Rückkehr (Reversion) bei *allen* IV-Signalen in einem gewissen Maß gegeben ist. Um dies zu verstehen, sehen Sie sich zunächst bei vier Anlagen mit unterschiedlichen Risikoprofilen die Wahrscheinlichkeit von Rückkehrbewegungen großen Ausmaßes an: SPY, GLD, AAPL und AMZN. Ein Vergleich dieser Wahrscheinlichkeiten wird in Tabelle 2.3 gezeigt.

---

* Der Wert, zu dem das Signal zurückkehrt, ist grob gesagt der langfristige Modus der Verteilung beziehungsweise diejenige Volatilität, die historisch am häufigsten aufgetreten ist.

Tabelle 2.3
Die Prozentsätze der Fälle, in denen verschiedene Anlagen eintägige Rückkehrbewegungen größer als 1 %, 3 % und 5 % erlebt haben. Es besteht beispielsweise eine Wahrscheinlichkeit, dass der SPY innerhalb eines Tages um mehr als 1 % oder weniger als -1 % zurückkehrt (laut den Daten aus der Vergangenheit).

Wahrscheinlichkeit, dass tägliche Rückkehrbeträge überschritten werden (2015 – 2021)

Anlage	Betrag > 1 %	Betrag > 3 %	Betrag > 5 %
SPY	22 %	3 %	0,8 %
GLD	19 %	1 %	0,1 %
AAPL	43 %	9 %	2 %
AMZN	45 %	10 %	3 %

Im Vergleich zu SPY und GLD sind also AMZN und AAPL volatiler. Diese Technologie-Aktien machen etwa dreimal so häufig wie der SPY und etwa zehnmal so häufig wie der GLD große Tages-Rückkehrbewegungen durch. Jede dieser Anlagen unterliegt einzigartigen Risikofaktoren, trotzdem sind bei ihnen allen Signale einer IV-Reversion zu erwarten. Abbildung 2.3 stellt diese Volatilitätsprofile grafisch dar.

Vergleich der impliziten Volatilitäten verschiedener Anlagen

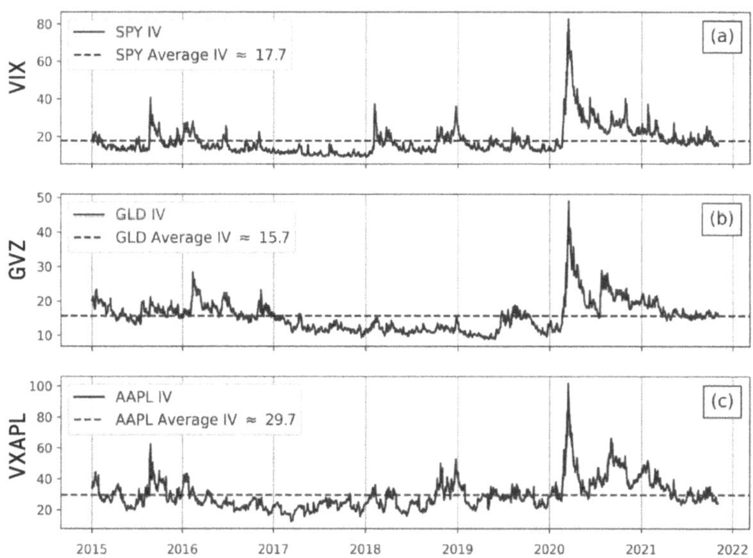

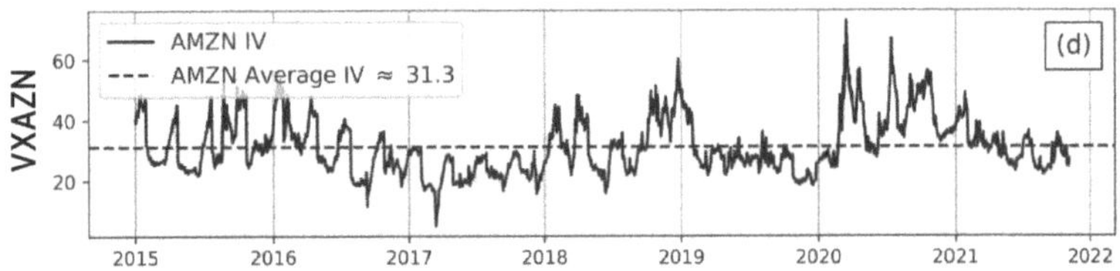

Abbildung 2.3
IV-Indizes verschiedener Anlagen und ihre Durchschnitte (gestrichelt) von 2015 bis 2021: (a) SPY (ETF auf den S&P 500), (b) GLD (Rohstoff-ETF auf Gold), (c) AAPL (Apple-Aktie) und (d) AMZN (Amazon-Aktie).

Abbildung 2.3 demonstriert, dass die IV bei allen diesen unterschiedlichen Anlagen tendenziell zu einer langfristigen Grundlinie zurückkehrt, und sie demonstriert auch, dass eine erhöhte Unsicherheit an den Finanzmärkten *nicht tragfähig* ist. Es können Ereignisse eintreten, die am Markt Angst auslösen und die Nachfrage nach einer Versicherung in die Höhe treiben, aber während sich die Angst unweigerlich wieder zerstreut und sich der Markt an die neuen Bedingungen anpasst, schwillt die IV wieder ab. Dieses Phänomen hat für Short-Options-Trader wesentliche Implikationen. Wie in Kapitel 1 gesagt, ist es umstritten, ob Annahmen hinsichtlich der Entwicklungsrichtung von Preisen statistisch gültig sind oder nicht, denn es wurde nie bewiesen, dass Trading anhand von Kursprognosen konsistent den Markt übertrifft. Man geht davon aus, dass die IV, nachdem sie sich gegenüber ihrem stabilen Zustand aufgebläht hat, irgendwann zurückkehrt – im Gegensatz zu den Anlagepreisen, die im Laufe der Zeit von ihrem Anfangswert aus driften. Der Zeitrahmen solcher Kontraktionen ist nicht vorhersehbar, aber dies deutet doch auf eine gewisse statistische Gültigkeit der Annahme hin, dass es wieder abwärts gehen wird, wenn einmal erhöhte Volatilität herrscht.

Abbildung 2.3 zeigt außerdem, dass die Volatilitätsprofile der Instrumente sehr unterschiedlich sind. Volatilere Anlagen wie die Aktien von Apple und Amazon haben eine höhere durchschnittliche IV – in diesem Fall doppelt so hoch wie bei SPY und Gold – und erleben häufiger Ereignisse, die zu Expansionen führen. Auf einzelne

Unternehmen bezogene Faktoren wie Quartalsberichte, bevorstehende Fusionen, Übernahmen und Veränderungen auf der Führungsebene können Volatilitätsausschläge verursachen, die bei diversifizierten Anlagen und Portfolios nicht auftreten. Aber diese erhöhte Volatilität bringt für Stillhalter auch höhere Gutschriften und mehr Chancen durch sinkende Volatilität mit sich.* Ein Beispiel dafür, wie sehr sich die Neigung zu Expansionen und Kontraktionen zwischen Aktien mit Gewinnen und einem diversifizierten ETF unterscheidet, ist in Abbildung 2.4(a)-(c) zu sehen. Darin sind die Zeitpunkte der Quartalsberichte beziehungsweise Ergebnismeldungen der Unternehmen markiert.

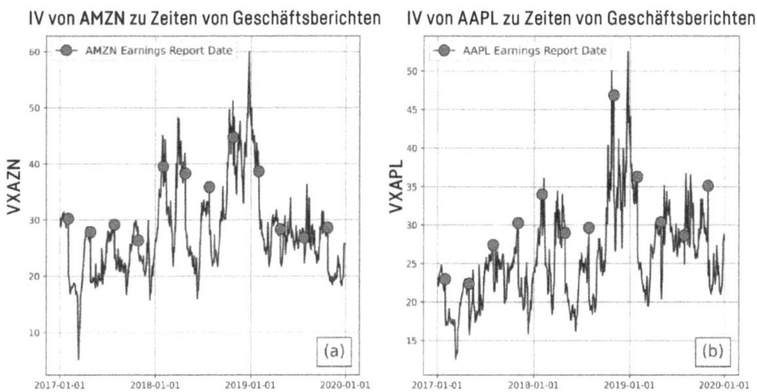

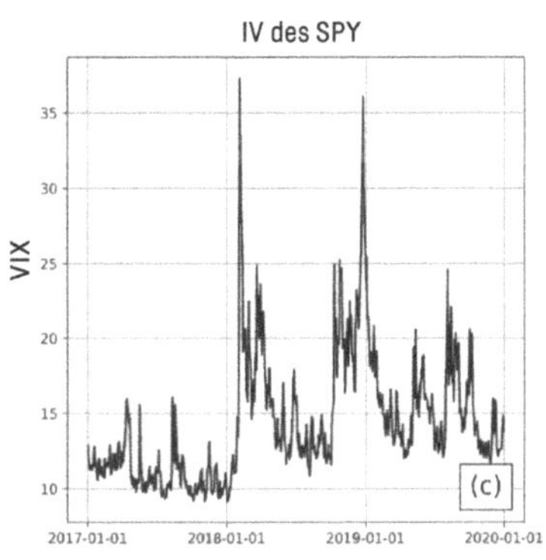

Abbildung 2.4
Indizes der impliziten Volatilitat verschiedener Aktien von 2017 bis 2020 mit Vermerk der Geschäftsberichtsdaten (falls zutreffend):
(a) AMZN (Amazon-Aktie),
(b) AAPL (Apple-Aktie) und
(c) SPY (ETF auf den S&P 500).

* Solche Basiswerte kann man verwenden, um auf Unternehmensgewinne zu wetten, was in Kapitel 9 behandelt wird.

Bei Technologie-Aktien wie AMZN und APPL kommt es häufig vor, dass die IV vor den Ergebnismeldungen steil ansteigt und danach fast sofort wieder fällt. Die obigen Diagramme zeigen, dass bei einem diversifizierten ETF wie dem SPY Expansionen nicht so häufig vorkommen. Diese Abbildungen zeigen, dass es, wenn der SPY einen Anstieg der Volatilität verzeichnet, im Allgemeinen länger dauert, bis die Volatilität wieder abgenommen hat. Von 2017 bis 2020 stieg der VIX nur zweimal über 35 und brauchte in beiden Fällen circa einen halben Monat, um sich wieder auf sein ursprüngliches Niveau zurückzuziehen. In derselben Zeit stiegen die Volatilitäten von AMZN und AAPL viele Male über 40, manchmal sogar über 50 und bei AMZN gar auf fast 60.

Kernpunkte

1. Die implizite Volatilität ist ein aus Angebot und Nachfrage abgeleiteter Indikator für das empfundene Marktrisiko. Wenn die Optionspreise steigen, steigt auch die IV; wenn die Optionspreise fallen, fällt auch die IV. Außerdem gibt die IV den wahrgenommenen Betrag künftiger Bewegungen an und ist nicht richtungsbezogen (direktional).
2. Meist steigt die Nachfrage nach Optionen, wenn die historische Volatilität eines Basiswerts unerwartet steigt, vor allem bei großen Abwärtsbewegungen. Meist ist die implizite Volatilität positiv zu der historischen Volatilität und negativ zum Preis korreliert, aber letztlich basiert sie auf dem *wahrgenommenen* Marktrisiko und nicht unmittelbar auf Preisinformationen.
3. Die IV kann verwendet werden, um die erwartete Kursspanne eines Instruments abzuschätzen. Die IV gibt die *erwartete* Spanne von einer Standardabweichung an, weil sie darauf basiert, wie der Markt Optionen nutzt, um sich gegen künftige volatile Perioden abzusichern.

4. Da man davon ausgeht, dass Aktienrenditen normalverteilt sind, besteht theoretisch eine Wahrscheinlichkeit von 68,2 Prozent, dass der Preis einer Aktie in einem vorgegebenen Zeitrahmen innerhalb der erwarteten Spanne landet. Die historischen Daten zeigen jedoch, dass sich die Preise öfter als theoretisch geschätzt in ihren erwarteten Kursspannen halten. So gab beispielsweise die IV des Marktes (die IV des SPY als Anhaltspunkt) von 2016 bis 2021 die tatsächlichen Bewegungen in 87 Prozent der Fälle zu hoch an.
5. Optionsverkäufer beziehungsweise Stillhalter sind gegenüber Optionskäufern langfristig im Vorteil, im Gegenzug jedoch unwahrscheinlichen und möglicherweise signifikanten Verlusten ausgesetzt. Da die IV ein Näherungswert für die Nachfrage nach Optionen und für den Anstieg der Prämie ist, kann man sie nutzen, um günstige Zeiten für den Versicherungsverkauf zu identifizieren. Stillhalter können die IV auch nutzen, um Positionen so zu strukturieren, dass sie wertlos verfallen – für die Short-Position das ideale Ergebnis.
6. Die Volatilitätsprofile verschiedener Anlagen unterscheiden sich wesentlich, aber man geht davon aus, dass alle IV-Signale nach signifikanten Abweichungen irgendwann auf einen langfristigen Wert zurückkehren. Anders ausgedrückt neigt die IV dazu, nachdem sie aus ihrem Flautenzustand signifikant gestiegen war, wieder zurückzugehen. Dieses Phänomen deutet darauf hin, dass die Annahme eine gewisse Gültigkeit besitzt, nachdem die Volatilität aufgebläht war, werde sie abwärts verlaufen.

3

SHORT-PREMIUM-TRADING

Optionen sind sehr vielseitige Instrumente. Man kann sie einsetzen, um das direktionale Risiko einer Aktie zu hedgen oder als Gewinnquelle. Wie bei dem Beispiel mit der Sturmversicherung bereits angedeutet, kann man Short-Premium-Positionen nutzen, um konsistent kleine Gewinne zu generieren, wenn man bereit ist, das sogenannte „Tail Risk" in Kauf zu nehmen, also das Risiko unwahrscheinlicher, aber extremer Ereignisse. Die Mechanismen des Short-Premium-Tradings sind raffiniert, aber viele seiner zentralen Konzepte lassen sich durch einfache Vergleiche mit Glücksspielen einleuchtend vermitteln. Was beispielsweise die Nutzung von Optionen betrifft, um Gewinn zu erzielen (also nicht, um Risiken zu dämpfen), so lässt sich die langfristige Performance von Long- und Short-Positionen auf Optionen mit Spielautomaten vergleichen.

- **Mit Gewinnabsicht Optionen zu kaufen** ist so, als würde man an einem Spielautomaten spielen. Wer oft genug spielt, gewinnt vielleicht den Jackpot und eine riesige Auszahlung. Aber trotz der potenziellen Auszahlungen machen die meisten Spieler auf lange Sicht Verlust, weil sie die meiste Zeit über kleine Verluste hinnehmen müssen. Anleger, die Optionen kaufen, setzen auf große Bewegungen des Basiswerts, die häufig in eine bestimmte Richtung gehen müssen. Die entsprechende Annahme kann gelegentlich zutreffend sein und signifikante Gewinne liefern, aber letzten Endes bleiben die Preise von Basiswerten die meiste Zeit innerhalb ihrer zu erwartenden Spannen. Das führt zu häufigen kleinen Verlusten aus nicht ausgeübten Kontrakten und auf lange Sicht im Schnitt zu einem Verlust.
- **Mit Gewinnabsicht Optionen zu verkaufen** ist so, als besäße man Spielautomaten. Casinobesitzer sind bei allen Spielen auf

lange Sicht statistisch im Vorteil und bei Spielautomaten ist dieser Vorteil besonders groß. Ab und zu mögen die Besitzer große Gewinne ausschütten, aber solange die Menschen lange genug spielen und die Ausschüttungen im Rahmen bleiben, werden sie dafür, dass sie dieses Risiko eingehen, durch langfristig so gut wie garantierte Gewinne belohnt. Ähnlich ist es bei Short-Optionen: Da sie zwar Tail Risks bergen, aber konsistent kleine Gewinne liefern, weil die implizite Volatilität (IV) zu hohe Angaben liefert, dürften sie auf lange Sicht im Schnitt Gewinn bringen, wenn das Risiko entsprechend gemanagt wird.

Long-Premium-Strategien haben ein hohes Gewinnpotenzial, können aber nicht konsistent zeitlich abgestimmt – getimt – werden, um langfristig den Gewinn zu sichern. Das liegt daran, dass Ausreißerbewegungen von Basiswerten und IV-Expansionen, die Long-Premium-Positionen zugutekommen, stark mit äußeren Ereignissen verknüpft sind (etwa Naturkatastrophen oder politischen Konflikten), die relativ schwer zuverlässig vorherzusagen sind. Short-Premium-Strategien hingegen erzielen häufiger Gewinn und sind auf lange Sicht statistisch im Vorteil, wenn die Anleger die Risiken entsprechend managen.

Ähnlich wie ein Besitzer von Spielautomaten muss ein Short-Premium-Trader die Auswirkungen von Ausreißerverlusten senken, um eine hohe Anzahl von Fällen (Trades) zu erzielen und die positiven langfristigen Durchschnitte zu realisieren. Am effektivsten geschieht dies durch die Begrenzung der Positionsgröße und durch die Anpassung des Portfolio-Exposures an die aktuellen Marktbedingungen. Daher behandelt dieses Kapitel die folgenden allgemeinen Konzepte des Volatilitäts-Tradings:

1. Trading bei hoher IV: günstige Bedingungen für die Eröffnung von Short-Premium-Trades identifizieren.
2. Anzahl der Fälle: Erreichen der Mindestanzahl von Trades, die notwendig ist, um die langfristigen Durchschnitte zu erzielen.

3. Portfolio-Allokation und Positionsgrößen: ein den Marktbedingungen angemessenes Risikoniveau etablieren.
4. Aktives Management und effiziente Kapitalzuteilung: verstehen, wie vorteilhaft es ist, Trades vor dem Verfall zu managen.

Die IV spielt beim Short-Premium-Trading eine entscheidende Rolle. Erinnern Sie sich daran, dass die IV ein Maß für die *Empfindung* der Unsicherheit am Markt ist. Sie ist ein Anhaltspunkt für das Ausmaß an *Angst* unter den Prämienkäufern (oder je nach Persönlichkeit für die *Begeisterung*) und ein Maß für die *Chancen* für Stillhalter. Wenn die Unsicherheit am Markt zunimmt, steigen auch die Prämienpreise und die Stillhalter erhalten eine höhere Entschädigung dafür, dass sie sich großen Verlusten aussetzen. Die IV ist aber auch maßgeblich dafür, das Exposure gegenüber extremen Verlusten zu managen und geeignete Positionsgrößen zu wählen.

Hintergrund: Die bildliche Darstellung des Optionsrisikos

Wenn es um den Ausgleich zwischen Risiko und Chance beim Short-Premium-Trading geht, ist es hilfreich, die Konzepte und Kennzahlen in Bezug auf eine bestimmte Strategie in den Zusammenhang zu stellen. In den nächsten Kapiteln geht es um einen *Short-Strangle*, also um eine Optionsstrategie, die aus einem geshorteten aus dem Geld befindlichen (OTM = Out of The Money) Call und einem geshorteten OTM-Put besteht:

- Ein geshorteter OTM-Call (das Recht, eine Anlage zu einem bestimmten Preis zu kaufen) geht von einer bearishen Richtung aus. Der Verkäufer macht Gewinn, wenn der Basiswert unter dem angegebenen Ausübungspreis bleibt.
- Ein geshorteter OTM-Put (das Recht, eine Anlage zu einem bestimmten Preis zu verkaufen) geht von einer bullishen Rich-

tung aus. Der Verkäufer macht Gewinn, wenn der Basiswert über dem angegebenen Ausübungspreis bleibt.

Die Kombination dieser beiden Kontrakte bildet einen Strangle. Dies ist ein Beispiel für eine Strategie mit *undefiniertem Risiko,* bei welcher der Verlust theoretisch unbegrenzt ist. Beim Short Call ist das Risiko undefiniert, weil Aktienkurse ins Unendliche steigen können und somit der potenzielle Verlust durch Kursanstiege unbekannt ist. Ein Short Put kann zwar technisch betrachtet höchstens das Hundertfache des Basispreises an Verlust bringen, doch dieser potenzielle Verlust reicht aus, um ihn ebenfalls als undefiniert zu betrachten. Strategien mit definierten Risiken, bei denen der höchstmögliche Verlust durch die Konstruktion des Trades begrenzt ist, haben Vor- und Nachteile, die in Kapitel 5 besprochen werden. Der Einfachheit halber wird zur Formulierung der meisten Beispiele in diesem Buch der Strangle verwendet.

Strangles bedeuten eine neutrale Richtungsannahme des Kontraktverkäufers beziehungsweise Stillhalters und das bedeutet, dass sie normalerweise dann profitabel sind, wenn der Kurs des Basiswerts innerhalb des Bereichs bleibt, der durch die Ausübungspreise des Short Calls und des Short Puts bestimmt wird. Häufig legen Anleger die Strikes eines Strangles anhand der während der Kontraktlaufzeit erwarteten Kursspanne des Underlyings (oder eines Vielfachen der erwarteten Spanne) fest. Der mit einer Standardabweichung erwartete Bereich lässt sich wie in Kapitel 2 gezeigt mithilfe der aktuellen impliziten Volatilität des Basiswerts näherungsweise berechnen.

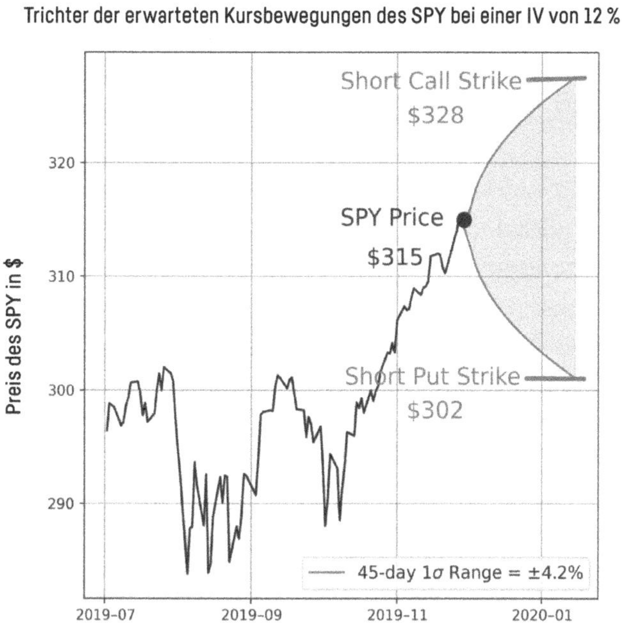

Abbildung 3.1
Der Preis des SPY in den letzten fünf Monaten des Jahres 2019. Dazu der Trichter der über 45 Tage erwarteten Bewegung, berechnet aus der IV des SPY im Dezember 2019. Die Ränder des Trichters sind mit den für einen Beispiel-Strangle geeigneten Basispreisen versehen.

Abbildung 3.1 zeigt, dass der SPY im Dezember 2019 circa 315 Dollar kostete, als seine aktuelle IV 12 Prozent betrug (was einem Stand des VIX von 12 entsprach). Das bedeutet, dass sich der Kurs des SPY mit einer Wahrscheinlichkeit von 68 Prozent innerhalb der nächsten 45 Tage irgendwo zwischen -4,2 Prozent und +4,2 Prozent bewegen würde. Das entsprach der Prognose, dass der SPY in den nächsten 45 Tagen etwa zwischen 302 Dollar und 328 Dollar bleiben würde. Ein Kontrakt mit einem Ausübungspreis, der der erwarteten Kursspanne bei 1σ entspricht, ist etwa ein 16Δ-Kontrakt. In diesem Szenario ist ein Short-SPY-Call mit einem Ausübungspreis von 328 Dollar und einer Restlaufzeit von 45 Tagen (DTE = Days To Expiration) etwa ein -16Δ-Kontrakt und ein Short-45-DTE-Put auf den SPY mit einem Ausübungspreis von 302 Dollar circa ein 16Δ-Kontrakt. Kombiniert bilden die beiden Positionen eine deltaneutrale Position, die als SPY-Strangle mit 45 DTE und 16Δ bezeichnet wird.*

Der Käufer und der Verkäufer gehen unterschiedliche Wetten ein:

- Der Käufer des Strangles geht davon aus, dass der Preis des SPY in den nächsten 45 Tagen nach oben oder nach unten über die Erwartung hinausgehen wird. Konkreter gesagt wirft der Long-Strangle Profit ab, wenn der SPY vor dem Ausübungsdatum wesentlich über 328 Dollar steigt oder wesentlich unter 302 Dollar fällt.
- Der Verkäufer des Strangles profitiert, wenn der Preis des Basiswerts am Verfalltag innerhalb der erwarteten Spanne beziehungsweise in der Nähe liegt oder wenn die Position geschlossen wird, wenn der Kontrakt günstiger als bei Eröffnung gehandelt wird (IV-Kontraktion).

Da eine Wahrscheinlichkeit von 68 Prozent besteht, dass der Basiswert innerhalb des erwarteten Bereichs bleiben wird, besteht für die Short-Position theoretisch eine Wahrscheinlichkeit von 68 Prozent, dass sie Gewinn bringt. Da jedoch der Preis des Basiswerts öfter als theoretisch erwartet innerhalb der erwarteten Spanne bleibt, ergibt sich daraus, dass die Gewinnwahrscheinlichkeit (POP = Probability Of Profit) von Short-Strangles, die bis zum Verfall gehalten werden, viel höher ist.

Nehmen wir zum Beispiel die Gewinn- und Verlustverteilungen (P/L) für den Short-SPY-Strangle mit 45 DTE und 16Δ, zu sehen in den Abbildungen 3.2(a)-(c). Diese Verteilungen wurden anhand historischer Optionsdaten berechnet und sind nützlich, um das langfristige Chance-Risiko-Profil und die wahrscheinlichen je Trade auftretenden Ergebnisse bildlich darzustellen. Jeder im Histogramm dargestellte Fall entspricht dem endgültigen P/L eines bis zum Verfall

* Diese ungefähren Basispreise für den SPY-Strangle mit 16Δ wurden mit der Gleichung aus Kapitel 2 berechnet. Die tatsächlichen Basispreise für einen SPY-Strangle mit 16Δ werden anhand komplexerer Abschätzungen der erwarteten Spanne berechnet. Das wird im Anhang angesprochen.

gehaltenen Short-Strangles.* Man kann den P/L als Dollarbetrag oder als Prozentsatz der anfänglichen Gutschrift darstellen (des Bruchteils der Optionsprämie, den der Verkäufer letztlich behalten kann).**

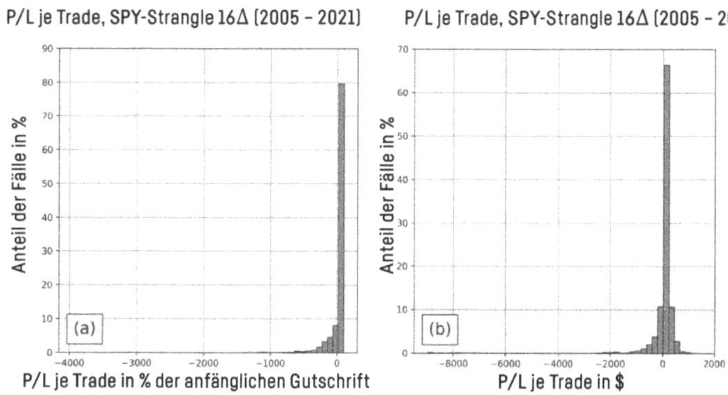

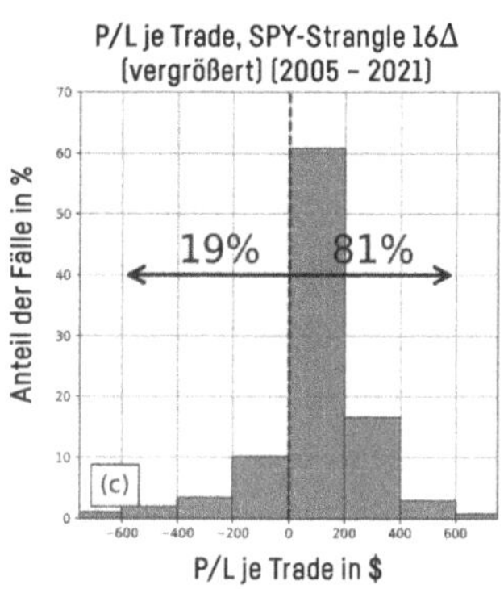

Abbildung 3.2
(a) Historische P/L-Verteilung (% der anfänglichen Gutschrift) für geshortete SPY-Strangles mit 45 DTE und 16Δ, die bis zum Verfall gehalten wurden, von 2005 bis 2021. (b) Historische P/L-Verteilung (in $) für geshortete SPY-Strangles mit 45 DTE und 16Δ, die bis zum Verfall gehalten wurden, von 2005 bis 2021. (c) Die gleiche Verteilung wie in (b), jedoch im Bereich um 0 $ vergrößert. Der Anteil der Fälle beiderseits von 0 $ wurde angegeben.

---

* Es ist schwer, einen Eins-zu-eins-Vergleich zwischen Aktienrenditen und den P/L von Optionen anzustellen, weil diese Instrumente über verschiedene Zeitrahmen hinweg operieren. Was bei Optionen der Renditeverteilung von Aktien am nächsten kommt, ist die Verteilung der End-P/L einer bestimmten Strategie.

** Kennzahlen, die einen Prozentsatz der anfänglichen Gutschrift angeben, sind repräsentativer als solche, die in Dollar angegeben werden. Die Aktienkurse driften im Laufe der Zeit, sodass es die Preise ihrer Optionen ebenfalls tun. Die Normalisierung von P/L-Kennzahlen auf die anfängliche Gutschrift macht sie robuster gegenüber zeitlichen Änderungen, sie macht aber auch Vergleiche zwischen Strategien weniger einleuchtend. In diesem Buch werden Optionskennzahlen häufig in Dollar angegeben, bedenken Sie jedoch, dass sie als Durchschnittswerte über recht lange Zeiträume gebildet wurden.

Abbildung 3.2(c) zeigt, dass 81 Prozent der Fälle *positiv* und nur 19 Prozent *negativ* sind. Das bedeutet, dass diese Strategie historisch in 81 Prozent der Fälle Gewinn gebracht und nur in 19 Prozent der Fälle Verlust eingefahren hat – signifikant besser als die POP von 68 Prozent, die die vereinfachte Theorie nahelegt. Auf lange Sicht war diese Strategie *profitabel* und brachte einen durchschnittlichen P/L von 44 Dollar je Trade (beziehungsweise 28 Prozent der anfänglichen Gutschrift). Beachten Sie jedoch, dass die P/L-Verteilung dieser Strategie sehr schief ist und ein beträchtliches Tail Risk beinhaltet. Wie in Abbildung 3.2(a) zu sehen, sind die Tail-Verluste zwar unwahrscheinlich, doch sie können sich potenziell auf bis zu 1.000 Prozent oder sogar 4.000 Prozent der anfänglichen Gutschrift belaufen. Anders gesagt: Wenn einem Trader anfänglich für den Verkauf eines SPY-Strangles 100 Dollar gutgeschrieben wurden, besteht gemäß dem historischen Verhalten eine geringe Wahrscheinlichkeit, mit diesem Trade über 4.000 Dollar zu verlieren. Das ist der Ausgleich für die hohen POP von Short-Premium-Strategien.

Die Möglichkeit von Ausreißerverlusten sollte eigentlich nicht überraschen, weil man mit der Platzierung eines Short-Premium-Trades gegen große, unerwartete Kursausschläge wettet. Bei einer verhältnismäßig stabilen Anlage wie dem SPY kommen derartige Ausschläge selten vor. Doch wenn sie vorkommen, können die Dinge schnell aus dem Ruder laufen, zum Beispiel während der Rezession 2008 oder während des Kursrutschs 2020. Infolgedessen sind die wichtigsten Ziele eines Short-Premium-Traders, beständig genug Gewinn zu erzielen, um eher wahrscheinliche mäßige Verluste zu decken, und ein Portfolio zu konstruieren, das die unwahrscheinlichen extremen Verluste überleben kann.

Hintergrund: Bemerkungen zur Quantifizierung von Optionsrisiken

Die Berechnung des historischen Risikos einer Aktie oder eines börsennotierten Fonds (ETF) ist verhältnismäßig einfach. Die Verteilungen logarithmierter Aktienrenditen sind ziemlich symmetrisch und ähneln einer Normalverteilung, sodass es gerechtfertigt ist, die Standardabweichung der Renditen (die historische Volatilität) als Näherungswert für das historische Risiko zu verwenden. Hingegen ist die P/L-Verteilung einer Short-Option hochgradig schief und unterliegt einem erheblichen Ausreißerrisiko. Aufgrund dieses komplexeren Risikoprofils stellt die Verwendung der P/L-Standardabweichung als einzigem Anhaltspunkt für das Risiko das wahre Risiko der Strategie *signifikant* zu niedrig dar. Daher werden die nachstehenden Kennzahlen verwendet, um das Risiko von Short-Optionen ausführlicher zu behandeln: die Standardabweichung von P/L, die Schiefe und der Conditional Value at Risk (CVaR).*

Die Standardabweichung von P/L umfasst den Bereich, in dem der P/L bei einer bestimmten Strategie historisch in der *Mehrzahl* der Fälle landet. Bei Finanzstrategien wird die Standardabweichung üblicherweise im Verhältnis zur Normalverteilung interpretiert, bei der eine Standardabweichung 34 Prozent zu beiden Seiten des Mittelwerts repräsentiert. Bei P/L-Verteilungen von Optionen steht eine Standardabweichung des P/L normalerweise für mehr als 68 Prozent aller Fälle und die Dichte der eingetretenen Fälle ist nicht symmetrisch um den Erwartungswert verteilt. Sehen Sie sich dazu noch einmal die P/L-Verteilung des Short-Strangles 45 DTE 16Δ SPY an.

---

* Das sind auf die Vergangenheit gerichtete Kennzahlen. Auf die Zukunft gerichtete Kennzahlen sind die implizite Volatilität und die Kaufkraftreduktion (BPR), die im nächsten Kapitel behandelt wird. Der Schwerpunkt dieses Buches liegt auf Kennzahlen, die auf die Zukunft gerichtet sind, aber der Vollständigkeit und des Lerneffekts halber enthält es auch auf die Vergangenheit gerichtete Kennzahlen.

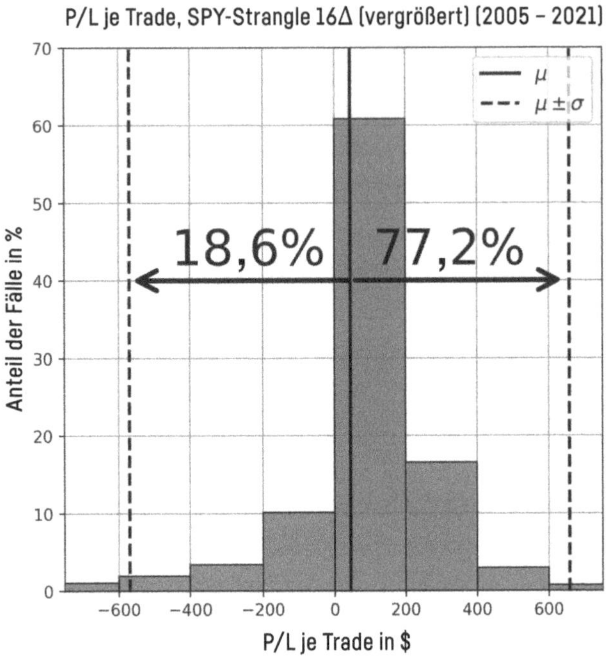

Abbildung 3.3
Historische P/L-Verteilung (in Dollar) bei Strangles mit 45 DTE und 16Δ, die bis zum Verfall gehalten wurden, 2005 bis 2021. Die Verteilung wurde im Bereich des Erwartungswerts (dicke Linie) vergrößert, und die Anteile der Fälle innerhalb von ±1 σ um den Erwartungswert wurden angegeben.

Bei SPY-Strangles mit 45 DTE und 16Δ betrug von 2005 bis 2021 der durchschnittliche P/L 44 Dollar und die Standardabweichung des P/L betrug 614 Dollar. Wie in Abbildung 3.3 gezeigt, stand die Spanne von einer Standardabweichung für fast 96 Prozent der Fälle, also signifikant mehr als beim ±1σ-Bereich der Normalverteilung. Hinzu kommt, dass die Verteilung sehr asymmetrisch ist und P/L im Bereich von -1σ weniger wahrscheinlich sind als P/L im Bereich von +1σ. Aufgrund dieser Faktoren muss die Auslegung der Standardabweichung als Risikomaß angepasst werden. Die Standardabweichung *übertreibt* das Ausmaß der wahrscheinlichsten Verluste (beispielsweise ist ein Verlust von 500 Dollar unwahrscheinlich, aber die Standardabweichung stellt dies nicht klar) und berücksichtigt das negative Tail Risk nicht. Sie gibt einen Bereich für die *wahrscheinlichsten* Verluste einer bestimmten Strategie je Trade an. Deshalb können Trader bei Strategien mit einer geringeren P/L-Standardabweichung zuverlässigere P/L-Erwartungen formulieren.

Schiefe und CVaR werden verwendet, um das historische Tail Risk einer Strategie einzuschätzen. Wie in Kapitel 1 erläutert, ist die Schiefe ein Maß für die Asymmetrie einer Verteilung. Strategien mit einer größeren negativen Schiefe in ihrer P/L-Verteilung waren historisch mehr Ausreißern ausgesetzt. CVaR liefert anhand des historischen Verhaltens eine Schätzung des potenziellen Verlusts einer Position über einen vorgegebenen Zeitraum bei einem bestimmten Wahrscheinlichkeitsniveau. Man kann CVaR verwenden, um näherungsweise das Ausmaß eines erwarteten Worst-Case-Verlusts zu berechnen und die Schiefe in einen Zusammenhang zu stellen. Sehen Sie sich zum Beispiel die beiden Short-Strangles in Tabelle 3.1 an.

Tabelle 3.1

Zwei Beispiele für Short-Strangles. Für Strangle A gibt CVaR einen Verlust von mindestens 200 Dollar in 5 Prozent der Fälle an. In diesem Fall wurde der Zeitrahmen für diesen Verlust nicht angegeben, aber man kann davon ausgehen, dass der Zeitrahmen bei beiden Strategien identisch ist.

Risikofaktor	Strangle A	Strangle B
Schiefe	-5,0	-1,0
CVaR (5 %)	-200 $	-2.000 $

Strangle A weist ein größeres Maß an negativer Schiefe auf, was darauf hindeutet, dass diese Strategie anfälliger als Strangle B für Tail Risks und Ausreißerverluste ist. Allerdings steht bei Strangle B in einem Extremverlust-Szenario zehnmal so viel Kapital auf dem Spiel wie bei Strangle A, vielleicht weil der Basiswert von Strangle

B teurer ist. Allgemein gesprochen sind Strategien mit weniger Schiefe vorzuziehen, weil sie weniger anfällig für große, unberechenbare Verluste sind und eine beständigere Performance haben. Allerdings hängt der optimale Trade letztlich davon ab, wie viel aufs Spiel gesetztes Kapital gemäß den persönlichen Vorlieben des Traders akzeptabel ist.

Beachten Sie dabei auch, dass es schwierig ist, Ausreißerverluste zutreffend zu modellieren, weil sie so selten auftreten. P/L-Verteilungen können eine *Vorstellung* von dem Ausmaß extremer Verluste vermitteln, aber diese Zahlen sind Durchschnitte über ein breites Spektrum von Marktbedingungen und Volatilitätsumfeldern. Sie sind nicht unbedingt repräsentativ für die gegenwärtigen Ausreißerrisiken. Die Kaufkraftreduktion (BPR = Buying Power Reduction), die im nächsten Kapitel behandelt wird, liefert eine Schätzung des Worst-Case-Verlusts eines Trades entsprechend den aktuellen Marktbedingungen. Ähnlich wie die implizite Volatilität ist die BPR eine auf die Zukunft gerichtete Kennzahl, die den wahrscheinlichsten Verlustbereich einer Position mit undefiniertem Risiko beinhalten soll.

Trading bei hoher IV

Stillhaltergeschäfte bei erhöhter IV bringen mehrere Vorteile mit sich. Bevor wir das besprechen: Bei der Beurteilung, „wie hoch“ die IV einer Anlage ist, sind Feinheiten zu beachten. Die aktuelle IV einer Anlage wie dem SPY lässt sich recht einfach in einen Zusammenhang stellen, weil es zu ihm einen allgemein bekannten und verfügbaren IV-Index gibt. Der VIX reicht historisch etwa von 10 bis 90, sein Durchschnitt beträgt 18, meistens liegt er unter 20 und überschreitet selten 40. Daher kann man als Trader einen Stand von 15 intuitiv als ziemlich niedrig und einen Stand von 35 als ziemlich hoch im Verhältnis zum langfristigen Verhalten des VIX auslegen. Aber wie ordnet man als Trader die aktuelle IV in Bezug auf einen kürzeren Zeitrahmen ein, beispielsweise auf das vergangene Jahr? Und wie ordnet man die aktuelle IV eines weniger populären IV-Index mit einem völlig anderen Risikoprofil ein? Sind beispielsweise 35 beim VXAZN, dem IV-Index für AMZN, hoch?

Eine Möglichkeit, die Höhe der IV in Bezug auf einen Zeitrahmen einzuschätzen, ist die Umrechnung der impliziten Volatilität in eine relative Kennzahl, beispielsweise das IV-Perzentil (IVP). Das IVP ist der Anteil der Tage im vergangenen Jahr, an denen die IV *unter* dem derzeitigen Niveau stand, und wird nach nachstehender Gleichung berechnet. Beachten Sie dabei, dass die Anzahl der Handelstage eines Jahres 252 beträgt.

$$\text{IVP} = \frac{\textit{Anzahl der Tage im vergangenen Jahr mit einer IV unter der aktuellen IV}}{252} \tag{3.1}$$

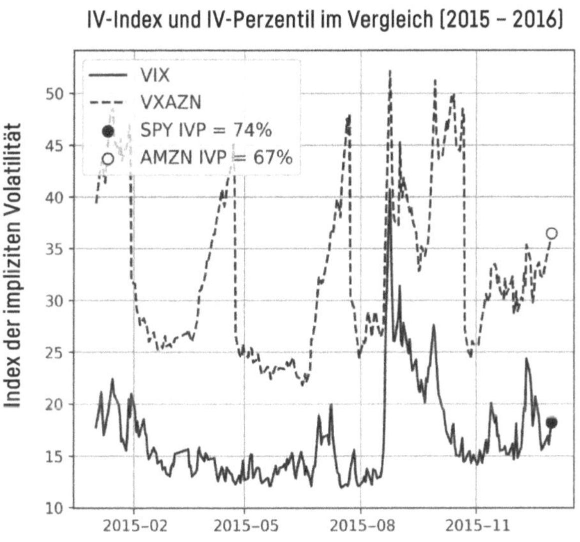

Abbildung 3.4

VIX (durchgezogen) und VXAZN (gestrichelt) von 2015 bis 2016. Angegeben sind die IVP-Werte jedes Index zum Ende des Jahres 2015. Als der VIX circa 18 betrug, hatte der SPY ein IVP von 74 Prozent, und als der VXAZN circa 36 betrug, hatte AMZN ein IVP von 67 Prozent.

Das IVP reicht von 0 bis 100 Prozent, wobei eine höhere Zahl eine höhere relative IV anzeigt. Diese Kennzahl normalisiert die rohe IV auf einen Kontext und ist im Gegensatz zu der rohen IV unter verschiedenen Anlagen vergleichbar. Sehen Sie sich beispielsweise in Abbildung 3.4 die IV und das IVP von SPY und AMZN an.

Ende 2015 stand der VIX in der Nähe seines langfristigen Durchschnitts von 18 und hätte als niedrig gegolten. Allerdings lag die IV des Marktes 2015 mehrheitlich unter dem Durchschnitt und ein VIX-Stand von 18 war höher als an 74 Prozent der Handelstage des Vorjahrs. Ein SPY-IVP von 74 Prozent zeigt an, dass die IV im Verhältnis zu den Marktbedingungen der letzten Zeit ziemlich hoch ist, was darauf hindeutet, dass die Volatilität nach dieser Expansionsphase wieder zurückgehen könnte. Der Volatilitätsindex von AMZN belief sich Ende 2015 hingegen auf 37. Damit stand er zwar wesentlich höher als der VIX, war aber in Wirklichkeit *weniger erhöht* im Verhältnis zur Volatilitätshistorie des Vorjahrs laut einem AMZN-IVP von 67 Prozent. Die Volatilitätsprofile von SPY und AMZN unterscheiden sich dramatisch voneinander. Der VXAZN steigt häufig über 35, der VIX hingegen selten. Somit ist die rohe IV eine schlechte Kennzahl für den Vergleich der relativen Volatilität und man braucht eine Kennzahl wie das IVP.

Eine weitere häufig verwendete relative Volatilitätskennzahl ist der IV-Rang (IVR), der die aktuelle IV mit der Spanne der historischen impliziten Volatilität des Basiswerts vergleicht. Er wird nach dieser Formel berechnet:

$$\text{IVR} = \frac{\textit{derzeitige IV - niedrigste IV des vergangenen Jahres}}{\textit{höchste IV des vergangenen Jahres - niedrigste IV des vergangenen Jahres}} \tag{3.2}$$

Ähnlich wie das IVP normalisiert der IVR die IV auf einer Skala von 0 bis 100 Prozent und lässt sich zwischen verschiedenen Anlagen vergleichen. Der IVR bietet ein besseres direktes Maß für die Bewertung des Preises einer Option als das IVP. Indes ist das IVP robuster als der IVR, weil Letzterer empfindlicher auf Ausreißerbewegungen anspricht und eher zur Schiefe neigt.

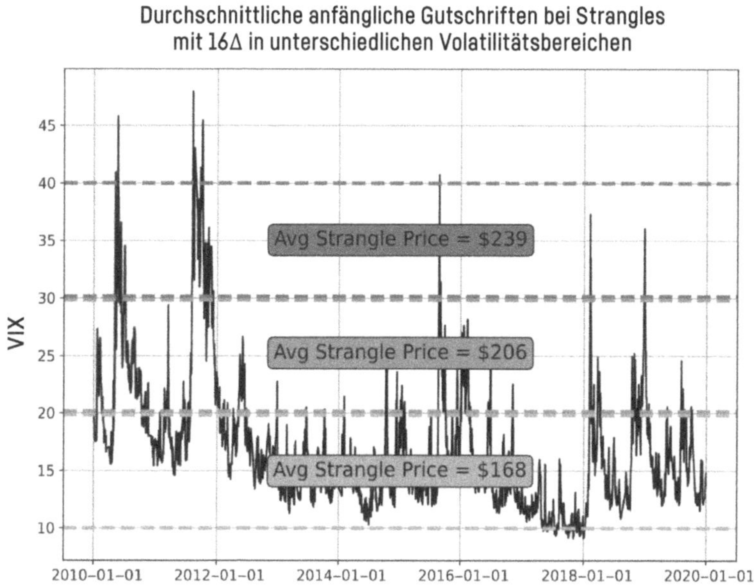

Abbildung 3.5
IV des SPY von 2010 bis 2020. Die durchschnittlichen Preise für SPY-Strangles mit 45 DTE und 16Δ sind für verschiedene VIX-Niveaus angegeben: 10-20, 20-30 und 30-40. Wenn der VIX zwischen 30 und 40 stand, war die durchschnittliche anfängliche Gutschrift pro Lot für den SPY-Strangle mit 16Δ etwa um 42 Prozent höher als dann, wenn der VIX zwischen 10 und 20 stand.

Beide Kennzahlen eignen sich für die praktische Entscheidungsfindung, weil sie den Tradern bei der Bewertung der aktuellen Volatilität und bei der Auswahl einer für die betreffenden Bedingungen geeigneten Strategie/eines geeigneten Basiswerts helfen. Sie sind auch nützlich, um geeignete Basiswerte mit hohen IV für ein Portfolio zu identifizieren, weil es zu den meisten Anlagen keine allgemein bekannten Volatilitätsindizes gibt. Allerdings sind beide Kennzahlen ziemlich instabil, sprechen auf den Zeitrahmen an und können durch langwierige Ausreißerereignisse wie etwa Abverkäufe schief werden. Die rohe IV ist unter der Annahme, dass die Merkmale des Volatilitätsprofils gut verstanden wurden, grundsätzlich eine stabilere und zuverlässigere Maßzahl für die Analyse langfristiger Trends. Da die meisten Studien in diesem Buch den SPY als Standard-Basiswert verwenden und mehrere Jahre umfassen, wird hier die rohe IV statt einer relativen Kennzahl verwendet.

Wie bereits erwähnt bringt der Short-Premium-Trade bei erhöhter IV dem Verkäufer den zusätzlichen Nutzen höherer Gutschriften und eines größeren Gewinnpotenzials. Dies wird in Abbildung 3.5 dargestellt, die durchschnittliche Gutschriften für SPY-Strangles mit 16Δ von 2010 bis 2020 in verschiedenen Volatilitätsumfeldern enthält.

Der Short-Premium-Trade bei erhöhter IV ist eine effektive Möglichkeit, höhere Prämien und die erhöhte Wahrscheinlichkeit einer signifikanten Kontraktion der Volatilität auszunutzen. Bei höheren Gutschriften zu traden bedeutet aber auch, dass die üblichen Verluste (in Dollar gerechnet) größer sind, aber das Exposure gegenüber Ausreißerrisiken ist tendenziell *geringer*, wenn die IV gegenüber dem Gleichgewicht erhöht ist. Das leuchtet vielleicht nicht unmittelbar ein: Wenn die Unsicherheit am Markt erhöht und das wahrgenommene Risiko größer ist, sollten dann Short-Premium-Strategien nicht ein höheres Ausreißerrisiko mit sich bringen? Zwar sind die Bewegungen des Basiswerts meist dramatischer, wenn die IV hoch ist, doch die erwartete Spanne passt sich fast unverzüglich an die Berücksichtigung der neuen Volatilität an, was in vielen Fällen das Risiko eines Ausreißerverlusts senkt. Um das zu verstehen, sehen Sie sich die Abbildungen 3.6(a) und 3.6(b) an, die extreme Verluste aus SPY-Strangles mit 16Δ zeigen, wobei der Schwerpunkt auf der Rezession 2008 lag.

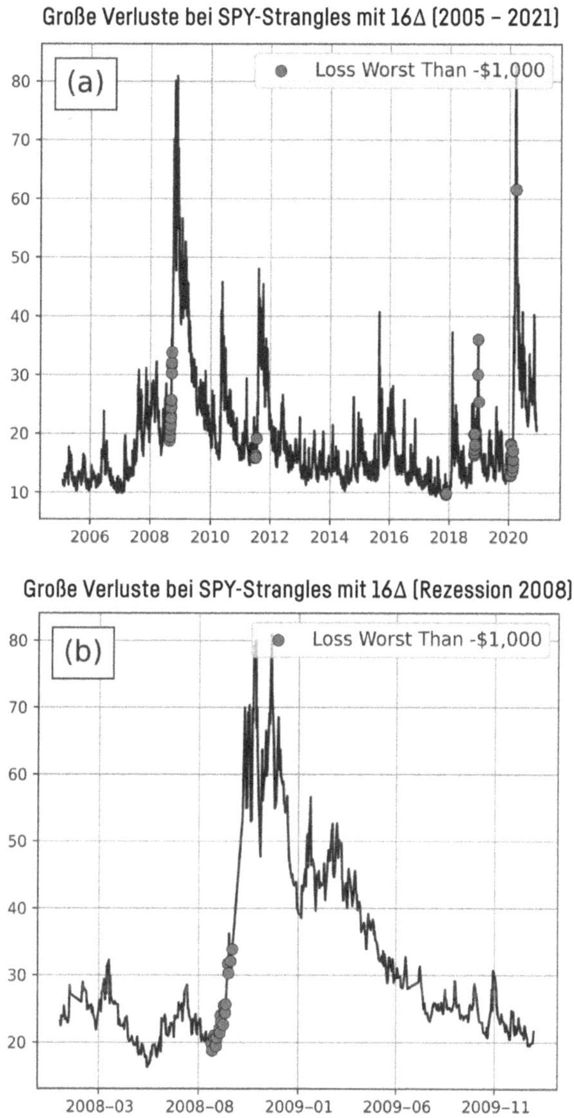

Abbildung 3.6

(a) IV des SPY von 2005 bis 2021. Angegeben sind die Extremverluste für SPY-Strangles mit DTE 45 und 16Δ, die bis zum Verfalltag gehalten wurden, was bedeutet, dass die Verluste mehr als 1.000 Dollar betrugen. (b) Die gleiche Abbildung wie (a), jedoch auf die Jahre 2008 bis 2010, die Rezession ab 2008, vergrößert.

Ein Short-Strangle auf den SPY mit 16Δ erleidet selten einen Verlust von mehr als 1.000 Dollar. Von 2005 bis 2021 passierte das in weniger als einem Prozent der Fälle. Allerdings traten *84 Prozent* dieser Verluste auf, als der VIX unter 25 stand. Während der anfänglichen Zunahme der IV im Zuge der Rezession 2008 (Ende August bis Anfang Oktober) erlitten die Strangles in 56 Prozent der Fälle solche großen Verluste. Beachten Sie in Abbildung 3.6, dass sich diese extremen Verluste auf die anfängliche IV-Expansion (als der VIX von circa 20 auf 35 stieg) beschränkten. Das lag daran, dass der Markt die großen Abwärtsbewegungen der Rezession nicht vorwegnahm, was sich darin widerspiegelte, dass der VIX in der Nähe seines langfristigen Durchschnitts von 18 stand. Da diese großen Ausschläge passierten, als die erwartete Bewegungsspanne schmal war, überschritt die historische Volatilität des Marktes ihre erwartete Spanne deutlich und Long-Strangles waren höchst profitabel. Sobald sich die Unsicherheit am Markt an die neuen Bedingungen angepasst hatte und die anfänglichen Gutschriften sowie die erwarteten Spannen stiegen, um die wahrgenommenen Risiken widerzuspiegeln, gingen die Ausreißerverluste mit Short-Strangles zurück.

Solche unerwarteten Phasen hoher Volatilität am Markt sind die Hauptursache für Extremverluste mit Short-Premium-Positionen. So etwas geschieht meist, wenn es zu großen Kursausschlägen des Basiswerts kommt und die Spanne der erwarteten Kursbewegungen eng ist (geringe IV). Solche extremen Expansionen sind selten und wenn man Short-Premium-Trades tätigt, wenn die IV hoch ist, senkt man diese Art des Exposures meistens. Eine andere Möglichkeit, dieses Konzept zu demonstrieren, besteht darin, das Maß an Schiefe in der P/L-Verteilung des SPY-Strangles mit 16Δ bei verschiedenen Niveaus der IV zu betrachten.

Die Abbildungen 3.7(a) bis 3.7(d) veranschaulichen, dass die P/L-Verteilungen von Strangles bei steigender IV eine geringere Schiefe und kleinere Tail-Verluste aufweisen. Das bedeutet, dass man sich historisch betrachtet einem viel größeren negativen Tail Risk aussetzte, wenn der VIX näher am unteren Ende seiner Spanne stand, als wenn er bereits stieg. Wenn die IV zunimmt, wird die P/L-Verteilung symmetrischer, was durch die abnehmende negative Schiefe angezeigt wird. Das bedeutet, dass Bedingungen mit höherer IV zuverlässigere Gewinn- und Verlusterwartungen ermöglichen als Bedingungen mit niedriger IV. Wichtig ist dabei die Beobachtung, dass es wesentlich weniger Fälle gab, wenn der VIX über 35 stand (ein paar Hundert), als wenn er zwischen 0 und 25 stand (Tausende). Das bringt uns zu der nächsten Überlegung: Wie oft sollte man traden?

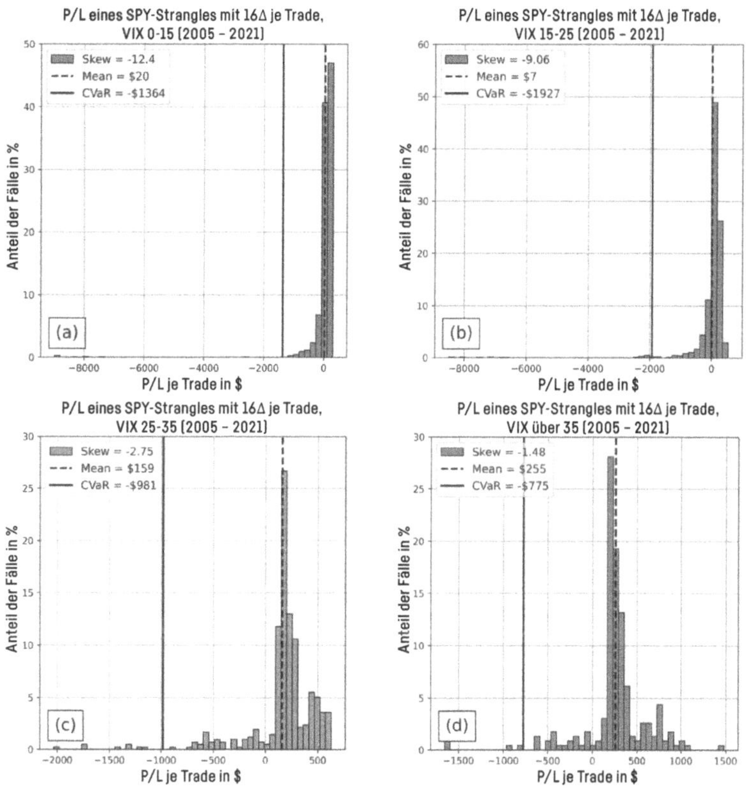

Abbildung 3.7

Historische P/L-Verteilungen bei SPY-Strangles mit 45 DTE und 16Δ, die bis zum Verfall gehalten wurden, von 2005 bis 2021: (a) bei einem VIX von 0 bis 15 (1.603 Fälle), (b) bei einem VIX von 15 bis 25 (1.506 Fälle), (c) bei einem VIX von 25 bis 35 (416 Fälle), (d) bei einem VIX über 35 (228 Fälle).

Anzahl der Fälle

Bei Tischspielen in einem Casino gibt es normalerweise Höchsteinsätze. Das Haus hat bei allen Spielen einen Vorteil, aber es profitiert von diesem Vorteil nicht unbedingt, wenn die Gäste nicht *oft genug* setzen. Beim Blackjack hat das Haus einen Vorteil von 0,5 Prozent, wenn die Strategie des Spielers statistisch optimiert ist. Das heißt, wenn die Spieler im Laufe des Abends beim Blackjack 100.000 Dollar setzen, dürften sie nach einer ausreichenden Anzahl von Blättern circa 500 Dollar an das Haus verlieren. Spielt der Gegner 10 Blätter à 10.000 Dollar, kann er achtmal, dreimal oder gar bei allen zehn Mal gewinnen. In diesem Fall ist die Varianz der potenziellen Ausgänge ziemlich hoch und es kann sein, dass das Casino ziemlich hohe Auszahlungen hinnehmen muss. Wenn der Gegner hingegen 1.000 Blätter à 100 Dollar spielt, ist es wahrscheinlicher, dass sich der Verlust des Spielers auf die erwarteten 500 Dollar beläuft.

Durch das Deckeln der Einsätze versucht das Casino, die Anzahl der Fälle eines einzelnen Spielers zu steigern, damit das Haus bei allen Spielen mit höherer Wahrscheinlichkeit bei den langfristigen Durchschnitten auskommt – das ergibt sich aus dem Gesetz der großen Zahlen und aus dem zentralen Grenzwertsatz. Wenn wiederholt eine *kleine* Anzahl von Ereignissen als Stichproben aus einer Wahrscheinlichkeitsverteilung entnommen wird und dann die Durchschnitte verglichen werden, ist die Varianz dieser Durchschnitte meist sehr hoch. Wenn jedoch die Anzahl der Fälle größer wird, nimmt die Varianz der Durchschnitte ab und die Mittelwerte der Stichproben konvergieren zum Erwartungswert der Verteilung hin.*

Ebenso wie das Casino versucht, seinen langfristigen Vorteil an den Spieltischen zu realisieren, indem es die Einsätze begrenzt und so die Anzahl der Spiele erhöht, so sollten auch Short-Premium-

* Konkret gesagt beträgt die Standardabweichung bei n voneinander unabhängigen Fällen das $1/\sqrt{n}$-Fache der Standardabweichung eines einzelnen Falles.

Trader viele kleine Trades tätigen, um ihre Chance zu maximieren, dass sie die langfristig positiven zu erwartenden Durchschnitte von Short-Premium-Strategien realisieren. Ein Beispiel, weshalb dies von entscheidender Bedeutung ist, ist wieder einmal die P/L-Verteilung des SPY-Strangles mit 16Δ.

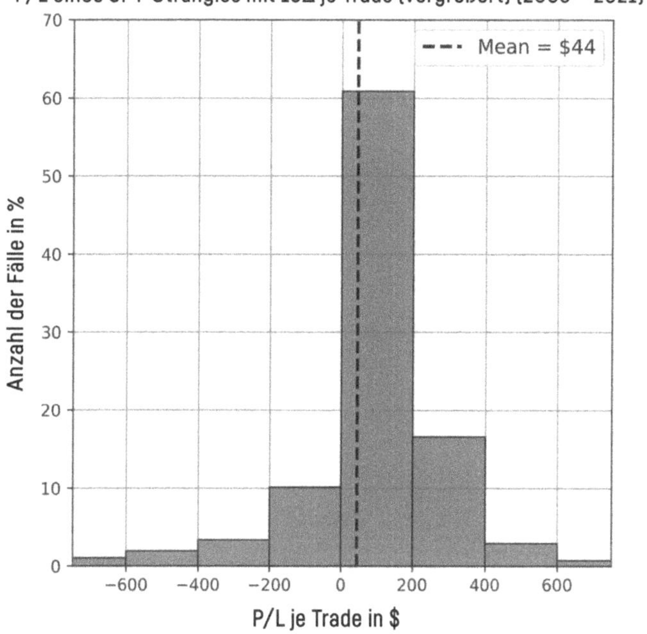

Abbildung 3.8
Historische P/L-Verteilung bei SPY-Strangles mit 45 DTE und 16Δ, die bis zum Verfalltag gehalten werden, von 2005 bis 2021. Die gestrichelte Linie ist der langfristige durchschnittliche P/L dieser Strategie.

Die in Abbildung 3.8 gezeigte Strategie hat pro Trade einen durchschnittlichen P/L von circa 44 Dollar und eine POP von 81 Prozent. Diese langfristigen Durchschnitte wurden allerdings aus circa 3.750 Trades berechnet. Die Berechnung von Durchschnitten aus einem großen Datenvorrat liefert zwar den geringsten statistischen Fehler, modelliert jedoch nicht die Fälle, die ein privater Trader realistischerweise erreichen kann. Welchen P/L hätten Short-Premium-Trader von 2005 bis 2021 erzielt, wenn sie nur 10 Trades platziert hätten? 100 Trades? 500 Trades? Abbildung 3.9 ist eine Darstellung der durchschnittlichen P/L einer Sammlung von Stichprobenportfolios, jeweils mit einer anderen Anzahl von Trades, die zufällig aus der P/L-Verteilung des SPY-Strangles mit 16Δ ausgewählt wurden.

Portfolios aus SPY-Strangles mit 16Δ (Stichproben von 2005 – 2021)

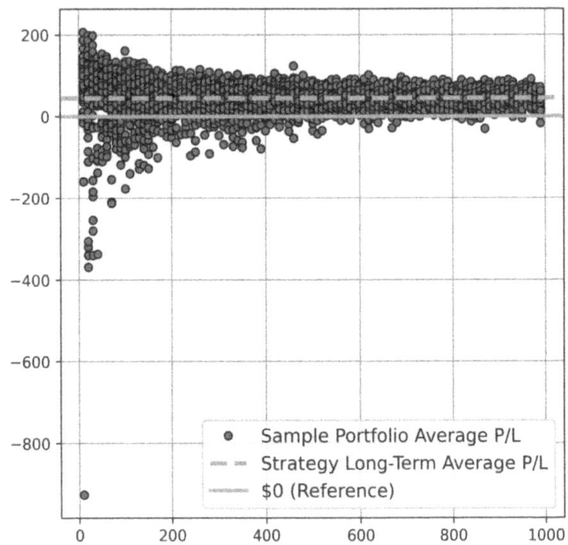

Anzahl der in der Stichprobe enthaltenen Trades

Abbildung 3.9
Durchschnittliche P/L von Portfolios mit der Anzahl von N Trades, die zufällig aus der historischen P/L-Verteilung der SPY-Strangles mit 45 DTE und 16Δ ausgewählt sowie bis zum Verfalltag gehalten wurden, von 2005 bis 2021. Die Varianz dieser Portfoliodurchschnitte ist sehr hoch, wenn als Stichprobe eine sehr kleine Anzahl von Trades genommen wurde. Nimmt man immer mehr Trades, laufen die Durchschnitte auf den langfristigen P/L-Durchschnitt dieser Strategie zu.

Wie man sieht, reicht der durchschnittliche P/L bei einer sehr kleinen Anzahl von Trades, zum Beispiel 10, etwa von -900 Dollar bis 200 Dollar. Das heißt, wenn zwei Trader von 2005 bis 2021 zufällig jeweils 10 Short-Strangles getradet hätten, dann hätte es sein können, dass der eine 2.000 Dollar Gewinn und der andere 9.000 Dollar Verlust gemacht hätte. Mit zunehmender Anzahl der Fälle sinkt die Varianz der P/L-Durchschnitte der Stichproben-Portfolios und die Durchschnitte konvergieren zum langfristigen Erwartungswert dieser Strategie. Anders gesagt: Wenn die beiden Trader von 2005 bis 2021 zufällig 1.000 Short-Strangles getradet hätten, dann wäre es recht wahrscheinlich, dass beide einen durchschnittlichen P/L um die 44 Dollar erzielt hätten, das ist der langfristige durchschnittliche P/L dieser Strategie.

Die Anzahl der Fälle ist ein kritischer Faktor, um die langfristigen Durchschnitte zu erzielen, und die Mindestanzahl der Fälle ändert sich mit der Standardabweichung der P/L der jeweiligen Strategien. In der Praxis sind mindestens circa 200 Fälle nötig, um einen langfristigen Durchschnitt zu erzielen, und mehr Fälle sind besser. Das bringt Short-Premium-Trader in eine gewisse Klemme, denn es ist zwar ideal, Short-Premium bei hoher IV zu traden, aber wie in Tabelle 3.2 gezeigt, sind Umfelder mit hoher IV sehr selten.

Tabelle 3.2
So oft befand sich der VIX von 2005 bis 2021 in bestimmten Bereichen.

VIX-Daten (2005 – 2021)

VIX-Spanne	% der Fälle
0-15	43 %
15-25	40 %
25-35	11 %
>35	6 %

Der VIX befindet sich in 43 Prozent der Fälle am unteren Ende seiner Spanne und die meiste Zeit unter seinem langfristigen Durchschnitt von 18,5. Von 2005 bis 2021 befand er sich nur in circa 6 Prozent der Fälle über 35 – was nicht viele Gelegenheiten bietet, bei sehr hoher IV Short-Premium zu traden. Um die Wahrscheinlichkeit zu optimieren, die günstigen langfristigen Erwartungswerte dieser Strategie zu erreichen, ist es daher eindeutig notwendig, unter nicht idealen Bedingungen geringer Volatilität zu traden. Der nächste Abschnitt erklärt, wie man unter allen Marktbedingungen tradet und gleichzeitig das Ausreißerrisiko bei geringer Volatilität dämpft, und zwar vor allem indem man die Positionsgrößen klein hält und das Kapital, das Ausreißerverlusten ausgesetzt ist, minimiert.

Portfolio-Allokation und Positionsgröße

In der Praxis müssen Short-Premium-Trader ein Gleichgewicht zwischen dem Exposure gegenüber großen Verlusten und dem Erreichen einer ausreichenden Anzahl von Fällen finden. Wenn man bei hoher IV tradet, setzt man sich tendenziell weniger Ausreißerrisiken aus, als wenn man bei niedriger IV tradet, aber im Schnitt ist auch das Trading bei niedriger IV noch profitabel. Anders als Long-Positionen auf Aktien, die nur unter bullishen Bedingungen Gewinn bringen, können Short-Optionen unter bullishen, bearishen und neutralen Bedingungen profitabel sein und alle Volatilitätsumfelder überspannen. So war etwa beim SPY-Strangle mit 16Δ von 2005 bis 2021 in allen IV-Bereichen die Mehrzahl der Fälle profitabel (siehe Tabelle 3.3).

Tabelle 3.3

POP und durchschnittliche P/L in unterschiedlichen IV-Bereichen, SPY-Strangles mit 45 DTE und 16Δ, bis zum Verfalltag gehalten, 2005 bis 2021

Daten zum SPY-Strangle mit 16Δ (2005 – 2021)

VIX-Spanne	POP	Durchschnittlicher P/L
0-15	82 %	20 $
15-25	78 %	7 $
25-35	86 %	159 $
>35	89 %	255 $

Wenn man in allen IV-Umfeldern Short-Optionsstrategien tradet, sammeln sich die Gewinne beständiger an,und die Mindestanzahl der Fälle ist leichter zu erreichen. Um in allen diesen Umfeldern das Exposure gegenüber Ausreißerrisiken zu managen, ist es *unerlässlich*, die Positionsgrößen klein zu halten und die Gesamtmenge an Portfoliokapital zu begrenzen, die für Short-Premium-Positionen verwendet wird – sie lässt sich je nach dem aktuellen Ausreißerrisiko einstellen. Der Anteil des Portfoliokapitals, der auf Short-Premium-Strategien entfällt, sollte im Allgemeinen zwischen 25 und 50 Prozent liegen, der Rest wird entweder in Cash oder in einem risikoarmen passiven Investment gehalten.* Denn wenn man weniger als 25 Prozent nimmt, schränkt man das Wachstum nach oben ernstlich ein, und wenn man mehr als 50 Prozent nimmt, bleibt womöglich nicht genug Kapital übrig, damit sich das Portfolio von einem Ausreißerverlust wieder erholen kann. Da es Ausreißerrisiken meist stärker ausgesetzt ist, wenn die IV niedrig ist, schützt ein Herunterfahren der Allokation bei niedriger IV das Portfolio vor dem Tail-Exposure gegenüber unerwarteten Marktschwankungen. Sobald die IV steigt, erhöht ein Hochfahren der Short-Premium-Kapitalallokation das Potenzial, von höheren Gutschriften, größeren Gewinnen und einem reduzierten Ausreißerrisiko zu profitieren.

Tabelle 3.4
Richtlinien für die Allokation des Portfoliokapitals je nach IV des Marktes

VIX-Spanne	Maximale Allokation
0-15	25 %
15-20	30 %
20-30	35 %
30-40	40 %
>40	50 %

* Genauer gesagt ist das Portfoliokapital, das hier gemeint ist, die Kaufkraft des Portfolios, die wir im nächsten Kapitel vorstellen werden.

Ein Portfolio sollte auf die vorliegenden Marktbedingungen bezogen nicht übermäßig auf Short-Optionsstrategien konzentriert sein und *außerdem* sollte sich das auf Short-Premium entfallende Kapital nicht zu sehr auf eine einzelne Position konzentrieren. Eine angemessen große Position sollte nicht mehr als 5 bis 7 Prozent des Portfoliokapitals umfassen. Der genaue Prozentsatz hängt von den POP der verwendeten Strategien ab, was in Kapitel 8 noch detaillierter behandelt wird.

Um zu verstehen, warum es so wichtig ist, das Kapital-Exposure zu begrenzen, und warum es Vorteile bringt, die Portfolio-Allokation der IV entsprechend zu verschieben, sehen Sie sich ein Worst-Case-Szenario an: den Kursrutsch 2020, der Short-Premium-Positionen historische Verluste bescherte. Von Ende Februar bis Ende März 2020 brach der Preis des SPY um circa 34 Prozent ein. SPY-Strangles mit 45 DTE und 16Δ erlitten in dieser ganzen Zeit die extremsten verzeichneten Verluste. Ein 16Δ-SPY-Strangle, der am 14. Februar 2020 eröffnet wurde und am 20. März 2020 verfiel, hatte pro Lot einen P/L von -8.974 Dollar, den bei dieser Art von Kontrakt schwersten Verlust seit 16 Jahren. Wenn man als Trader mit diesem Worst-Case-Verlust beginnend verschiedene Anteile eines Portfolios mit 100.000 Dollar Short-SPY-Strangles zugeteilt hätte, wie würden diese Portfolios unter üblichen Marktbedingungen im Vergleich zu den hochgradig volatilen Bedingungen des Kursrutschs 2020 performen? In Abbildung 3.10 vergleichen wir drei Allokationsstrategien: Alllokation nach den IV-Richtlinien (25 bis 50 Prozent), eine konservativere Allokation (konstant 15 Prozent) und eine aggressivere Allokation (konstant 65 Prozent).*

---

* Das ist ein stark vereinfachter Backtest, der mit Vorsicht zu genießen ist. Diese Portfolios sind stark auf eine einzelne Position konzentriert und beinhalten keine komplexen Managementstrategien. Optionen sprechen sehr empfindlich auf Änderungen des zeitlichen Rahmens an, sodass ein sozusagen benachbartes Portfolio mit Strangles, die an leicht unterschiedlichen Tagen eröffnet und an leicht unterschiedlichen Tagen geschlossen wurden oder leicht abweichende Laufzeiten hatten, ganz anders performt haben könnte als die hier gezeigten. Diese Backtests zeigen ein bestimmtes Ergebnis und dienen dem direkten Risikovergleich zwischen verschiedenen prozentualen Allokationen.

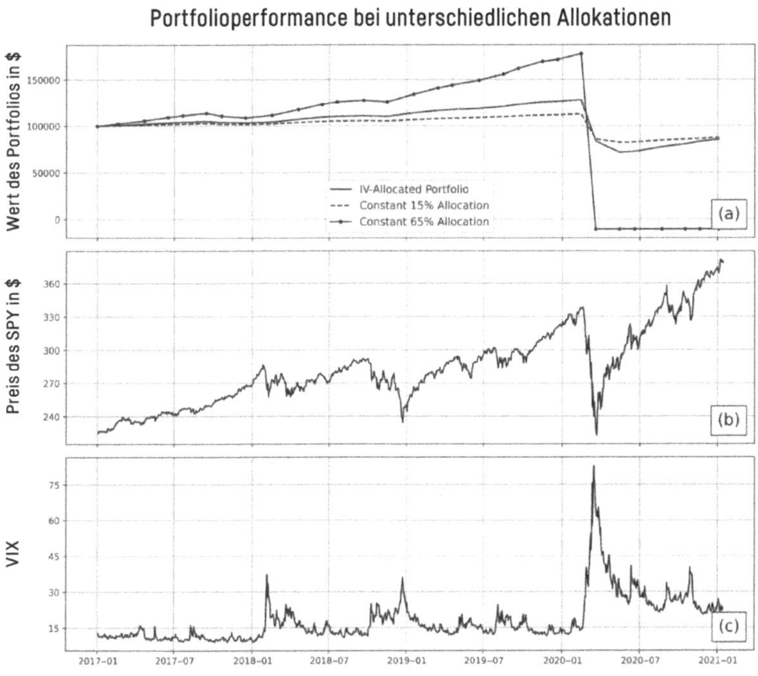

Abbildung 3.10
(a) Performance von 2017 bis 2021 einschließlich des Kursrutschs 2020. Jedes Portfolio weist verschiedene Kapitalbeträge SPY-Strangles mit circa 45 DTE und 16Δ zu, die bei Fälligkeit geschlossen und zu Beginn des Fälligkeitszyklus neu eröffnet werden. Die Portfolios sind: (a) Allokation nach IV (durchgezogene Linie), konservativ (gestrichelte Linie) und aggressiv (mit Punkten). (b) Preis des SPY von 2017 bis 2021. (c) VIX im selben Zeitraum.

Es überrascht nicht, dass die Portfolios im Vergleich zum Kursrutsch 2020 unter üblichen Bedingungen ausgeprägt anders performten. Von 2017 bis Februar 2020 übertraf das aggressive Portfolio das konservative und das an der IV ausgerichtete Portfolio dramatisch. In diesen drei Jahren wuchsen das konservative Portfolio um 13 Prozent, das IV-orientierte Portfolio um 28 Prozent und das aggressive Portfolio um 78 Prozent. Hingegen stieg der SPY von 2017 bis 2020 um 50 Prozent. Das bedeutet, dass ein Portfolio mit 100.000 Dollar, das vollständig in den SPY investiert gewesen wäre, das konservative und das IV-orientierte Portfolio übertroffen hätte, jedoch hinter dem aggressiven Portfolio zurückgeblieben wäre – wobei es allerdings erheblich mehr Kapital erfordert hätte als diese beiden.

Beim Ausbruch der hochvolatilen Marktbedingungen im Jahr 2020 wurde das stark Risiken ausgesetzte aggressive Portfolio sofort ausradiert. Auch das konservative und das an der IV ausgerichtete Portfolio wurden von signifikanten Verlusten beeinträchtigt und fielen von Februar auf März 2020 um 35 beziehungsweise 24 Prozent. In allen genannten Szenarien erlitten die Portfolios während der extremen Marktbedingungen des Kursrutschs 2020 ein gewisses Maß an Verlusten. Zu beachten ist hierbei vor allem, dass die Portfolios mit weniger Kapital-Exposure und weniger konzentrierten Positionen nach den Verlusten noch das Kapital besaßen, um sich zu erholen. Das konservative Portfolio erholte sich nach dem Kurseinbruch 2020 um 7 Prozent und das IV-orientierte um 20 Prozent, weil es von der hohen IV und den höheren Gutschriften im Zuge der Kurserholung nach dem Einbruch profitieren konnte.

Damit Kursziele *konsistent* erreicht werden, muss man unbedingt ein Portfolio konstruieren, das in allen Marktlagen robust ist. Ein Portfolio mit hohem Exposure erzielt bei eher normalen Marktbedingungen außerordentliche Gewinne, aber es besteht ein hohes Risiko, dass es in dem seltenen Fall eines Kurseinbruchs oder einer größeren Korrektur untergeht. Ein konservativeres Portfolio ist zwar für extreme Marktbedingungen gut geeignet, aber die meiste Zeit ist sein Gewinnpotenzial begrenzt. Im Verhältnis dazu ist die Anpassung der Allokation an die IV des Marktes eine wirkungsvolle Möglichkeit, von höheren Gewinnen zu profitieren, wenn die IV hoch ist, sein Kapital bei niedriger IV vor Ausreißerverlusten zu schützen und unter geringerem Kapitalbedarf als bei einer Direktinvestition in Aktien ein vernünftiges Wachstum zu erzielen. Noch wichtiger: Die Begrenzung des Kapitaleinsatzes und das Einhalten angemessener Positionsgrößen sind durchaus die effektivsten Möglichkeiten, die Auswirkungen extremer Ereignisse zu minimieren. Diese Konzepte werden in Kapitel 7 noch ausführlicher behandelt.

Aktives Management und effiziente Kapitalallokation

Bislang haben wir in diesem Buch das Optionsrisiko und die Profitabilität von Kontrakten besprochen, die bis zur Fälligkeit gehalten werden. Allerdings können Short-Options-Trader ihre Positionen auch vorzeitig schließen oder managen, indem sie Optionen mit dem gleichen Basiswert, dem gleichen Ausübungspreis und dem gleichen Verfallsdatum kaufen. Das kann sich aufgrund des Zeitwertverlusts und aufgrund sinkender IV häufig lohnen und außerdem verringert es meist die P/L-Unterschiede zwischen den einzelnen Trades. Bei Optionen schwankt der P/L in der zweiten Hälfte der Laufzeit meist stärker als in der ersten – eine Folge des zunehmenden Gamma-Risikos. Wie bereits in früheren Kapiteln besprochen, ist das Gamma ein Maß für die Empfindlichkeit des Deltas eines Kontrakts gegenüber Preisänderungen des Basiswerts. Bei Optionen, die fast am Geld sind, steigt das Gamma mit näher rückender Fälligkeit, was bedeutet, dass das Delta (und somit die Kursempfindlichkeit der Option) als Reaktion auf Preisänderungen des Basiswerts gegen Ende der Kontraktlaufzeit instabiler wird.

Das aktive Management von Short-Positionen, beispielsweise indem man einen Trade vor der Fälligkeit schließt und das Kapital für neue Positionen einsetzt, ist eine Möglichkeit, die P/L-Ausschläge während der Laufzeit des Trades, das Verlustpotenzial je Trade und am Ende die Standardabweichung des P/L zu vermindern. Strategien des frühzeitigen Managements senken zwar nicht unbedingt langfristig das Risiko, da die kumulativen Verluste vieler kurzfristiger Trades größer sein können als ein einzelner Verlust aus einem langfristigen Trade, aber das Verlustpotenzial pro Trade wird dadurch vernünftiger. Diese Strategie ermöglicht es Tradern im Endeffekt, die Machbarkeit eines Trades zu beurteilen, bevor die P/L-Ausschläge extremer werden, und zu beurteilen, ob das Verbleiben in dem Trade ein effektiver Einsatz des Portfoliokapitals ist. Vergleichen Sie einmal, wie die P/L von SPY-Strangles mit 45 DTE und 16Δ verteilt sind, wenn die Kontrakte entweder bis zur Fälligkeit gehalten werden oder etwa nach der halben Laufzeit (21 DTE) gemanagt werden.

Tabelle 3.5
Vergleich von Managementstrategien bei SPY-Strangles mit 45 DTE und 16Δ von 2005 bis 2021 die bis zur Fälligkeit gehalten oder frühzeitig gemanagt wurden. Hierzu die Kennzahlen POP, durchschnittlicher P/L, Standardabweichung des P/L und CVaR bei einer Wahrscheinlichkeit von 5 %.

Kennzahlen von SPY-Strangles mit 16Δ (2005 – 2021)

Kennzahl	Bis zur Fälligkeit gehalten	Bei 21 DTE gemanagt
POP	81 %	79 %
Durchschnittlicher P/L	44 $	30 $
Durchschnittlicher täglicher P/L	1,29 $	1,60 $
Standardabweichung des P/L	614 $	260 $
CVaR (5 %)	-1.535 $	-695 $

Gemäß den Kennzahlen in Tabelle 3.5 bringen Strangles, die bei 21 DTE gemanagt werden, je Trade ein signifikant geringeres Tail Risk und eine signifikant geringere Standardabweichung des P/L mit sich als Strangles, die bis zur Fälligkeit gehalten werden. Zudem bringen frühzeitig gemanagte Kontrakte zwar im Schnitt pro Kontrakt weniger ein, aber in Wirklichkeit bringen sie pro Tag *mehr* Gewinn und ermöglichen dank der kürzeren Laufzeit mehr Fälle.

Das frühzeitige Managen von Trades hat mehrere Vorteile, die größtenteils in Kapitel 6 besprochen werden. Bei dieser Entscheidung hängt viel davon ab, wie viel Kapital zu riskieren bei einem einzelnen Trade annehmbar ist und ob es eine effiziente Kapitalverwendung ist, im bestehenden Trade zu verbleiben. Beachten Sie bei diesem Beispiel, dass es bei den gemanagten Trades 24 Tage (21 Tage Restlaufzeit bei einer Gesamtlaufzeit von 45 Tagen bedeuten, dass bereits 24 Tage vergangen sind) dauert, im Schnitt 30 Dollar Gewinn zu erzielen, und dass es bei den gehaltenen Kontrakten 45 Tage dauert, im Schnitt 44 Dollar zu verdienen. Es kommt vor, dass Trades den

Großteil ihres Gewinnpotenzials deutlich vor dem Verfall ansammeln. Das hängt von der Marktlage ab und wenn man während der Restlaufzeit in der Position bleibt, kann dies das Gewinnpotenzial einschränken. Trades vor der Fälligkeit zu schließen und das Kapital für eine neue Position auf den gleichen Basiswert wieder einzusetzen ist eine effektive Methode, die Anzahl der Fälle in einem gegebenen Zeitrahmen zu erhöhen. Der Einsatz des Kapitals für eine Position auf ein anderes Underlying (zum Beispiel mit höherer IV) kann noch effizienter sein und in bestimmten Situationen Elemente einer Risikosenkung bieten. Aktiv an die Geldanlage heranzugehen und Trades zu managen gibt einem mehr Kontrolle über die Kapitalverwendung im Portfolio sowie die Flexibilität, Trades auf neue Informationen hin zu modifizieren.

Kernpunkte

1. Verglichen mit Long-Premium-Strategien liefern Short-Premium-Strategien beständigere Gewinne und sind auf lange Sicht statistisch im Vorteil. Der Preis dafür, dass man beständige Gewinne einfährt, ist das Risiko großer und manchmal undefinierter Verluste und deshalb sind die wichtigsten Ziele eines Short-Premium-Traders: (1) beständig genug Gewinne erzielen, um mäßige, wahrscheinlichere Verluste zu decken, und (2) ein Portfolio konstruieren, das unwahrscheinliche Extremverluste überleben kann.
2. Unerwartete Perioden hoher Volatilität des Marktes sind die Hauptursache für extreme Verluste aus Short-Premium-Positionen. Solche Ereignisse sind zwar äußerst unwahrscheinlich, aber sie treten typischerweise dann auf, wenn beim Basiswert große Preisausschläge stattfinden, während die erwartete Bewegungsspanne eng ist (geringe IV). Short-Premium-Trades bei erhöhter IV sind eine Möglichkeit, dieses Exposure konsistent zu senken.

3. Die Profitabilität von Short-Optionsstrategien hängt davon ab, ob man eine ausreichend große Zahl von Fällen hat, um die positiven statistischen Durchschnitte zu erzielen. Man braucht mindestens circa 200 Fälle, damit sich der durchschnittliche P/L einer Strategie den langfristigen Gewinnzielen annähert, und je mehr, desto besser.
4. Zwar ist es ideal, Short-Premium-Trades bei hoher IV zu tätigen, aber Umfelder mit hoher IV sind nicht allzu häufig. Das bedeutet, dass Short-Premium-Trader ein Gleichgewicht zwischen dem Exposure gegenüber großen Verlusten und der Erreichung einer ausreichenden Anzahl von Fällen finden müssen. In allen IV-Umfeldern Optionen zu verkaufen sammelt beständigere Gewinne ein und erhöht die Wahrscheinlichkeit, die Mindestzahl der Fälle zu erreichen. Um bei dieser Strategie das Exposure gegenüber Ausreißerrisiken zu managen, muss man unbedingt die Positionsgrößen klein halten und die Kapitalmenge beschränken, die man für Short-Premium-Positionen einsetzt. Diese Strategie lässt sich außerdem dadurch verbessern, dass man die für Short-Premium-Trades eingesetzten Beträge an die aktuellen Marktbedingungen anpasst.
5. Positionen aktiv zu managen ist eine Möglichkeit, die P/L-Unsicherheit der einzelnen Trades zu reduzieren, das Kapital effizienter einzusetzen und in einem gegebenen Zeitrahmen mehr Fälle zu erzielen. Die Entscheidung, ob man eine Position vorzeitig schließt und das Kapital neu einsetzt, hängt von der akzeptablen Kapitalmenge ab, die man mit einem einzelnen Trade riskieren kann, und davon, ob es eine effiziente Kapitalverwendung ist, den bestehenden Trade beizubehalten. Diese Konzepte werden in Kapitel 6 weitergehend erläutert.

4

DIE KAUFKRAFTREDUKTION

Nachdem wir die implizite Volatilität (IV) und das allgemeine Chance-Risiko-Profil von Short-Premium-Positionen besprochen haben, wird es Zeit, ein paar Elemente des Short-Volatilitäts-Tradings in der Praxis vorzustellen. Da Short-Optionen einem signifikanten Tail Risk ausgesetzt sind, müssen die Broker einen gewissen Kapitalbetrag als Reserve vorhalten, um die potenziellen Verluste jeder Position zu decken. Das Kapital, das erforderlich ist, um einen Short-Premium-Trade zu platzieren und zu halten, wird als Kaufkraftreduktion (BPR = Buying Power Reduction) bezeichnet und das gesamte im Portfolio für Handelsgeschäfte vorhandene Kapital als Kaufkraft des Portfolios.

Die BPR ist der Kapitalbetrag, der im Depot beiseitegelegt werden muss, um eine Short-Option abzusichern, ähnlich wie bei einer treuhänderischen Hinterlegung. Die BPR wird auf zwei Arten verwendet, um das Short-Premium-Risiko einzelner Trades zu bewerten:

1. Die BPR ist ein recht zuverlässiges Maß für den Worst-Case-Verlust einer Position mit undefiniertem Risiko unter den aktuellen Marktbedingungen.
2. Die BPR wird genutzt, um zu ermitteln, ob eine Position für ein Portfolio mit einer bestimmten Kaufkraft geeignet ist.

Die BPR ist zwar bei Optionen das Gegenstück zur Margin bei Aktien, doch die Unterscheidung zwischen den beiden *kann gar nicht genug betont werden*, denn Short-Optionspositionen können nie mit geliehenem Geld gehandelt werden. Die BPR ist *kein* geliehenes Geld und darauf fallen keine Zinsen an. Sie ist *Ihr* Kapital, das während der Dauer des Short-Option-Trades aus dem Spiel ist. Die meist im Aktienhandel eingesetzte Margin ist Geld, das man sich vom Broker leiht, um Aktien zu kaufen, deren Wert über das im Depot vorhandene Barguthaben hinausgeht. Auf die Margin fallen Zinsen an (gewöhnlich ein Jahreszins von 5 bis 7 Prozent) und die Trader müssen die Margin unabhängig davon, ob der Aktien-Trade profitabel war, mit Zinsen zurückzahlen. Margin und BPR unterscheiden sich vom Konzept her: Die Margin erhöht die Aktien-Kaufkraft, die BPR senkt die Kaufkraft, um das zusätzliche Risiko von Short-Optionen zu berücksichtigen.

Die Definition der BPR und ihre Verwendung sind je nachdem, ob die Strategie long oder short ist und ob das Risiko der Strategie definiert oder undefiniert ist, unterschiedlich. Bei Long-Optionen ist der maximale Verlust einfach der Preis der Option, also ist dieser die BPR. Bei Short-Optionen ist die Definition der BPR vor allem bei Positionen mit undefiniertem Risiko komplizierter, denn dabei ist der Verlust theoretisch unbegrenzt. Trades mit definiertem Risiko, die im nächsten Kapitel behandelt werden, sind Short-Premium-Trades mit einem bekannten maximalen Verlust. Es sind einfach Short-Premium-Kontrakte (Trades mit undefiniertem Risiko), kombiniert mit billigeren Long-Premium-Kontrakten, die übermäßige Verluste kappen, wenn der Preis des Basiswerts über den entfernteren Strike hinausläuft. Bei einer Strategie mit definiertem Risiko ist die BPR tatsächlich der höchstmögliche Verlust, bei einem Trade mit undefiniertem Risiko hingegen nur eine Schätzung des höchstmöglichen Verlusts. Da der Fall des undefinierten Risikos komplizierter ist, erklärt dieses Kapitel die BPR in Bezug auf Strategien mit undefiniertem Risiko, insbesondere Short-Strangles.

Bis jetzt wurde der Optionshandel vorwiegend im Zusammenhang mit Strangles besprochen, also einer Strategie mit undefiniertem Risiko, begrenztem Gewinn und theoretisch unbegrenztem Verlust. In diesem Fall berechnet man die BPR so, dass es unwahrscheinlich ist, dass der Verlust aus einer Position über diese Schwelle hinausgeht. Konkreter ausgedrückt soll die BPR bei ETFs als Basiswerten rund 95 Prozent der potenziellen Verluste und bei Aktien als Basiswerten rund 90 Prozent der potenziellen Verluste abdecken.* Die historische Effektivität der BPR bei einem ETF als Basiswert ist in Abbildung 4.1 zu sehen. Sie zeigt die Verluste eines SPY-Strangles mit 45 Tagen Restlaufzeit (DTE) und 16Δ von 2005 bis 2021.

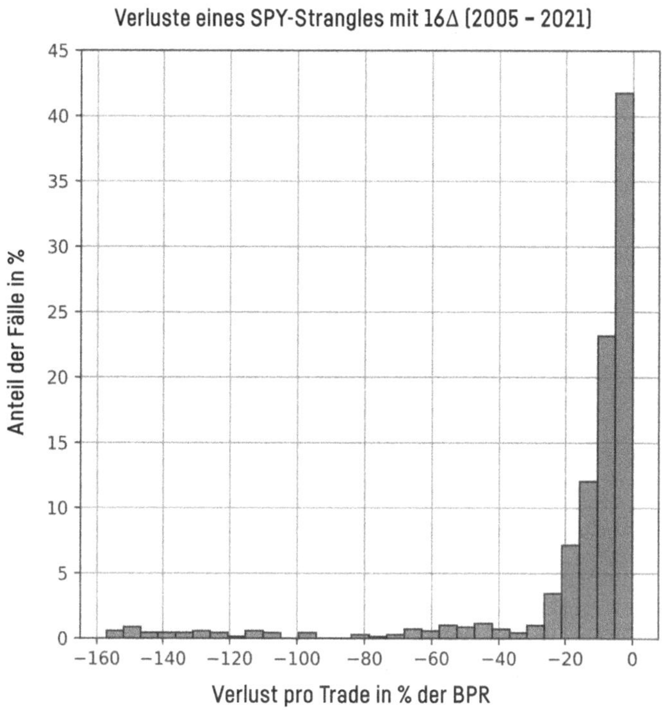

Abbildung 4.1
Verlust in % der BPR bei SPY-Strangles mit 45 DTE und 16Δ, die bis zur Fälligkeit gehalten wurden, von 2005 bis 2021.

In diesem Beispiel lagen die meisten Verluste zwischen 0 und 20 Prozent der BPR. Circa 95 Prozent der Verluste wurden, wie erwartet, durch die BPR gedeckt, wenn die Position bis zur Fälligkeit ge-

* Diese Kennzahl verändert sich mit der IV des Basiswerts, ist aber für allgemeine Fälle eine geeignete Näherung.

halten wurde. Auch wenn die BPR nicht immer das volle Ausmaß der realisierten Verluste erfasste, so ist sie doch in den meisten Fällen ein effektiver Näherungswert für die Worst-Case-Verluste der einzelnen Trades. Diese Maßzahl funktioniert bei SPY-Strangles recht gut, aber bei Strangles mit volatileren Basiswerten und bei Strangles mit engeren Basispreisen kann es wahrscheinlicher sein, dass Verluste anfallen, die über die BPR hinausgehen (daher die Wirksamkeitsquote von 90 Prozent bei Aktien).

Die BPR entspricht dem Kapital, das erforderlich ist, um einen Trade zu platzieren, und ihr Betrag ist je nach der konkreten Strategie unterschiedlich. Als BPR für Short-Strangles kann man circa 20 Prozent des Preises des Basiswerts ansetzen, aber mathematisch hängt die BPR von drei Variablen ab: dem Aktienkurs, den Preisen der Puts und Calls sowie den Basispreisen der Puts und Calls.* Da ein Strangle aus einem geshorteten aus dem Geld befindlichen (OTM) Call und einem geshorteten OTM-Put besteht, ist die für den Verkauf eines Strangles notwendige BPR einfach die BPR des Short-Puts oder die BPR des Short-Calls, je nachdem, welcher Betrag höher ist. Die BPR eines Short Calls oder Puts ist von folgenden drei Werten der höchste:

1. ((0,2 x Aktienkurs) - |Basispreis - Aktienkurs|) x 100, das ist der zu erwartende Verlust bei einer Preisbewegung des Basiswerts von 20 Prozent.
2. 0,1 x Basispreis x 100, das ist der zu erwartende Verlust bei einer Über-/Unterschreitung des Basispreises um 10 Prozent.
3. 250 - Preis des Kontrakts, dies sorgt bei billigen Optionen für eine Mindest-BPR.

Da die BPR den größten wahrscheinlichen Verlust eines Kontrakts mit undefiniertem Risiko einschließen soll, wird von diesen drei

* Das ist das regulatorische Minimum der Finanzaufsicht FINRA (Financial Industry Regulatory Authority). Normalerweise halten sich die Broker an diese Formel, aber manchmal (vor allem wenn die IV sehr hoch ist) erhöhen sie bei Kontrakten mit bestimmten Basiswerten die Kapitalanforderungen.

Werten der größte genommen. Mathematisch lässt sich das durch die *max*-Funktion darstellen, die den größten der gegebenen Werte nimmt:

$$\text{BPR eines Short-Puts} = max(((0{,}2 \times S) - (S - K)) \times 100, (0{,}1 \times K) \times 100, 250 - P \times 100) \quad (4.1)$$

$$\text{BPR eines Short-Calls} = max(((0{,}2 \times S) - (K - S)) \times 100, (0{,}1 \times K) \times 100, 250 - C \times 100) \quad (4.2)$$

Kombiniert man diese Formeln miteinander, ergibt sich als BPR des Strangles:

$$\text{Short-Strangle-BPR} = max(\text{Put-BPR, Call-BPR}) \quad (4.3)$$

Diese Gleichung ist natürlich haarig, aber anhand einiger Beispiele mit eingesetzten Zahlen kann man mithilfe intuitiverer Variablen ableiten, wie sich die BPR von Strangles und somit das Optionsrisiko ändert, zum Beispiel mithilfe der historischen und der impliziten Volatilität des Basiswerts. Sehen Sie sich dazu die drei in Tabelle 4.1 dargestellten potenziellen Strangle-Trades an.

Tabelle 4.1

Drei Beispiele für angenäherte Strangle-Trades mit 45 DTE und 16Δ bei verschiedenen Parametern und die daraus resultierende BPR.

	Szenario A	Szenario B	Szenario C
Aktienkurs	150 $	150 $	300 $
Basispreis Call	160 $	175 $	320 $
Basispreis Put	140 $	130 $	280 $
Preis des Calls	1 $	2 $	2 $
Preis des Puts	1 $	2 $	2 $
BPR	2.000 $	1.750 $	4.000 $
IV	20 %	45 %	20 %

Der Preis des Basiswerts ist in Szenario B der gleiche wie in Szenario A, aber die Basispreise des 16Δ-Strangles liegen weiter auseinander (was im Einklang mit der höheren impliziten Volatilität ist). Der Basiswert in Szenario C ist doppelt so teuer wie die Basiswerte in den Szenarien A und B, aber die IV ist in Szenario C die gleiche wie in Szenario A.

Daraus, dass die BPR in Szenario C höher ist als in Szenario A (aber die implizite Volatilität und das Delta des Kontrakts gleich sind), können Trader schließen, dass die BPR tendenziell mit dem Preis des Basiswerts steigt. *Technisch* ist die BPR invers mit dem Optionspreis korreliert, aber trotzdem steigt die BPR tendenziell mit dem Preis des Basiswerts, weil teurere Instrumente höhere Volatilitäten (in Dollar) und somit größere potenzielle Verluste haben. Auch nimmt die BPR mit zunehmender IV des Basiswerts ab und beide Beziehungen sind in Abbildung 4.2 zu sehen, die die BPR von SPY-Strangles mit 45 DTE und 16Δ von 2005 bis 2021 zeigt.

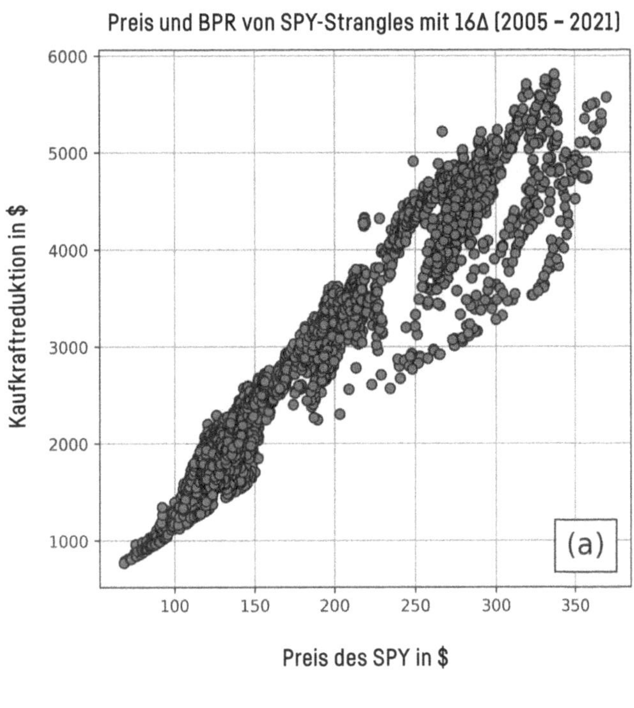

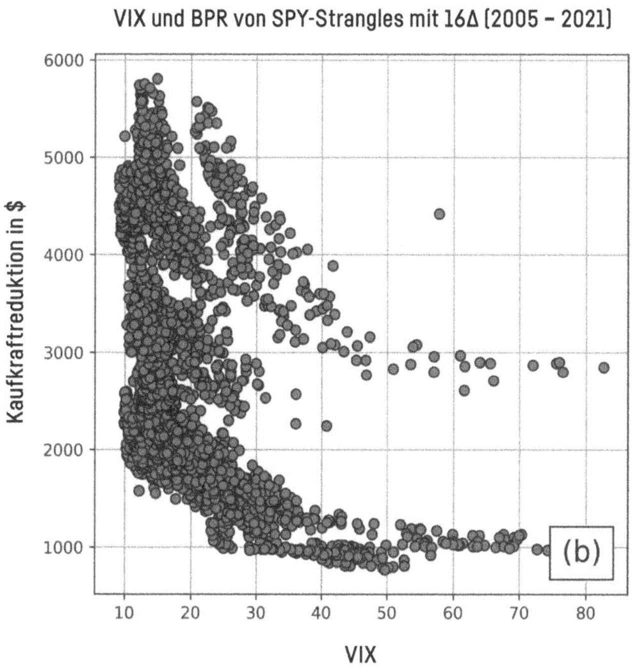

Abbildung 4.2
Zahlen zu SPY-Strangles mit 45 DTE und 16Δ von 2005 bis 2021. (a) BPR in Abhängigkeit vom Preis des Basiswerts. (b) BPR in Abhängigkeit von der IV des Basiswerts.

Diese Charts zeigen eine starke lineare Beziehung zwischen der BPR und dem Preis des Basiswerts sowie eine etwas unaufgeräumtere inverse Beziehung zwischen der BPR und der IV des Basiswerts. Diese Beziehung beruht vor allem darauf, dass sich die Basispreise bei feststehendem Δ und zunehmender IV weiter aus dem Geld bewegen. Tendenziell nimmt die BPR mit zunehmender IV des Basiswerts exponentiell ab und da die BPR eine grobe Schätzung des Worst-Case-Verlusts ist, veranschaulicht diese Beziehung, dass das Ausmaß potenzieller Ausreißerverluste meist abnimmt, wenn die IV zunimmt.*

* Diese Beziehung zwischen der BPR und der IV gilt speziell bei Strangles. Das nächste Kapitel beleuchtet, wie unterschiedlich diese Beziehungen bei bestimmten Strategien mit definiertem Risiko ausfallen können.

Short-Premium-Positionen bringen höhere Gutschriften und ein größeres Gewinnpotenzial mit sich, wenn die IV hoch ist, aber die sinkende BPR ermöglicht es dann auch, mehr Short-Premium-Positionen zu platzieren als bei niedriger IV. Da der durchschnittliche P/L (Gewinn/Verlust) je Trade dann höher ist *und* mehr profitable Positionen eröffnet werden können, ist es unerlässlich, einen großen Anteil der Kaufkraft eines Portfolios für Situationen mit hoher IV zu reservieren. Diese entscheidenden aus hoher IV resultierenden Gewinne verbessern die Performance des Portfolios und bieten zusätzlich ein Polster gegen potenzielle künftige Verluste. Historisch deckte das gleiche Kapital, wenn der VIX über 40 stand, die BPR von circa doppelt so vielen SPY-Strangles mit 16Δ ab wie bei einem VIX unter 15. Die Differenz zwischen der Anzahl der in diesen beiden Volatilitätsumfeldern zulässigen Short-Premium-Trades wird noch größer, wenn man die Richtlinien für die Portfolio-Allokation berücksichtigt. Sehen Sie sich dazu die in Tabelle 4.2 skizzierten Szenarien an.

Tabelle 4.2
Zwei Portfolios mit gleicher Nettoliquidität, aber unterschiedlichen Marktvolatilitäten, Zahlen zu SPY-Strangles von 2005 bis 2021.

	Szenario A	**Szenario B**
Nettoliquidität des Portfolios	100.000 $	100.000 $
VIX	> 40	< 15
Portfolio-Allokation	50.000 $	25.000 $
BPR eines SPY-Strangles mit 16Δ (circa)	1.500 $	3.300 $
Maximale Anzahl von Strangles	33	7

Dabei ist zu beachten, dass man die BPR zwar nutzen kann, um zwischen Varianten des gleichen Typs von Strategie zu vergleichen, wie viel Kapital riskiert wird, *nicht aber* um das Risiko zwischen Strategien mit definiertem Risiko und solchen mit undefiniertem Risiko zu vergleichen. Wenn zum Beispiel die für einen Short-

Strangle mit Basiswert A erforderliche BPR bei sonst identischen Parametern doppelt so hoch wäre wie die für einen Strangle mit Basiswert B erforderliche, dann kann man daraus schließen, dass A doppelt so riskant ist wie B. Das ist ein gültiger Vergleich, weil er zwei Trades mit gleichem Risikoprofil betrachtet, aber man kann die BPR *nicht* verwenden, um Strategien mit unterschiedlichen Risikoprofilen miteinander zu vergleichen (sagen wir einen Short-Strangle mit einem Short-Put), weil dabei Faktoren wie die Gewinnwahrscheinlichkeit oder die Wahrscheinlichkeit, einen großen Verlust zu erleiden, nicht berücksichtigt werden. Diese Feinheiten werden im nächsten Kapitel ausführlicher besprochen.

Die BPR verstanden zu haben ist unerlässlich, wenn man von der Optionstheorie zum praktischen Handel mit Optionen übergeht, denn sie entspricht dem tatsächlichen Kapitalbedarf für den Handel mit Short-Optionen. Auch ist die BPR notwendig, um die Kapitaleffizienz von Optionen (Optionshebel) vollständig zu besprechen. Nehmen wir eine Aktie, die 100 Dollar kostet und eine Volatilität von 20 Prozent hat, und nehmen wir weiter an, ein Trader möchte mit einer bullishen Richtungsannahme in diese Anlage investieren. Der Trader könnte auf mehrere verschiedene Arten auf eine bullishe Entwicklung dieses Basiswerts setzen, zu sehen in den Beispielen in Tabelle 4.3.

Tabelle 4.3

Beispiel-Trades, die ein bullishes Richtungs-Exposure bieten, für Call- und Put-Kontrakte über 100 Aktien mit 50Δ (ATM) und 45 DTE.

Strategie	Kapitalbedarf	Maximaler Gewinn	Maximaler Verlust	Gewinnwahrscheinlichkeit (POP)
Kauf von 50 Aktien	5.000 $	∞	5.000 $	50 %
Long-Call 50Δ	280 $	∞	280 $	30 %
Short-Put 50Δ	2.000 $ (BPR)	280 $	9.720 $	60 %

Bei diesem Eins-zu-eins-Vergleich werden die Wirkungen des Optionshebels klar, weil die Long-Call-Position das gleiche Gewinnpotenzial wie die Long-Aktienposition erzielt, aber dabei 94 Prozent weniger Kapital aufs Spiel setzt. Die Short-Put-Position kann zwar ein Mehrfaches der Anfangsinvestition des Trades verlieren, hat aber eine höhere POP als die Long-Aktienposition und erfordert 60 Prozent weniger Kapital. Nehmen wir an, der Preis der Aktie ist nach 45 Tagen auf 105 Dollar gestiegen. Hier sehen Sie, welche Gewinne und Renditen sich dann aus den verschiedenen Positionen ergeben:

- Aktienkauf: Gewinn = 50 Aktien x (105 $ - 100 $) = 250 $
- Long-ATM-Call: Gewinn =
  100 Aktien x (105 $ - 100 $) - 280 $ = 220 $
- Short-ATM-Put = Gewinn = 280 $

In diesem Beispiel konnte die Long-Position auf den Call mit 94 Prozent weniger Kapital 88 Prozent des Gewinns durch den Aktienkauf erzielen und die Short-Position auf den Put konnte 12 Prozent *mehr* Gewinn mit 60 Prozent weniger Kapital erzielen.

Kernpunkte

1. Da Short-Premium-Trades einem signifikanten Tail Risk unterliegen, müssen die Broker Kapital vorhalten, um die potenziellen Verluste jeder Position zu decken. Dieses Kapital heißt BPR. Der Gesamtbetrag des für das Trading zur Verfügung stehenden Portfoliokapitals heißt Kaufkraft des Portfolios.
2. Die BPR wird verwendet, um das Short-Premium-Risiko pro Trade auf zweierlei Weise zu bewerten: Die BPR ist ein recht zuverlässiges Maß für den Worst-Case-Verlust einer Position mit undefiniertem Risiko und sie wird verwendet, um zu

ermitteln, ob eine Position für die Kaufkraft eines Portfolios geeignet ist.

3. Bei Long-Positionen ist die BPR der Preis der Option. Bei Short-Strangles beträgt die BPR circa 20 Prozent des Preises des Basiswerts. Bei Short-Optionen umfasst die BPR rund 95 Prozent der potenziellen Verluste, wenn der Basiswert ein ETF ist, und 90 Prozent der Verluste, wenn es um Aktien geht.
4. Die BPR steigt tendenziell linear mit dem Preis des Basiswerts, weil teurere Instrumente eine höhere Volatilität (in Dollar) und daher höhere potenzielle Verluste haben. Es besteht eine umgekehrte Beziehung zwischen der BPR eines Strangles und der IV des Basiswerts; konkreter gesagt nimmt sie mit steigendem Underlying ungefähr exponentiell ab. Dies demonstriert die Vorteile des Short-Tradings bei hoher IV, weil dann mit dem gleichen Kapital mehr Short-Strangles eröffnet werden können als bei niedriger IV und der potenzielle Verlust durch Ausreißer vom Grundsatz her geringer ist.
5. Man kann die BPR verwenden, um das bei Varianten der gleichen Strategie aufs Spiel gesetzte Kapital zu vergleichen, jedoch nicht, um das Risiko verschiedener Strategien mit verschiedenen Risikoprofilen zu vergleichen.
6. Der Hebelcharakter von Optionen erlaubt es Tradern, ein gewünschtes Risiko-Rendite-Profil mit wesentlich weniger Kapital als bei einer gleichwertigen Aktienposition zu erzielen.

5

EINEN TRADE KONSTRUIEREN

In diesem Buch wurden bereits mehrere Themen behandelt, aber wie verbindet man nun diese ganzen Konzepte miteinander und baut einen konkreten Trade daraus? Optionen besitzen die einzigartige Eigenschaft, dass ihre Chance-Risiko-Profile *einstellbar* sind, wobei die Art der Strategie und die Wahl der Kontraktparameter die Merkmale des Profils enorm beeinflusst. Dieses Kapitel beschreibt einige gängige Short-Premium-Strategien und erklärt, wie jedes Merkmal des Kontrakts die Chance-Risiko-Eigenschaften einer Short-Position verändert. Dazu gehören zwar auch ein paar grundsätzliche Richtlinien, aber letzten Endes hängt die Wahl des idealen Trades von den persönlichen Gewinnzielen, den Risikotoleranzen, der Größe des Depots und von den darin bereits bestehenden Positionen ab. Jeder neue Trade sollte die bestehenden Positionen ergänzen und im Idealfall zu einem gewissen Grad zur Diversifizierung des Gesamt-Risikoprofils beitragen. Aber zunächst beschreibt dieses Kapitel die Mechanik des Aufbaus einzelner Trades, das Portfoliomanagement wird erst danach besprochen.

Das grundsätzliche Verfahren, um einen Trade zu konstruieren, lässt sich wie folgt zusammenfassen:

1. Ein Anlageuniversum wählen
2. Einen Basiswert wählen
3. Eine Kontraktlaufzeit wählen
4. Eine Strategie mit definiertem oder undefiniertem Risiko wählen
5. Eine Richtungsannahme wählen
6. Ein Delta wählen

Alle diese Faktoren wirken sich auf das Gesamtprofil eines Trades aus und Strategien werden selten linear konstruiert. Trader bauen Trades gemäß ihren persönlichen Vorlieben und anhand der Größe ihres Depots auf, sodass der Prozess, eine Position zu konstruieren, einzigartig ist. Wenn beispielsweise die Priorität darauf liegt, dass das *Risiko* eines Trades *nicht definiert* ist, ist die Auswahl der Basispreise eingeschränkter. Wenn die Priorität darauf liegt, dass *ein bestimmter Basiswert gemäß einer bestimmten Richtungsannahme getradet* werden soll, sind das Delta und die Risikodefinition stärker eingeschränkt.

Ein Anlageuniversum auswählen

Bevor man einen Basiswert auswählt, muss man zunächst von einem geeigneten Anlageuniversum oder von einer Gruppe handelbarer Wertpapiere mit wünschenswerten Eigenschaften ausgehen. Anlagen, die sich für den privaten Optionshandel eignen, brauchen hochgradig liquide Optionsmärkte, damit sich die Kontrakte auf das Wertpier problemlos flüssig machen lassen, ohne dass man dadurch den Marktwert signifikant beeinflusst. Um zu verstehen, weshalb die Liquidität unerlässlich ist, sehen Sie sich als Beispiel einen *illiquiden* Vermögenswert an, etwa ein Haus. Ein Haus auf einem gesättigten Immobilienmarkt zu einem angemessenen Marktpreis zu verkaufen verlangt beträchtliche Zeit und Mühe. Zusätzlich laufen Verkäufer Gefahr, dass sie den verlangten Preis erheblich senken müssen, um schnell einen Käufer zu finden. Bei Optionen ist Illiquidität aus ähnlichen Gründen riskant und indem man selektiv mit Anlagen tradet, zu denen es liquide Optionsmärkte gibt, sorgt man dafür, dass die Kontraktorders effizient und zu einem fairen Marktpreis ausgeführt werden.

Die Liquidität von Optionen ist nicht mit der Liquidität der Basiswerte gleichzusetzen. Ein Basiswert gilt als liquide, wenn er folgende Eigenschaften hat:

- Ein hohes tägliches Handelsvolumen, also dass jeden Tag viele Aktien (> 1 Million Stücke) gehandelt werden
- Eine enge Geld-Brief-Spanne, also eine geringe Differenz zwischen dem höchsten Betrag, den ein Käufer zu zahlen bereit ist, und dem geringsten Betrag, den ein Verkäufer anzunehmen bereit ist (< 0,1 Prozent des Kaufpreises der Anlage)

Beispiele für liquide Basiswerte sind etwa AMZN, IBM, SPY und TSLA, zu sehen in Tabelle 5.1.

Tabelle 5.1
Preis, Geld-Brief-Spanne und Tagesvolumen mehrerer Aktien, erhoben am 10. Februar 2020 um 13:00 Uhr.

Anlage	Letzter Schlusskurs	Geld-Brief-Spanne (Spread)	Spread in % des Schlusskurses	Tägliches Handelsvolumen
AMZN	3.322,94 $	0,32 $	0,01 %	1.240.935
IBM	121,98 $	0,05 $	0,04 %	2.484.505
SPY	390,51 $	0,02 $	0,005 %	16.619.920
TSLA	863,42 $	0,51 $	0,06 %	9.371.760

Es ist verhältnismäßig einfach, die Liquidität eines Basiswerts anhand eines Tagesumsatzes und einer Geld-Brief-Spanne in Prozent des Schlusskurses nachzuprüfen. Aber zu einem liquiden Underlying muss es nicht unbedingt einen ebenso liquiden Optionsmarkt geben. Damit Optionen ausreichend liquide sind, müssen die Geld-Brief-Spannen der *Kontraktpreise* eng und das Handelsvolumen der Kontrakte hoch sein. Außerdem sollten die gewählten Optionen flexible Zeitrahmen und Basispreise aufweisen. Ein Basiswert mit einem liquiden Optionsmarkt ist daher durch folgende Merkmale gekennzeichnet:

- Über verschiedene Basispreise hinweg ein hohes Open Interest oder ein hohes Volumen (mindestens mehrere Hundert je Basispreis)
- Eine enge Geld-Brief-Spanne (< 1 % des Kontraktpreises)
- Kontrakte für mehrere Basispreise und Laufzeiten verfügbar

Die Liquidität von Optionen gewährleistet, dass Trader aus einer größeren Zahl von Kontrakten wählen können und dass sich Short-Premium-Positionen problemlos eröffnen (also Kontrakte an einen Käufer verkaufen) lassen. Zudem minimiert Liquidität das Risiko, in einer Position festzustecken, denn sie ermöglicht es Tradern, Short-Premium-Positionen schnell zu schließen (also identische Kontrakte zurückzukaufen).

Das in diesem Buch vorgestellte Anlageuniversum basiert auf Aktien und besteht größtenteils aus Aktien und ETFs als Basiswerten. Erinnern Sie sich, dass eine Aktie einen Eigentumsanteil an einer einzelnen Gesellschaft darstellt und dass ein ETF eine bestimmte Zusammenstellung von Wertpapieren nachbildet, beispielsweise einen Sektor, einen Rohstoff oder einen Marktindex. Allerdings verhalten sich Anlageuniversen im Allgemeinen den Produkten gegenüber indifferent und können alle Instrumente enthalten, zu denen es liquide Optionen gibt, die Gelegenheiten bieten, zum Beispiel Rohstoffe, digitale Währungen und Futures (Terminkontrakte).

Einen Basiswert wählen

Die Auswahl eines Basiswerts aus einem Universum ausreichend liquider Anlagen ist in gewissem Maße willkürlich, aber Trader entscheiden sich oft dafür, anhand bestimmter Überzeugungen hinsichtlich der Entwicklungsrichtung Short-Optionen auf Instrumente zu handeln, die sich auf ein bevorzugtes Unternehmen, einen bevorzugten Sektor oder einen bevorzugten Markt beziehen. Diese Art zu traden ist zwar vollkommen in Ordnung, aber es ist auch wichtig, einen Basiswert zu wählen, dessen Maß an Risiko für die Größe des Depots geeignet ist. Die beiden großen Klassen von Instrumenten im Beispiel-Aktienuniversum – Aktien und ETFs – haben grundsätzlich verschiedene Volatilitätsprofile und Tabelle 5.2 bietet eine Übersicht über das, was jeweils für und gegen den Handel mit ihnen spricht.

Tabelle 5.2
Was grundsätzlich für und gegen Aktien beziehungsweise ETFs als Basiswerte spricht.

Aktien		ETFs	
Pro	**Contra**	**Pro**	**Contra**
• Optionen auf sie bieten tendenziell höhere Gutschriften und mehr Gewinnpotenzial. • Häufig hohe implizite Volatilität (IV)	• Auf das einzelne Unternehmen bezogene Risikofaktoren • Gewinn- und Dividendenrisiko • Bei Optionen auf sie ist häufig die Kaufkraftreduktion (BPR) größer.	• Von Haus aus über Sektoren oder Märkte diversifiziert • Bei Optionen auf sie ist häufig trotz hoher Liquidität die BPR niedriger.	• Auswahl im Vergleich zu Aktien kleiner • Hohe IV ist nicht selten.

Bei der Wahl eines Basiswerts ist der Kapitalbedarf des Trades ein begrenzender Faktor. Auf eine einzelne Position sollten grundsätzlich höchstens 5 bis 7 Prozent des Portfoliokapitals entfallen und so kann es sein, dass sich Aktien als Basiswerte für kleine Depots nicht eignen, weil der Handel mit ihnen teurer ist. Da es aber mehrere Vorteile hat, Optionen bei erhöhter IV zu verkaufen, können Aktien unter gewissen Umständen die vorzuziehenden Underlyings sein. Da Aktien unternehmens- und sektorspezifischen Risiken unterliegen, ist bei ihnen die IV meist höher als bei ETFs und sie bieten häufiger Chancen durch erhöhte IV. Beachten Sie, dass man als Anleger beim Handel mit Aktienoptionen auch auf Informationen zum Zusammenhang achten sollte (zum Beispiel Zeitpunkte der

Geschäftsberichte, Unternehmensmeldungen), die hinter solchen Zeiten erhöhter IV stehen können, denn dies kann sich auf die Wahl der Strategie auswirken.* Wenn man Optionen auf ETFs handelt, ist diese Praxis weniger wichtig.

Aus den zusätzlichen Risikofaktoren (gepaart mit der Tatsache, dass liquide Aktien häufig teurer sind als ETFs) ergibt sich, dass es bei Aktienoptionen im Allgemeinen während der gesamten Kontraktlaufzeit zu viel größeren Ausschlägen von Gewinn/Verlust (P/L) kommt, dass der End-P/L stärker schwankt und das Tail Risk höher ist. Stellt der Trade keine überzogenen Kapitalanforderungen und ist die IV des Basiswerts günstig, dann sind das die nächsten Faktoren, die man bedenken sollte. Insgesamt sind Aktienoptionen gewöhnlich riskanter als ETF-Optionen, bringen aber auch ein größeres Gewinnpotenzial mit sich. Sehen Sie sich die Kennzahlen in Tabelle 5.3 an.

Tabelle 5.3

Zahlen zu P/L und Gewinnwahrscheinlichkeit (POP) von Strangles mit 45 Tagen Laufzeit (DTE) und 16Δ auf sechs verschiedene Basiswerte, bis zur Fälligkeit gehalten, von 2009 bis 2020. Basiswerte: SPY (ETF auf den S&P 500), GLD (Rohstoff-ETF auf Gold), SLV (Rohstoff-ETF auf Silber), AAPL (Apple-Aktie), GOOGL (Google-Aktie) und AMZN (Amazon-Aktie).

Zahlen zu 16Δ-Strangles, bis zur Fälligkeit gehalten, 2009 – 2020

	Basiswert	Durchschnittlicher Gewinn	Durchschnittlicher Verlust	POP
ETFs	SPY	160 $	-297 $	82 %
	GLD	125 $	-424 $	83 %
	SLV	33 $	-103 $	81 %
Aktien	AAPL	431 $	-1.425 $	76 %
	GOOGL	1.108 $	-2.886 $	80 %
	AMZN	1.041 $	-2.215 $	78 %

* Spezifisch aus Unternehmensgewinnen resultierende IV-Zunahmen sind die Basis einer Strategie namens „Earnings Play“. Earnings Plays werden in Kapitel 9 besprochen und sind vorläufig kein Bestandteil der Behandlung von Aktienoptionen.

Die Toleranz gegenüber P/L-Ausschlägen, Schwankungen des End-P/L und dem Tail Risk hängt vor allem von der Depotgröße und von den persönlichen Risikovorlieben ab. Wenn ein Trade diesen Vorlieben und den oben erwähnten Einschränkungen grob genügt, dann ist die Wahl des Basiswerts gewissermaßen irrelevant und das liegt an einem Konzept namens Produktindifferenz. Da die IV vom Optionspreis abgeleitet ist, haben die Optionen zweier Anlagen mit gleicher IV in etwa den gleichen Preis (in Prozent des Preises des Basiswerts). Daher bietet das eine Underlying hinsichtlich von Ineffizienzen der Preisbildung keinen Vorteil gegenüber einem anderen, sofern ihre Optionsmärkte ähnlich liquide sind. Anschaulich sehen Sie dies in dem Beispiel in Tabelle 5.4.

Tabelle 5.4
Zwei Beispiel-Basiswerte für Optionen mit gleicher IV, jedoch mit unterschiedlichen Aktien- und Put-Preisen

Optionsparameter	Szenario A	Szenario B
Aktienkurs	100 $	200 $
IV	33 %	33 %
Preis eines Puts mit 45 DTE und 16Δ	1 $	2 $

In Szenario A kostet der Put 1 Dollar (1 Prozent des Preises des Basiswerts). Da die Preisbildung von Optionen effizient erfolgt, kostet auch der Short-Put in Szenario B 1 Prozent vom Preis des Basiswerts, denn beide Anlagen haben die gleiche IV. Die Produktindifferenz deutet darauf hin, dass kein (liquider) Basiswert einem anderen von Grund auf überlegen ist, sondern dass sie lediglich proportionale Ausgleiche zwischen verschiedenen Anlageklassen sind. Der risiko- und chancenreiche Charakter von Aktien ist nicht grundsätzlich besser oder schlechter als der verhältnismäßig stabile Charakter von ETFs, bloß eignen sich manche Anlagen womöglich für einen Privatanleger besser als andere. Daher kommen wir hier nun zu dem

Schluss, dass die Wahl eines Basiswerts im Wesentlichen von fünf Hauptfaktoren abhängt (in der Reihenfolge ihrer Bedeutung):

1. Liquidität des Optionsmarkts
2. BPR des Trades im Verhältnis zur Depotgröße*
3. IV des Basiswerts**
4. Bevorzugtes Ausmaß der P/L-Ausschläge, der Schwankungen des End-P/L und des Tail-Exposures pro Trade
5. Bevorzugtes Unternehmen, bevorzugter Sektor oder bevorzugtes Markt-Exposure

Eine Kontraktlaufzeit wählen

Es gibt viele Möglichkeiten, eine Kontraktlaufzeit zu wählen, aber das vorliegende Buch geht diesen Prozess aus der quantitativen Perspektive an. Hier die drei wichtigsten Ziele bei der Wahl einer Kontraktlaufzeit:

1. Die Kaufkraft des Portfolios effizient ausnutzen
2. Konsistenz wahren und eine hohe Zahl von Fällen erzielen
3. Anhand von Kontextinformationen einen geeigneten Zeitrahmen auswählen

Es ist unerlässlich, zu ermitteln, welche Kontraktlaufzeit den effektivsten Einsatz der Kaufkraft des Portfolios darstellt, ohne die Risikotoleranzen zu überschreiten. Optionspreise reagieren bei

---

* Dem gehen wir in diesem Kapitel und in Kapitel 7 noch genauer nach, wenn wir die Richtlinien zur Portfolio-Allokation detaillierter behandeln.

** In der Praxis wird die IV häufig dem IV-Perzentil oder dem IV-Rang des Basiswerts entsprechend interpretiert. Das ist eine gängigere Trading-Kennzahl, weil Trader selten intensiv mit den IV-Dynamiken verschiedener Anlagen vertraut sind, und sie ist unentbehrlich, um ein Spektrum von Anlagen in ein ausgewogenes Portfolio aufzunehmen.

Kontrakten in der Nähe ihrer Fälligkeit (5 DTE) meist empfindlicher auf Änderungen des Basiswertpreises (höheres Gamma) als bei Kontrakten mit langer Restlaufzeit (120 DTE). Daher machen kurzfristige Kontrakte im Vergleich zu längerfristigen, bei denen die P/L-Ausschläge anfangs eher mäßig sind und dann immer stärker schwanken, während eines größeren Teils ihrer Laufzeit signifikante P/L-Ausschläge durch. Auch weisen die meisten Kontrakte bei der Annäherung an den Verfalltag eine höhere P/L-Instabilität auf, was ebenfalls eine Folge des höheren Gammas ist. Normalerweise steigt das Gamma eines Kontrakts während seiner gesamten Laufzeit, was sich gewöhnlich daraus ergibt, dass der Preis des Basiswerts im Laufe der Zeit näher zu einem der Ausübungspreise des Strangles hinläuft. Abbildung 5.1 veranschaulicht diese Konzepte durch den Vergleich der Standardabweichung der täglichen P/L bei verschiedenen Laufzeiten der gleichen Art von Kontrakt.

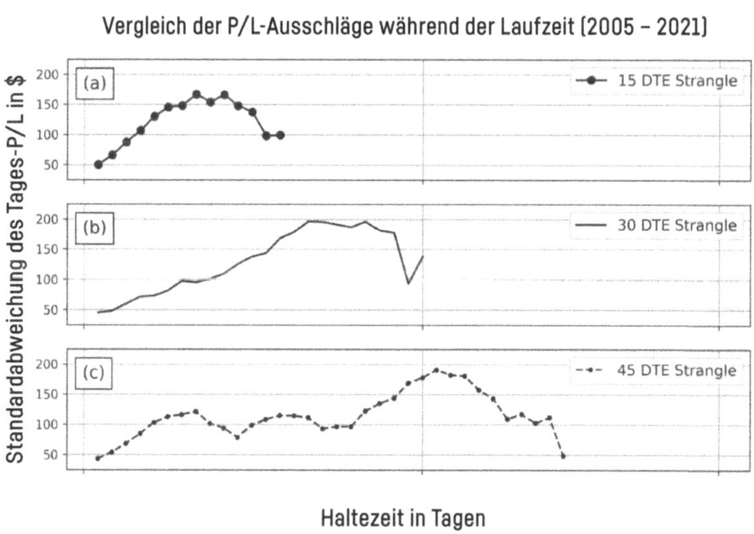

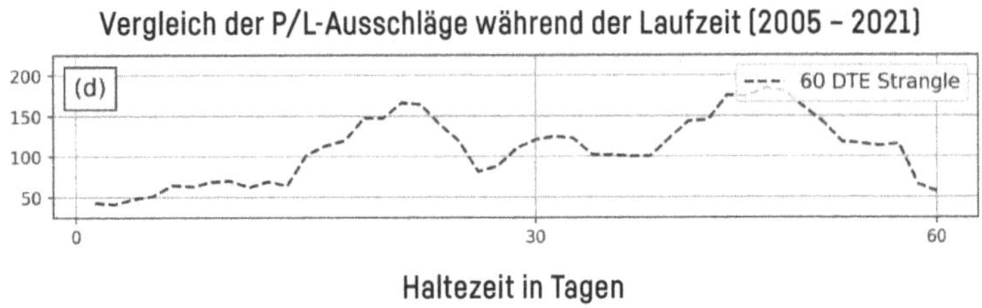

Abbildung 5.1
Standardabweichung des Tages-P/L (in Dollar) bei 16Δ-Strangles unterschiedlicher Laufzeiten von 2005 bis 2021. Die Laufzeiten: (a) 15 DTE, (b) 30 DTE, (c) 45 DTE und (d) 60 DTE.

Bei allen diesen Strangles gehen die P/L-Ausschläge unmittelbar vor dem Verfall zurück. Das liegt daran, dass Optionen ihren äußeren Wert in der Nähe des Verfalls rapide verlieren, sofern sie nicht im Geld (ITM) sind, und so ist es normalerweise, weil 16Δ-Optionen häufig wertlos verfallen. Kurz vor dem Verfall überwiegt der exponentielle Rückgang der Prämie aufgrund des sinkenden Thetas das Ausmaß der P/L-Schwankungen.

Die P/L-Schwankungen zu Beginn des Kontrakts sind auf die Laufzeit bezogen sehr groß. Am siebten Tag hat der Tages-P/L des 15-DTE-Kontrakts eine hohe Varianz, während die Kontrakte mit 30 DTE, 45 DTE und 60 DTE um den siebten Tag herum viel geringere P/L-Ausschläge aufweisen. Das liegt daran, dass die 16Δ-Basispreise beim Kontrakt mit 15 DTE viel näher am Geld (ATM) sind als die 16Δ-Basispreise der Kontrakte mit 30 DTE und mehr. In Zahlen wird dies in Tabelle 5.5 dargestellt.*

* Die Abstände von Put und Call sind nicht symmetrisch. Das liegt an der Basispreis-Schiefe, die in diesem Kapitel und im Anhang noch besprochen wird.

Tabelle 5.5
Zahlen zu 16Δ-Strangles mit unterschiedlichen Laufzeiten am 20. April 2021. Die erste Zeile ist der Abstand zwischen dem Basispreis eines 16Δ-Puts und dem Preis des Basiswerts bei verschiedenen Kontraktlaufzeiten (wenn beispielsweise der Preis des Basiswerts 100 $ und der Basispreis bei einem 16Δ-Put 95 $ beträgt, dann beträgt der Put-Abstand (100 $ -95 $)/100 $ = 5 %. Die zweite Zeile ist der Abstand zwischen dem Basispreis eines 16Δ-Calls und dem Preis des Basiswerts bei verschiedenen Kontraktlaufzeiten.

16Δ-Optionen auf den SPY, Abstand „zum Geld"

Art der Option	15 DTE	30 DTE	45 DTE
Put	3,9 %	6,5 %	8,0 %
Call	2,4 %	3,9 %	4,9 %

Tabelle 5.5 zeigt, dass beim 15-DTE-Kontrakt die 16Δ-Basispreise näher am Aktienkurs sind als bei Strangles mit längerer Laufzeit. Daher wirken sich hier kleine Preisänderungen des Basiswerts auf das Delta der Option stärker aus als bei Kontrakten mit längeren Laufzeiten und daher auch entfernteren Basispreisen. Kontrakte mit Laufzeiten ab 30 DTE erleben meist größere P/L-Ausschläge, wenn sie sich dem Ausübungsdatum nähern, weil der Kurs des Basiswerts häufig auf einen der Basispreise zuläuft.

Da sich längere Kontraktlaufzeiten aufgrund ihrer P/L-Ausschläge über einen längeren Zeitraum managen lassen, geben sie Tradern mehr Zeit, um den Trade zu beurteilen und ihn an veränderte Marktbedingungen anzupassen. Allerdings sind zu lange Restlaufzeiten nicht unbedingt eine effektive Nutzung der Kaufkraft, weil sie nicht so viele Fälle zulassen und weil sie länger brauchen, um Gewinne hervorzubringen. Zusammenfassend: Kontrakte mit längeren Laufzeiten, die normalerweise erst in der zweiten Hälfte ihrer Laufzeit große P/L-Änderungen durchmachen, binden für einen langen Zeitraum Kaufkraft, ohne während des größten Teils dieser Zeit signifikante Gewinne hervorzubringen. Im Vergleich dazu weisen kürzer laufende Kontrakte während des größten Teils ihrer Laufzeit wechselhafte P/L-Ausschläge auf und lassen einem wenig Zeit, um auf neue Bedingungen zu reagieren. Eine mittlere Kontraktlaufzeit, bei monatlichem Verfall * zwischen 30 und 60 Tagen, gilt als geeigneter Einsatz der Kaufkraft. Mittlere Laufzeiten sorgen für einen Zeitraum handhabbarer P/L-Ausschläge, wobei sie auch einen ordentlichen täglichen Prämienverlust und einen vernünftigen Zeitrahmen für Gewinne bedeuten. Diese Pufferzeit erlaubt es Tradern, die Tragfähigkeit eines Trades zu beurteilen, bevor die P/L-Ausschläge wechselhafter werden. Auch ermöglicht sie es Tradern, verschiedene Methoden des Trade-Managements einzubauen, die im nächsten Kapitel behandelt werden.

Ein weiterer wichtiger Faktor, der bei der Wahl einer Kontraktlaufzeit zu berücksichtigen ist, ist die Anzahl der Fälle. Wenn man konsequent ähnliche Laufzeiten wählt, steigt dadurch die Anzahl der Fälle und das Portfoliomanagement wird leichter, weil die Verfalltage und die Zeitpunkte für das Management dann bei den meisten Short-Premium-Trades in einem Portfolio ungefähr zusammenfallen. Wie in Kapitel 3 besprochen, ist eine große Anzahl von Fällen nötig, um die Varianz der Portfoliodurchschnitte zu senken und die Wahrscheinlichkeit für die Erreichung der langfristigen Erwartungswerte zu maximieren. Damit die Gewinn- und Risikoerwartungen zuverlässig sind, ist es unerlässlich, Kontraktlaufzeiten und Managementstrategien zu wählen, die beständig eine angemessene Anzahl von Fällen ermöglichen. Daher ist es bewährte Praxis, für die Vertragslaufzeit einen Rahmen zu wählen, der bequem zu wahren ist und der es ermöglichen dürfte, im Laufe des Handelsjahres mehrere Trades zu platzieren unter der Annahme, dass die Laufzeit die Menge an Tail-Risk-Exposure handhabbar hält.

---

* Die üblichen Verfallsdaten von Optionen gliedern sich in Wochen-, Monats- und Quartalszyklen. Kontrakte mit monatlichen Verfallsdaten sind vorzuziehen, weil sie bei liquiden Basiswerten konsistent liquide sind. Bei hochgradig liquiden Anlagen sind alle Verfallszyklen geeignet.

Der letzte wichtige Faktor bei der Wahl einer Kontraktlaufzeit sind vor allem beim Handel mit Aktienoptionen Informationen über Zusammenhänge. Kontextinformationen wie eine bevorstehende Wahl, das Veröffentlichungsdatum eines Geschäftsberichts oder eine prognostizierte Naturkatastrophe lassen sich zwar nicht unbedingt verwenden, um zuverlässig die Entwicklungsrichtung des Preises vorherzusagen, sie können aber eine vorhersagbare Änderung der Preisvolatilität anzeigen. Daher hat es durchaus einen Nutzen, bei der Wahl eines Kontrakt-Zeitrahmens Kontextinformationen zu berücksichtigen. Das wird in Kapitel 9 noch detaillierter besprochen.

Eine Strategie mit definiertem oder undefiniertem Risiko wählen

Tabelle 5.6
Vergleich zwischen Strategien mit definiertem und mit undefiniertem Risiko

Undefiniertes Risiko		Definiertes Risiko	
Pro	**Contra**	**Pro**	**Contra**
· Höhere POP · Höhere Gewinnpotenziale	· Unbegrenztes Verlustrisiko · Höhere BPR (das Handeln ist teurer)	· Begrenztes Verlustrisiko · Niedrigere BPR (das Handeln ist billiger)	· Geringere POP · Niedrigere Gewinnpotenziale · Kann in Liquiditätsschwierigkeiten geraten *

* Da Trades mit definiertem Risiko aus Short-Premium- und Long-Premium-Kontrakten bestehen, müssen hier mehr Kontrakte erfüllt werden als bei gleichwertigen Trades mit undefiniertem Risiko. Daher besteht ein höheres Risiko als bei einer gleichwertigen Position mit undefiniertem Risiko, dass eine Order mit definiertem Risiko nicht zu einem guten Preis geschlossen werden kann.

Long-Optionsstrategien sind Trades mit definiertem Risiko, denn der höchstmögliche Verlust ist durch den Preis für den Kontrakt gedeckelt. Bei Short-Optionspositionen kann das Risikoprofil definiert oder undefiniert sein. Bei Strategien mit definiertem Risiko steht der höchstmögliche Verlust fest, aber die Begrenzung des Verlustrisikos hat auch Nachteile. Bei Strategien mit undefiniertem Risiko ist das Verlustrisiko unbegrenzt, der größtmögliche Verlust mit einem Trade ist also unbegrenzt. Die Vor- und Nachteile von Strategien mit definiertem Risiko und solchen mit undefiniertem Risiko werden in Tabelle 5.6 dargestellt.

Bei Strategien mit definiertem Risiko ist der maximale Verlust (also die BPR des Trades) bekannt und er ist üblicherweise geringer als bei Strategien mit undefiniertem Risiko und ähnlichen Parametern (Basiswert, Laufzeit, Strikes). Zwar setzen Positionen mit definiertem Risiko weniger Kapital aufs Spiel als äquivalente Positionen mit undefiniertem Risiko, das bedeutet aber nicht, dass sie weniger Risiko mit sich bringen würden.

Erinnern Sie sich aus der Besprechung des Optionsrisikos in Kapitel 3 daran, dass es mehrere Möglichkeiten gibt, das Risiko einer Optionsstrategie zu quantifizieren. Strategien mit definiertem Risiko umgehen zwar das *Ausreißerrisiko*, doch wenn Verluste eintreten, verlieren sie mit größerer Wahrscheinlichkeit den größten Teil ihrer BPR oder die gesamte BPR. Daher muss man *unbedingt* anerkennen, dass sich die BPR bei Trades mit definierten und undefinierten Risiken mathematisch sowie funktional unterscheidet und dass man sie *nicht* als zwischen den beiden vergleichende Risikokennzahl verwenden kann. Das wird im späteren Verlauf des Kapitels noch besprochen.

Aufgrund der unterschiedlichen POP und Gewinnpotenziale der Risikoprofile sollte der Höchstbetrag an allokiertem Portfoliokapital unterschiedlich ausfallen, je nachdem, ob die Strategie ein definiertes oder ein undefiniertes Risiko aufweist. Bei Strategien mit undefiniertem Risiko werden die Trader durch hohe Gewinnpotenziale und hohe POP für das signifikante Tail Risk entschädigt. Allgemein wird empfohlen, dass Strategien mit undefiniertem Risiko den Großteil des Portfoliokapitals darstellen sollten, das Short-Premium-Strategien zugewiesen wird. Genauer gesagt sollten *mindestens* 75 Prozent des eingesetzten Kapitals auf Strategien mit undefiniertem Risiko entfallen (dabei je Trade maximal 7 Prozent) und höchstens 25 Prozent des eingesetzten Kapitals sollten auf Strategien mit definiertem Risiko entfallen (dabei je Trade maximal 5 Prozent). Als Zahlenbeispiel finden Sie in Tabelle 5.7 die Allokationsszenarien für ein Portfolio mit 100.000 Dollar.

Tabelle 5.7
Allokation eines Portfolios mit 100.000 Dollar auf Strategien mit definiertem beziehungsweise undefiniertem Risiko bei verschiedenen VIX-Niveaus.

VIX	Maximale Portfolio-Allokation	Mindestallokation undefiniertes Risiko	Maximalallokation definiertes Risiko
20	30.000 $	22.500 $ (7.000 $ max. BPR je Trade)	7.500 $ (5.000 $ max. BPR je Trade)
40	50.000 $	37.500 $ (7.000 $ max. BPR je Trade)	12.500 $ (5.000 $ max. BPR je Trade)

Diese Unterschiede werden im nächsten Abschnitt beleuchtet, aber zusammenfassend gesagt sind die nachstehenden fünf Faktoren im Allgemeinen am wichtigsten, wenn man Trades mit definiertem und undefiniertem Risiko miteinander vergleicht:

1. Die im Verhältnis zur Nettoliquidität des Portfolios erforderliche BPR
2. Die Wahrscheinlichkeit, mit einer Position Gewinn zu erzielen
3. Das bevorzugte Maß an Verlustrisiko
4. Die bevorzugte Schwankung des End-P/L und das bevorzugte Ausmaß der P/L-Schwankungen während der Kontraktlaufzeit
5. Die Gewinnziele

Trades mit definierten Risiken verlangen normalerweise weniger Kapital, haben während des Trades gemäßigtere P/L-Ausschläge und eine geringere Standardabweichung des End-P/L als Trades mit undefinierten Risiken. Daher kann es sein, dass Trades mit definiertem Risiko für kleinere Depots und Trading-Neulinge zu bevorzugen sind. Trades mit undefiniertem Risiko sind statistisch günstig und bilden daher den Schwerpunkt dieses Buches. Allerdings wird im folgenden Abschnitt besprochen, wie man Trades mit definiertem Risiko konstruieren kann, die sich wie Trades mit undefiniertem Risiko verhalten, aber gleichzeitig Schutz gegen extreme Verluste bieten. Bei dieser Art von Strategien – und nur bei dieser Art – kann man in den Richtlinien für die Portfolio-Allokation Trades mit definiertem Risiko durch Trades mit undefiniertem Risiko ersetzen.

Eine Richtungsannahme wählen

Nachdem man einen Basiswert, eine Laufzeit und ein Risikoprofil gewählt hat, ist der nächste Schritt die Ermittlung der auf den Preis des Basiswerts bezogenen Richtungsannahme und die Auswahl einer Strategie, die zu dieser Überzeugung und zum bevorzugten Risikoprofil passt. Die Richtungsannahme kann bullish, bearish oder neutral sein, wobei die optimale Wahl subjektiv ist und von der eigenen Interpretation der Effizienzmarkthypothese (EMH) abhängt. Erinnern Sie sich daran, dass die EMH annimmt, dass die aktuellen Preise ein gewisses Maß an verfügbaren Informationen wiedergeben und dass sie in drei Formen auftritt:

1. Schwache EMH: Die aktuellen Preise spiegeln alle Preisinformationen der Vergangenheit wider.
2. Mittelstrenge EMH: Die aktuellen Preise spiegeln alle öffentlich zugänglichen Informationen wider.
3. Strenge EMH: Die aktuellen Preise spiegeln alle denkbaren Informationen wider.

Jede Form der EMH beinhaltet eine gewisse Beschränkung hinsichtlich der Vorhersehbarkeit der Preisentwicklung:

- Schwache EMH: Frühere Preisinformationen können nicht genutzt werden, um konsistent künftige Preisinformationen vorherzusagen, und das entwertet die Technische Analyse.
- Mittelstrenge EMH: Man kann öffentlich verfügbare Informationen nicht nutzen, um konsistent künftige Preisinformationen vorherzusagen, und das entwertet die Fundamentalanalyse.
- Starke EMH: Man kann keinerlei Informationen nutzen, um konsistent künftige Preisinformationen vorherzusagen, und das entwertet den Insiderhandel.

Keine Variante der EMH wird allgemein anerkannt oder abgelehnt und die ideale Form, anhand deren ein Trader handelt, hängt (wenn überhaupt) von seinen persönlichen Vorlieben ab. Dieses Buch geht an die Vorhersehbarkeit von Märkten mit einem mittelstrengen Ansatz heran. Es geht davon aus, dass die Preise von Aktien und Optionen die verfügbaren Informationen effektiv wiedergeben und dass einige wenige Richtungsannahmen gültig sind (zum Beispiel dass der Markt auf lange Sicht steigt). Da die Volatilität nach signifikanten Abweichungen zu einem langfristigen Wert zurückkehrt, ist es sinnvoller, Richtungsannahmen bezüglich der IV zu treffen, wenn sie aufgebläht ist, als Richtungsannahmen zu Aktienkursen. Daher konzentriert sich dieses Buch normalerweise auf hinsichtlich der Richtung *neutrale* Strategien, zum Beispiel den Short-Strangle, weil derartige Positionen von Volatilitätsänderungen und von der Zeit profitieren und verhältnismäßig unempfindlich gegenüber Preisänderungen sind. Allerdings ist das eine persönliche Entscheidung. In Tabelle 5.8 sind mehrere Strategien dargestellt.

Tabelle 5.8
Beispiele für populäre Strategien mit Short-Optionen bei einem jeweils gleichen Delta von 20.*

Strategie	Zusammensetzung	Definiertes oder undefiniertes Risiko	Richtungs-annahme	POP**
Naked Option	Short OTM-Put	Undefiniert	Bullish	80 %
	Short OTM-Call	Undefiniert	Bearish	80 %
Vertical Spread	Short OTM-Put, long OTM-Put mit entfernterem Strike	Definiert	Bullish	77 %
	Short OTM-Call, long OTM-Put mit entfernterem Strike	Definiert	Bearish	77 %
Strangle	Short OTM-Put, short OTM-Call	Undefiniert	Neutral	70 %
Iron Condor	Short auf einen Vertical Call Spread, short auf einen Vertical Put Spread	Definiert	Neutral	60 %

Aus Gründen, die in früheren Kapiteln besprochen wurden, performen alle diese Strategien bei hoher IV am besten. Allerdings sind die POP dieser Trades in allen Volatilitätsumfeldern relativ hoch und das rechtfertigt, dass unter allen IV-Bedingungen ein gewisser Anteil des Kapitals eingesetzt werden sollte.

Um die Unterschiede zwischen definiertem und undefiniertem Risiko besser zu verstehen, vergleichen Sie die Kennzahlen der beiden

* Bei der Long-Seite einer nicht neutralen Position dreht sich die Richtungsannahme um. Bei einer neutralen Long-Position besagt die Annahme, dass sich der Preis des Basiswerts aus der Preisspanne hinausbewegen wird, die durch die Basispreise der Kontrakte bestimmt ist. Die POP der Long-Seite beträgt 1 - Short-POP.

** Diese POP sind Näherungswerte. Die POP einer Strategie mit definiertem Risiko hängt stark von der Wahl des/der Long-Deltas ab. Kontrakte mit größeren Long-Deltas haben im Allgemeinen höhere POP. Dem gehen wir in diesem Kapitel noch genauer nach.

neutralen Strategien, Iron Condor und Strangle, miteinander. Ein Iron Condor besteht aus einem geshorteten aus dem Geld befindlichen (OTM) Vertical Call Spread (Tabelle 5.8). Dieser Trade ist im Endeffekt ein Short-Strangle gepaart mit einem Long-Strangle mit Strikes, die weiter aus dem Geld liegen (und die man üblicherweise als Flügel bezeichnet). Ebenso wie Strangles sind Iron Condors dann profitabel, wenn der Preis des Basiswerts innerhalb der durch die Short-Strikes bestimmten Spanne verbleibt oder wenn es zu einer signifikanten IV-Kontraktion oder einem signifikanten Zeitwertverlust kommt. So lässt sich zum Beispiel ein 16Δ-Strangle in einen *16Δ-Iron-Condor mit 10Δ-Flügeln*[*] umwandeln, indem man einen Long-Call und einen Long-Put gleicher Laufzeit hinzunimmt, die weiter OTM sind (die Long-Kontrakte sind in diesem Fall 10Δ). Ein Beispiel für einen Iron Condor wird in Tabelle 5.9 und in Abbildung 5.2 gezeigt.

Tabelle 5.9
Beispiele für einen SPY-Strangle mit 16Δ und einen SPY-Iron-Condor mit 16Δ und 10Δ-Flügeln, wenn der Preis des SPY 315 Dollar und seine IV 12 Prozent beträgt. Alle Kontrakte müssen die gleiche Laufzeit haben.

Kontrakt	Strikes beim 16Δ-Strangle	Strikes beim 16Δ-Iron-Condor mit 10Δ-Flügeln
Long-Call	-	332 $
Short-Call	328 $	328 $
Short-Put	302 $	302 $
Long-Put	-	298 $

Die Basispreise (Strikes) der Shorts wurden mit der Formel für die erwartete Spanne näherungsweise berechnet und die Long-Strikes für die Flügel des Iron Condors wurden mit der Black-Scholes-Formel näherungsweise berechnet. Bei Basiswerten liegt häufig eine Schiefe der Strikes vor, die nicht mit der Schiefe der Verteilung verwechselt werden darf, die keine dieser Methoden wirklich berücksichtigt. Das bedeutet, dass die Strikes bei den Long- und den Short-Positionen normalerweise nicht die gleichen Abstände (in Dollar) vom Preis des Basiswerts haben, obwohl sie in diesem Beispiel näherungsweise so berechnet wurden. Dieses Konzept erforschen wir in diesem Kapitel noch genauer.

* Erinnern Sie sich daran, dass kleinere Deltas weiter vom Geld (ATM) entfernt sind als größere Deltas.

Abbildung 5.2
Grafische Darstellung des in Tabelle 5.9 beschriebenen Iron Condors. Die 10Δ-Flügel entsprechen Long-Strikes, die 17 Dollar vom Geld (ATM) entfernt sind, also weiter OTM sind als die 16Δ-Short-Strikes, die 13 Dollar von ATM entfernt sind.

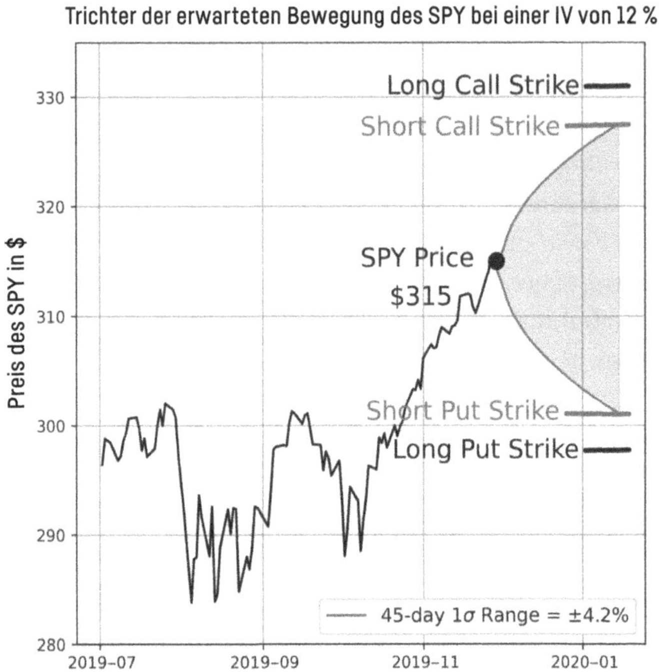

Die Long-Flügel des Iron Condors begrenzen den maximalen Verlust auf die Differenz zwischen den Basispreisen entweder des Vertical Put Spreads oder des Vertical Call Spreads – je nachdem, welcher höher ist – multipliziert mit der Anzahl der im Kontrakt enthaltenen Anteile (normalerweise 100) abzüglich der Nettogutschrift. Der maximale Verlust des Short Iron Condors ist dementsprechend die für die Eröffnung des Trades erforderliche BPR.

Sie lässt sich in dieser Formel zusammenfassen:

BPR eines Short Iron Condors
= 100 x *max*(Strike des Long-Calls - Strike des Short-Calls, Strike des Short-Puts - Strike des Long-Puts)
– 100 x (Preis des Short-Calls + Preis des Short-Puts
– Preis des Long-Calls - Preis des Long-Puts) (5.1)

Wir bleiben bei dem in Tabelle 5.9 gezeigten Beispiel und wenden in Tabelle 5.10 diese Formel an, um zu diesen beiden Trades ein paar Kennzahlen zu berechnen.

Tabelle 5.10
Anfängliche Gutschriften für den 16Δ-SPY-Strangle und den 16Δ-SPY-Iron-Condor mit 10Δ-Flügeln, die in Tabelle 5.9 dargestellt wurden. Da die Differenzen zwischen den Strikes des Vertical Call Spreads (332 $ - 328 $) und denen des Vertical Put Spreads (302 $ - 298 $) gleich sind (4 $), wird dieser Wert für die Berechnung des maximalen Verlusts verwendet.

Kontraktsalden	16Δ-Strangle	16Δ-Iron-Condor mit 10Δ-Flügeln
Long-Call-Soll	-	-69 $
Short-Call-Haben	122 $	122 $
Short-Put-Haben	108 $	108 $
Long-Put-Soll	-	-57 $
Saldo	**230 $**	**104 $**
Maximaler Verlust	**∞**	**(100 Anteile x 4 $) - 104 $ = 296 $**
BPR	**5.000 $**	**296 $**

Wie breit man die Flügel wählt, hängt von den persönlichen Gewinnzielen und von der Schwelle für einen Extremverlust ab. Große Verluste treten im Allgemeinen dann auf, wenn die Basispreise des Long-Puts oder des Long-Calls vom Preis des Basiswerts durchbrochen werden; daher sind Flügel, die weiter vom Geld (ATM) entfernt sind, größeren Ausreißerbewegungen ausgesetzt, sie sind aber auch mit größerer Wahrscheinlichkeit profitabel. Flügel, die näher am Geld sind, sind zwar teurer, senken aber auch den Maximalverlust eines Trades. Zusammenfassend: Weiter ausgebreitete Flügel verleihen einem Iron Condor ein größeres Gewinnpotenzial und eine höhere Gewinnwahrscheinlichkeit, aber auch größere mögliche Verluste. Ein paar Zahlenbeispiele finden Sie in Tabelle 5.11.

Tabelle 5.11
Kennzahlenvergleich zwischen Iron Condors auf den SPY mit 45 DTE und 16Δ mit verschieden Flügelspannweiten, bis zur Fälligkeit gehalten, von 2005 bis 2021. Flügel mit kleinerem Delta sind weiter von ATM entfernt als Flügel mit höherem Delta. Zum Vergleich sind auch die Zahlen zu SPY-Strangles mit 45 DTE und 16Δ aufgeführt, bis zur Fälligkeit gehalten, von 2005 bis 2021.

	Kennzahlen für Iron Condors mit 16Δ (2005-2021)			Kennzahlen für Strangles mit 16Δ (2005-2021)
Kennzahl	**Flügel 5Δ**	**Flügel 10Δ**	**Flügel 13Δ**	
POP	79 %	75 %	73 %	81 %
Durchschnittlicher P/L	35 $	15 $	6 $	44 $
Standardabweichung des P/L	251 $	132 $	74 $	614 $
Conditional Value at Risk (CVaR) (5 %)	-771 $	-399 $	-220 $	-1.535 $

Wenn es die Depotgröße zulässt, ist es vorzuziehen, Iron Condors mit *großer Spannweite* zu traden, die zwar ein größeres Tail Risk haben als schmale Iron Condors, aber historisch profitabler sind. Während Iron Condors mit kurzen Flügeln POP um die 70 Prozent besitzen, können Iron Condors mit langen Flügeln POP von fast 80 Prozent haben, zu sehen in Tabelle 5.11. Bei breiteren Iron Condors sind zwar die Anforderungen an die BPR höher, bei ihnen ist es aber auch weniger wahrscheinlich als bei schmalen Iron Condors, dass sie im Falle von auftretenden Verlusten den Maximalverlust erreichen.

Tabelle 5.12
Vergleich der durchschnittlichen BPR bei SPY-Strangles mit 45 DTE und 16Δ und SPY-Iron-Condors mit 45 DTE, 16Δ und 10Δ-Flügeln, wenn sie bis zur Fälligkeit gehalten werden, Zahlen von 2005 bis 2021.

BPR von Strangles und Iron Condors auf den SPY (2005 – 2021)

VIX-Spanne	BPR der Strangles	BPR der Iron Condors*
0-15	3.270 $	363 $
15-25	2.641 $	426 $
25-35	2.261 $	585 $
35-45	1.648 $	553 $
> 45	1.445 $	615 $

Bei Strategien mit definiertem Risiko sind POP und Gewinnpotenzial meist geringer als bei Strategien mit undefiniertem Risiko, zu sehen an den Strangle-Kennzahlen, die als Bezugspunkt aufgenommen wurden. Beim Iron Condor beträgt das Gewinnpotenzial im Schnitt circa ein Drittel des Potenzials eines Strangles (bei 10Δ-Flügeln), aber auch die Standardabweichung des P/L beträgt nur ein Drittel und das Tail-Risk-Exposure ist signifikant geringer. Außerdem lassen sich wie in dem Beispiel des Iron Condors mit großer Spannweite Trades mit definiertem Risiko so konstruieren, dass sie ähnliche POP haben wie Strategien mit undefiniertem Risiko, aber trotzdem Schutz vor Ausreißerverlusten bieten. Eine Möglichkeit, das Exposure gegenüber Ausreißerverlusten zu managen und gleichzeitig die Vorteile von Short-Premium auszunutzen, besteht darin, das Risiko bei niedriger IV zu definieren. Strategien mit definiertem Risiko

* Iron Condors mit in Dollar feststehenden – also statischen – Flügeln (zum Beispiel 10 Dollar oder 20 Dollar) haben BPR, die wie bei Strangles mit der IV abnehmen. Iron Condors mit dynamischen Flügeln, die sich mit Variablen wie etwa der IV ändern (zum Beispiel 10Δ, 5Δ), haben BPR, die mit der IV steigen. Erinnern Sie sich, dass die BPR des Iron Condors die größte Short-Spread-Breite abzüglich der anfänglichen Gutschrift ist. Daher wächst die größte Breite bei steigender IV schneller als die anfängliche Gutschrift und somit steigt die BPR mit der IV.

bieten zusätzlich den Vorteil, dass sie wesentlich billiger zu traden sind – ein weiterer Grund, weshalb ihr Einsatz bei niedriger IV eine effektivere Verwendung der Kaufkraft des Portfolios sein kann. Zahlenbeispiele zum BPR finden Sie in Tabelle 5.12.

Strategien mit definiertem Risiko und *hohen POP* dürfen einen größeren Teil der Portfolio-Allokation stellen als Strategien mit definiertem Risiko und niedrigeren POP. Oben haben wir gesagt, dass mindestens 75 Prozent des eingesetzten Kapitals auf Strategien mit undefiniertem Risiko entfallen sollten (bei einer Allokation von maximal 7 Prozent je Trade) und dass höchstens 25 Prozent des eingesetzten Kapitals auf Strategien mit definiertem Risiko entfallen sollten (bei einer Allokation von höchstens 5 Prozent je Trade. Allerdings darf eine Strategie mit definiertem Risiko und einer POP, die mit derjenigen von Strategien mit undefiniertem Risiko vergleichbar ist, Anteil an der für undefinierte Risiken eingesetzten Kaufkraft des Portfolios haben, denn dies schützt Kapital vor Extremverlusten und ermöglicht gleichzeitig konsistente Gewinne. Sobald die IV steigt, können Trader dann zu Strangles übergehen, um von den höheren Gutschriften und dem geringeren Ausreißerrisiko zu profitieren.

Es ist sehr wichtig, noch einmal zu betonen, dass man die BPR *nicht* verwenden kann, um die Risiken von Strategien mit unterschiedlichen Risikoprofilen miteinander zu vergleichen. Blättern Sie beispielsweise noch einmal zu Tabelle 5.10 zurück. Der Strangle erfordert ungefähr 17-mal so viel Kaufkraft wie der Iron Condor, was aber nicht heißt, dass das Risiko des Strangles dem Risiko von 17 Iron Condors entspräche. Der Strangle ist mit größerer Wahrscheinlichkeit profitabel und man verliert damit mit geringerer Wahrscheinlichkeit die gesamte BPR, denn dafür wäre eine viel größere Preisbewegung (20 Prozent) als beim Iron Condor (5 Prozent) erforderlich. Sehr breite Iron Condors haben ähnliche Risikoprofile wie Strangles, aber im Allgemeinen ist es gute Praxis, Strategien mit definiertem und solche mit undefiniertem Risiko nicht direkt anhand der Kaufkraft miteinander zu vergleichen.

Ein Delta wählen

Erinnern Sie sich, dass das Delta ein Maß für das *Richtungs-Exposure* ist. Gemäß der aus dem Black-Scholes-Modell abgeleiteten mathematischen Definition stellt es die zu erwartende Änderung des Optionspreises bei einem Anstieg des Preises des Basiswerts um einen Dollar (unter der Annahme, dass alle anderen Variablen konstant bleiben) dar.* Wenn beispielsweise der Preis eines Basiswerts um einen Dollar steigt, dann steigt der Preis einer Call-Option mit einem Delta von 0,50 (notiert as 50Δ) um circa 0,50 Dollar je Aktie und der Preis einer Put-Option mit einem Delta von -0,50 (notiert als -50Δ oder einfach als 50Δ, wenn das Vorzeichen aus dem Kontext klar wird) fällt um circa 0,50 Dollar je Aktie.** Das Delta eines Kontrakts stellt außerdem das *wahrgenommene* Risiko der Option in Form von Aktien dar. Konkreter gesagt entspricht das Delta der Anzahl Aktien, die notwendig ist, um das Richtungs-Exposure der Option der Marktstimmung entsprechend zu hedgen.

Das vorliegende Buch nimmt häufig auf den SPY-Strangle mit 16Δ Bezug, also einen deltaneutralen Trade, der aus einem Short-Put mit 16Δ besteht, der mit einem Short-Call mit 16Δ direktional gehedgt wird. Deltaneutrale Positionen profitieren eher von Faktoren wie Abnahme der IV und Zeitwertverlust als von Kursänderungen des Basiswerts in eine bestimmte Richtung. Als der Strangle in Kapitel 3 vorgestellt wurde, wurden die Basispreise des Shorts auf die zu erwartende Spanne bezogen. Deshalb wurden Basispreise gezeigt,

---

* Bei Kontrakten mit Deltas circa zwischen 10 und 40 kann man das Delta auch als sehr grobe Näherung für die Wahrscheinlichkeit verwenden, dass eine Option im Geld (ITM) verfallen wird. So besteht beispielsweise bei einem 25Δ-Put eine Wahrscheinlichkeit des Verfalls ITM von rund 25 Prozent, was bedeutet, dass für den Short-Put eine POP von 75 Prozent besteht. Ein 16Δ-Strangle besteht aus einem 16Δ-Put und einem 16Δ-Call, sodass eine etwa 32-prozentige Wahrscheinlichkeit besteht, dass er ITM verfällt (passend zur 68-prozentigen POP des Short-Strangles).

** Bei Long-Calls liegt das Delta zwischen 0 und 1, bei Long-Puts zwischen -1 und 0. Bei Short-Calls und Short-Puts vertauschen sich diese Zahlen.

die wie in Abbildung 5.3 jeweils den gleichen Abstand zum Preis des Basiswerts hatten.

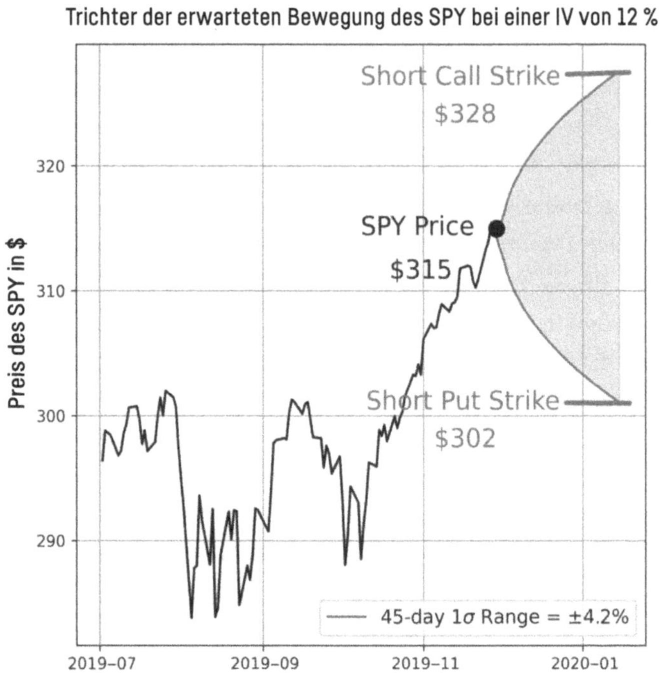

Abbildung 5.3
Der Preis des SPY in den letzten fünf Monaten des Jahres 2019. Der Trichter der über 45 Tage erwarteten Bewegung wurde aus der IV des SPY im Dezember 2019 berechnet, woraus sich für den 16Δ-Call ein Basispreis von 328 Dollar und für den 16Δ-Put ein Basispreis von 302 Dollar ergab.

In diesem Beispiel wurden die Basispreise aus der in Kapitel 2 gezeigten Näherung für die zu erwartende Kursspanne abgeleitet. In der Praxis jedoch werden die Basispreise für einen Put/Call auf den SPY mit 16Δ aus Angebot und Nachfrage in Echtzeit berechnet und unterliegen häufig einer *Basispreis-Schiefe*. Sehen Sie sich als Beispiel dafür noch einmal Tabelle 5.5 ein.

Tabelle 5.5 zeigt, dass die Basispreise der Puts viel weiter vom Preis des Basiswerts entfernt sind als die der Calls, obwohl sowohl der Call- als auch der Put-Kontrakt ein Delta von 16 haben. Der Marktnachfrage entsprechend haben Put-Kontrakte, die weiter OTM sind, das gleiche Risiko wie Call-Kontrakte, die weniger OTM sind. Diese Schiefe ergibt sich aus den *Downside*-Befürchtungen des Marktes und bedeutet, dass der Markt größere Bewegungen nach unten als nach oben erwartet.* Da das Delta auf der Risikowahrnehmung des Marktes basiert, ergeben sich daraus für ein gegebenes Delta schiefe Basispreise. Aber nicht alle Instrumente weisen die gleiche Schiefe auf. Bei Aktien wie AAPL und GOOGL haben die Strikes in etwa den gleichen Abstand, aber bei Marktindizes und Rohstoffen (zum Beispiel Gold und Öl) herrscht häufig eine Abwärtsschiefe, die auch als Put-Schiefe bezeichnet wird. Aktien wie GME (GameStop) und AMC (Unterhaltungsunternehmen) bildeten im Jahr 2020 eine Aufwärtsschiefe aus, die auch als Call-Schiefe bezeichnet wird.

Da das Delta ein Maß für das wahrgenommene Risiko in Form einer Aktienanzahl ist, wirkt es sich signifikant auf das Chance-Risiko-Profil eines Trades aus. Positionen mit höheren Deltas (gegen -100Δ oder +100Δ) sprechen empfindlicher auf Änderungen des Basispreises an als Positionen mit niedrigeren Deltas (gegen 0). Um zu sehen, wie sich das auf die Performance je Trade auswirkt, schauen Sie sich die Kennzahlen für SPY-Strangles mit 45 DTE und verschiedenen Deltas in den Tabellen 5.13 bis 5.15 an.

---

* Das resultiert hauptsächlich aus der Historie extremer Börsencrashs, zum Beispiel dem Schwarzen Montag 1987, der Immobilienkrise 2008 und des Kursrutschs 2020. Vor 1987 hatten die Basispreise von Puts und Calls tendenziell eher den gleichen Abstand.

Tabelle 5.13
Statistischer Vergleich von SPY-Strangles mit 45 DTE und verschiedenen Deltas, die bis zur Fälligkeit gehalten wurden, 2005 bis 2021.

Kennzahlen von SPY-Strangles (2005 – 2021)

Kennzahl	16Δ	20Δ	30Δ
POP	81 %	76 %	68 %
Durchschnittlicher P/L	44 $	49 $	54 $
Standardabweichung des P/L	614 $	659 $	747 $
CVaR (5 %)	-1.535 $	-1.673 $	-1.931 $

Tabelle 5.14
Durchschnittliche BPR von SPY-Strangles mit 45 DTE mit verschiedenen Deltas, nach IV sortiert, von 2005 bis 2021.

BPR von SPY-Strangles (2005 – 2021)

VIX-Spanne	16Δ	20Δ	30Δ
0-15	3.270 $	3.366 $	3.573 $
15-25	2.641 $	2.756 $	3.014 $
25-35	2.261 $	2.415 $	2.794 $
35-45	1.648 $	1.715 $	2.058 $
> 45	1.445 $	1.421 $	1.520 $

Tabelle 5.15
Die Wahrscheinlichkeit, mit SPY-Strangles mit 45 DTE und verschiedenen Deltas, die bis zur Fälligkeit gehalten werden, einen Verlust zu erleiden, 2005 bis 2021.

Kennzahlen zu SPY-Strangles (2005 – 2021)

Delta des Strangles	Wahrscheinlichkeit, mehr als die BPR zu verlieren
16Δ	0,90 %
20Δ	0,93 %
30Δ	1,0 %

Bei Positionen mit höheren Deltas sind die P/L-Ausschläge während der gesamten Laufzeit größer, der End-P/L schwankt stärker, die BPR sind höher und die POP geringer als bei Positionen mit niedrigeren Deltas. Allerdings bringen Positionen mit höherem Delta auch höhere Gutschriften und insgesamt ein größeres Gewinnpotenzial. Positionen mit niedrigeren Deltas erzielen häufiger kleine Gewinne und sind weniger riskant als Trades mit höheren Deltas. Auch haben Positionen mit niedrigeren Deltas meist höhere auf den Optionswert bezogene Thetas, was bedeutet, dass sie Gewinnziele schneller erreichen können als Positionen mit höheren Deltas (in den Tabellen nicht gezeigt).

Die optimale Wahl eines Deltas hängt von den persönlichen Gewinnzielen und vor allen Dingen von der persönlichen Risikotoleranz ab. ITM-Optionen (Optionen mit einem Deltabetrag über 50) haben im Allgemeinen ein größeres direktionales Risiko und ein für einen Short-Premium-Trade unzureichendes Theta (zu erwartenden täglichen Zeitwertverlust). OTM-Optionen sind normalerweise bessere Kandidaten. Bei Short-Premium-Trades sind Deltas zwischen 10Δ und 40Δ normalerweise groß genug, um angemessenes Wachstum zu erzielen, aber auch klein genug, damit die P/L-Ausschläge handhabbar sind und die Standardabweichung der End-P/L sowie das Ausreißerrisiko moderat sind. Risikotolerantere Trader traden üblicherweise Optionen mit mehr als 25Δ, risikoaversere Trader Optionen unter 25Δ. Wenn die IV steigt und die Optionen billiger zu traden werden, können risikotolerantere Trader das Delta auch *anheben*, um die über die gesamte Optionskette steigenden Gutschriften auszunutzen. Auch ist es gute Praxis, die Deltas bestehender Positionen neu auszurichten, wenn die IV steigt, denn Anstiege der IV führen dazu, dass sich der Basispreis zu einem gegebenen Delta weiter vom Kassakurs *entfernt*. Ein Beispiel dafür finden Sie in Abbildung 5.16.

Tabelle 5.16
Vergleich der Basispreise zweier Call-Optionen mit 30 DTE und 16Δ mit gleichen Preisen des Basiswerts, aber unterschiedlichen IV.

Beispielparameter einer Call-Option mit 30 DTE und 16Δ

IV	Preis des Basiswerts	Basispreis
10 %	100 $	103 $
50 %	100 $	117 $

Der Basispreis eines 16Δ-Calls ist 17 Dollar vom Preis des Basiswerts entfernt, wenn die IV 50 Prozent beträgt, hingegen bei einer IV von 10 Prozent nur 3 Dollar entfernt. Das liegt daran, dass ein Anstieg der IV auf eine Zunahme der für den Preis des Basiswerts erwartete Spanne hindeutet. Wenn diese Erwartungsspanne größer wird, werden Kontrakte mit weiter vom aktuellen Preis des Basiswerts entfernten Basispreisen stärker nachgefragt als bei geringerer IV. Diese Nachfrage lässt die Prämien dieser Kontrakte und somit auch das wahrgenommene Risiko steigen. Wenn die IV steigt, ist es gute Praxis, bestehende Positionen zu schließen und sie mit angepassten Strikes neu zu eröffnen, welche den neuen Volatilitätsbedingungen besser entsprechen.

Kernpunkte

1. Die Konstruktion eines Trades erfolgt in sechs Hauptschritten und die ideale Wahl hängt von der Größe des Depots, von den persönlichen Gewinnzielen, von den Risikotoleranzen und von den Marktannahmen ab. Die hauptsächlich zu betrachtenden Faktoren sind das Anlageuniversum, der Basiswert, die Laufzeit, das Risikoprofil der Strategie, die Richtungsannahme und das Delta.
2. Trader sollten Anlagen mit hochliquiden Optionsmärkten wählen, die aus Kontrakten bestehen, die sich problemlos

ohne signifikante Auswirkungen auf den Marktpreis flüssig machen lassen. Liquide Optionsmärkte haben über alle Basispreise hinweg ein hohes Handelsvolumen, enge Geld-Brief-Spannen und es stehen Kontrakte mit verschiedenen Laufzeiten und Basispreisen zur Verfügung.

3. In einem Anlageuniversum mit Schwerpunkt Aktien können sich Trader hauptsächlich zwischen zwei Arten von Basiswerten entscheiden: Aktien und ETFs. Bei Optionen mit Aktien als Basiswert sind meist die Gutschriften höher, das Gewinnpotenzial ist höher und es herrscht häufiger eine hohe IV, doch sie bergen auch auf Einzelunternehmen bezogene Risiken und ihr Handel ist kostspieliger als der Handel auf ETF-Underlyings. ETFs sind von Grund auf diversifiziert und bei sehr hoher Liquidität billiger als Aktien, aber die Auswahl ist geringer und Situationen mit hoher IV sind weniger häufig.
4. Eine geeignete Kontraktlaufzeit sollte die Kaufkraft effektiv ausnutzen, Konsistenz sowie eine angemessene Anzahl von Fällen ermöglichen und den Zeitrahmen kontextueller Ereignisse wie etwa bevorstehender Geschäftsberichte oder prognostizierter Naturkatastrophen wiedergeben. Im Allgemeinen stellen Kontraktlaufzeiten von 30 bis 60 Tagen einen geeigneten Einsatz der Kaufkraft des Portfolios dar, denn sie bieten eine handhabbare P/L-Volatilität und einen angemessenen Zeitrahmen für Gewinne.
5. Short-Premium-Strategien können definierte oder undefinierte Risiken haben. Trades mit undefiniertem Risiko haben höhere POP und höhere Gewinnpotenziale, aber auch unbegrenzte Verlustrisiken und höhere BPR, sodass der Handel mit ihnen teurer ist. Strategien mit definiertem Risiko haben begrenzte Verlustrisiken und niedrigere BPR, aber auch niedrigere POP, geringere Gewinnpotenziale und möglicherweise Liquiditätsprobleme. Das für Strategien mit undefiniertem Risiko reservierte Kapital kann für Strategien mit hohen POP eingesetzt werden wie etwa Iron Condors und diese

Strategie ist bei niedriger IV besonders gut. Bei niedriger IV Strategien mit definiertem Risiko und hoher POP zu traden und bei hoher IV zu undefiniertem Risiko überzugehen ist eine effektive Möglichkeit, Kapital vor Ausreißerbewegungen zu schützen und gleichzeitig konsistent Gewinne zu erzielen.

6. Trader müssen bezüglich des Preises des Basiswerts unter drei Richtungsannahmen wählen: bullish, bearish und neutral. Die optimale Wahl ist subjektiv und hängt von der individuellen Auslegung der EMH ab, die davon ausgeht, dass die aktuellen Preise in einem gewissen Maße die verfügbaren Informationen wiedergeben.
7. Das Delta eines Kontrakts stellt das wahrgenommene Risiko der Option in Form der Aktienanzahl dar und daher hängt die Wahl des Deltas von persönlichen Risikotoleranzen und Gewinnzielen ab. Ein OTM-Kontrakt mit höherem Delta ist näher am Geld (ATM) und spricht empfindlicher auf Preisänderungen des Basiswerts an; das bedeutet, dass solche Positionen im Allgemeinen riskanter sind, aber auch ein höheres Gewinnpotenzial haben. OTM-Kontrakte mit niedrigeren Deltas sind weiter vom Geld entfernt, ihre P/L-Schwankungen sind während der gesamten Laufzeit moderater und ihre Standardabweichung des End-P/L ist im Allgemeinen niedriger. Für den Handel mit Short-Premium-Trades sind ITM-Kontrakte im Allgemeinen aufgrund ihrer hohen direktionalen Risiken und ihrer niedrigen Thetas nicht geeignet. Kontrakte zwischen 10Δ und 40Δ sind im Allgemeinen groß genug, um ein angemessenes Maß an Wachstum zu erzielen, aber auch klein genug, um handhabbare P/L-Ausschläge und eine moderate P/L-Variabilität aufzuweisen.

6

TRADES MANAGEN

Optionshändler können eine Position bis zum Verfalltag halten oder sie zuvor schließen (aktives Management). Man sollte eine Strategie des aktiven Managements statt des Haltens bis zur Fälligkeit aus folgenden Gründen in Betracht ziehen:

- Sie ermöglicht im gegebenen Zeitrahmen mehr Fälle (wenn das Kapital gleich wieder eingesetzt wird).
- Sie kann eine effizientere Verwendung der Kaufkraft des Portfolios ermöglichen (wenn das Kapital gleich wieder eingesetzt wird).
- Sie reduziert tendenziell das Risiko pro Trade.

Man kann Trades auf unzählige Arten und Weisen managen, aber ähnlich wie bei der Wahl einer Kontraktlaufzeit ist *Konsistenz* unentbehrlich, um eine große Anzahl von Fällen zu erzielen und die günstigen langfristigen Durchschnitte zu realisieren. Dieses Buch tritt dafür ein, eine einfache Managementstrategie zu verfolgen, die sich problemlos aufrechterhalten lässt:

- Einen Trade an einem feststehenden Punkt der Kontraktlaufzeit schließen
- Einen Trade bei einem bestimmten Gewinn- oder Verlustziel schließen
- Eine Kombination aus diesen Strategien

Dieses Kapitel bespricht verschiedene Managementsysteme, vergleicht ihre Performance je Trade und befasst sich mit den wichtigsten Faktoren, die zu berücksichtigen sind, wenn man ein angemessenes Positionsmanagement wählt. Da sich die Managementstrategien auf den Anteil der anfänglichen Gutschrift auswirken, die man als Trader letztlich vereinnahmt, werden die Kennzahlen häufig als Prozentsatz der anfänglichen Gutschrift statt in Dollar angegeben. Auch konzentriert sich dieses Kapitel vorwiegend auf das Management von Strategien mit undefiniertem Risiko. Viele der angesprochenen Prinzipien gelten zwar auch für Positionen mit definiertem Risiko, aber Positionen mit definiertem Risiko verzeihen einem aus Sicht des Trade-Managements im Allgemeinen mehr, da sie einen kleineren Teil der Kaufkraft des Portfolios in Beschlag nehmen und ihr Verlustpotenzial begrenzt ist.

Management anhand der DTE

Wie in den Kapiteln 3 und 5 erwähnt, schwanken die Ausschläge der Gewinne und Verluste (P/L) von Trades bei Annäherung von Optionen an das Fälligkeitsdatum immer stärker. Bei einem Strangle resultiert diese Zunahme der Volatilität im Allgemeinen daraus, dass der Preis des Basiswerts während der Laufzeit auf einen der beiden Basispreise zuläuft. Daher senkt das Schließen eines Trades vor der Fälligkeit, ob nun zu einem festgelegten Zeitpunkt der Laufzeit oder zu einem bestimmten Gewinn- oder Verlustziel, meist die Standardabweichung des P/L und das Ausreißerrisiko je Trade. Außerdem setzt das aktive Management von Trades die Kaufkraft bestehender Positionen frei, die dann strategischer zugeteilt werden kann, sobald Gelegenheiten auftreten. Das freigesetzte Kapital kann für die gleiche Art von Anfangsposition eingesetzt werden (was die Zahl der Fälle erhöht)* *oder* für eine neue Position mit günstigeren Short-Premium-Bedingungen (was ein effizienterer Einsatz der Kaufkraft sein kann).

Einen Trade anhand der Restlaufzeit (DTE) zu managen, beispielsweise indem man eine Position nach der Hälfte der Laufzeit schließt, besitzt die oben beschriebenen Vorteile und ist einfach

* Diese Methode ist allgemein als Durchrollen bekannt.

umzusetzen. Bei dieser Methode ist das Management zeitlich klar festgelegt und sie erfordert eine minimale Überwachung des Portfolios, vor allem wenn die Laufzeiten der Portfoliopositionen vergleichbar sind. Die Wahl des Zeitrahmens für das Management wirkt sich stark auf das Gewinnpotenzial und auf das Ausreißerrisiko eines Trades aus, denn Trades, die näher an der Fälligkeit gemanagt werden, sind mit größerer Wahrscheinlichkeit profitabel und bringen im Schnitt größere Gewinne, allerdings sind sie im Allgemeinen auch einem größeren Tail Risk ausgesetzt. Die in Tabelle 6.1 gezeigten Kennzahlen vergleichen die Performances verschiedener Managementzeiten bei SPY-Strangles mit 45 DTE und 16Δ.

Tabelle 6.1
Kennzahlen von SPY-Strangles mit 45 DTE und 16Δ, die an unterschiedlichen Punkten der Kontraktlaufzeit gemanagt wurden, 2005 bis 2021.

Kennzahlen von SPY-Strangles mit 16Δ (2005 – 2021)

Management DTE	Gewinnwahrscheinlichkeit (POP)	Durchschnittlicher P/L	Durchschnittlicher P/L pro Tag	Standardabweichung des P/L	Conditional Value at Risk (CVaR) (5 %)
40 DTE	67 %	2,3 %	0,23 $	73 %	-206 %
30 DTE	73 %	10 %	1,75 $	88 %	-212 %
21 DTE	79 %	21 %	1,60 $	96 %	-283 %
15 DTE	78 %	25 %	1,51 $	105 %	-304 %
5 DTE*	82 %	33 %	1,34 $	185 %	-514 %
Fälligkeit	81 %	28 %	1,29 $	247 %	-708 %

* Bei 5 DTE gemanagte Strangles scheinen bis zur Fälligkeit gehaltene Strangles outzuperformen, weil sie eine höhere POP und einen höheren durchschnittlichen P/L, aber eine geringere Volatilität des P/L und ein geringeres Tail Risk haben. Diese Ergebnisse gelten spezifisch für diese Strategie und für diesen Datensatz und wurden wahrscheinlich von signifikanten historischen Ereignissen in Schiefe gebracht. Dieser Trend lässt sich nicht auf mehrere Strategien verallgemeinern, auch nicht auf die in dieser Tabelle dargestellte.

Tabelle 6.1 zeigt, dass man, wenn man einen Trade vor der Fälligkeit managt, mit geringerer Wahrscheinlichkeit Gewinn erzielt, dass dann aber auch die Standardabweichung des P/L und das Tail Risk geringer sind; außerdem nimmt man dann im Schnitt täglich mehr ein als beim Halten bis zur Fälligkeit. Auch demonstrieren diese Kennzahlen, dass der Zeitpunkt des Managements grundsätzlich einen Kompromiss zwischen Gewinnpotenzial, Verlustpotenzial und der Anzahl der Fälle darstellt. Im Vergleich zu Trades, die zu einem früheren Zeitpunkt der Laufzeit gemanagt wurden, haben später gemanagte Trades größere Gewinne und Verluste und sie ermöglichen weniger Fälle. Da frühzeitig gemanagte Positionen mehr Fälle und durchschnittlich mehr P/L pro Tag zulassen als Positionen, die bis zur Fälligkeit gehalten werden, ist das Schließen von Positionen vor der Fälligkeit und das Einsetzen des Kapitals für neue Positionen im Allgemeinen eine effizientere Kapitalverwendung als der Versuch, aus einer bestehenden Position mehr äußeren Wert herauszuziehen.

Wenn Sie diese Strategie fahren, wählen Sie einen Managementzeitpunkt, der Ihrer individuellen Risikotoleranz je Trade genügt, der ein geeignetes Gewinnpotenzial bietet und die Kaufkraft für einen angemessenen Zeitraum bindet. Erinnern Sie sich, dass der Verkauf von Optionen in allen Fällen ein Tail Risk mit sich bringt, selbst wenn eine Position fast sofort wieder geschlossen wird (siehe die Ergebnisse bei 40 DTE in Tabelle 6.1). Um einen ordentlichen langfristigen Gewinn zu erzielen und das eingegangene Tail Risk zu rechtfertigen, ziehen Sie es in Betracht, Trades etwa in der Mitte der Laufzeit zu schließen.

Management anhand eines Gewinn- oder Verlustziels

Im Vergleich dazu, einen Trade verfallen zu lassen, vereinfacht das Managen einer Position anhand eines Gewinnziels die Gewinnerwartungen und senkt tendenziell die Varianz des P/L bei den einzelnen Trades. Das Schließen vom Limit-Orders lässt sich vom Trader festlegen und der Broker führt es automatisch aus, aber auch diese Managementstrategie erfordert eine gewisse aktive Betreuung. Das liegt daran, dass Trades vielleicht nie die vorher festgelegte Gewinnschwelle erreichen und dass daher vor der Fälligkeit ein alternatives Management notwendig sein kann. Zudem gibt es bei der Wahl des Gewinnziels gewisse Feinheiten, denn diese Wahl wirkt sich wesentlich auf das Gewinn- und Verlustpotenzial eines Trades aus, zu sehen in den Tabellen 6.2 und 6.3.

Tabelle 6.2

Kennzahlen zu SPY-Strangles mit 45 DTE und 16Δ von 2005 bis 2021, die bei verschiedenen Gewinnzielen gemanagt wurden. Wird das Gewinnziel während der Kontraktlaufzeit nicht erreicht, verfällt der Strangle. Die letzte Zeile gibt zum Vergleich die Kennzahlen zu SPY-Strangles mit 45 DTE und 16Δ an, die ungefähr in der Mitte der Laufzeit (21 DTE) gemanagt wurden.

Kennzahlen zu SPY-Strangles mit 16Δ (2005 – 2021)

Gewinnziel	POP	Durchschnittlicher P/L	Standardabweichung des P/L	Wahrscheinlichkeit der Erreichung des Ziels	CVaR (5 %)
25 % oder Verfall	96 %	11 %	191 %	96 %	-522 %
50 % oder Verfall	91 %	16 %	236 %	90 %	-654 %
75 % oder Verfall	84 %	22 %	245 %	80 %	-699 %
100 % oder Verfall	81 %	28 %	247 %	52 %	-708 %
21 DTE	79 %	21 %	96 %	k. A.	-283 %

Bei diesen Tests wurde nicht berücksichtigt, ob ein P/L-Ziel im Laufe des Handelstags erreicht wurde, sondern nur, ob es zum Ende des Handelstags erreicht wurde. Deshalb sind diese Kennzahlen für diese Managementmethode nicht vollständig repräsentativ.

Tabelle 6.3
Durchschnittlicher Tages-P/L, durchschnittliche Laufzeit der in Tabelle 6.2 dargestellten Kontrakte und Managementstrategien.

Kennzahlen zu SPY-Strangles mit 16Δ (2005 – 2021)

Gewinnziel	Durchschnittlicher Tages-P/L über die durchschnittliche Laufzeit	Durchschnittliche Laufzeit in Tagen
25 % oder Verfall	1,75 $	15
50 % oder Verfall	1,67 $	24
75 % oder Verfall	1,49 $	34
100 % (Verfall)	1,29 $	44
21 DTE	1,60 $	24

Bei diesen Tests wurde nicht berücksichtigt, ob ein P/L-Ziel im Laufe des Handelstags erreicht wurde, sondern nur, ob es zum Ende des Handelstags erreicht wurde. Deshalb sind diese Kennzahlen für diese Managementmethode nicht vollständig repräsentativ. Da es zudem eine signifikante Variabilität geben kann, wann ein Kontrakt eine bestimmte Gewinnschwelle erreicht, wurden die Schätzungen der Tages-P/L aus den Zahlen über die durchschnittliche Laufzeit des Trades abgeleitet.

Das Managen zu einer Gewinnschwelle oder zur Fälligkeit bringt im Allgemeinen eine höhere P/L-Standardabweichung und ein höheres Ausreißerrisiko je Trade mit sich als das Managen bei 21 DTE, allerdings auch höhere POP und je nach Gewinnschwelle höhere Gewinnpotenziale je Trade. Bei Short-Optionen ist es sehr wahrscheinlich, dass sie niedrige Gewinnziele zu einem frühen Zeitpunkt der Kontraktlaufzeit erreichen, wenn auch die P/L-Ausschläge und das Tail Risk ziemlich niedrig sind. Daher liefert das Management eines Trades zu einem niedrigen Gewinnziel eine höhere POP, eine geringere P/L-Standardabweichung und ein geringeres Ausreißerrisiko als das Management zu einem hohen Gewinnziel. Aber trotz der höheren durchschnittlichen täglichen P/L erlaubt es eine *zu niedrig* gesetzte Gewinnschwelle den Tradern nicht, eine ausreichende Gutschrift zu kassieren, um das Tail Risk der Position zu rechtfertigen. Die durchschnittlichen P/L liegen aufgrund des Tail-Verlustpotenzials in allen Fällen deutlich unter dem gegebenen Gewinnziel. Wenn man beispielsweise ein Ziel von 25 Prozent wählte, erreichte der Kontrakt nur in vier Fällen das Ziel nicht. Trotzdem waren die Verluste signifikant genug, um den P/L-Durchschnitt mehr als zu halbieren. Wenn man diese Managementstrategie einsetzt, ist eine Gewinnschwelle zwischen 50 und 75 Prozent der anfänglichen Gutschrift geeignet, um einen angemessen hohen langfristigen Durchschnitt der Gewinne zu erzielen und die Auswirkungen von Ausreißerverlusten zu reduzieren. Und da solche Gewinnziele im mittleren Bereich häufig etwa in der Mitte der Kontraktlaufzeit oder kurz danach erreicht werden, lassen solche Schwellenwerte auch eine vernünftige Anzahl von Fällen zu.*

Ebenso wie man Trades anhand eines festgelegten Gewinnziels managen kann, so kann man sie auch anhand einer festgelegten Verlustgrenze (eines Stop-Loss) managen. Die Festlegung einer Verlustgrenze ist kniffliger, weil die P/L-Ausschläge von Optionen hochgradig volatil sind. Kleine Verlustlimits werden häufig erreicht, aber es ist auch wahrscheinlich, dass sich Trades wieder erholen. Ein sehr enges Verlustlimit kann das Wachstum signifikant beschneiden und Verluste wahrscheinlicher machen. Um dies zu verstehen, sehen Sie sich Tabelle 6.4 an.

* Bei Positionen mit definiertem Risiko ist ein Gewinnziel von circa 50 Prozent besser geeignet, weil dann die P/L-Ausschläge weniger schwanken und höhere Gewinnziele mit geringerer Wahrscheinlichkeit erreicht werden.

Tabelle 6.4
Kennzahlen zu SPY-Strangles mit 45 DTE und 16Δ von 2005 bis 2021, die bei verschiedenen Verlustlimits gemanagt wurden. Wird das Verlustlimit während der Laufzeit nicht erreicht, verfällt der Strangle. Die letzten beiden Zeilen enthalten zu Vergleichszwecken andere Managementstrategien.

Kennzahlen zu SPY-Strangles mit 16Δ (2005 bis 2021)

Verlustlimit	POP	Durchschnittlicher P/L	Standardabweichung des P/L	Wahrscheinlichkeit der Zielerreichung	CVaR (5 %)
-50 % oder Verfall	58 %	21 %	90 %	40 %	-168 %
-100 % oder Verfall	69 %	25 %	110 %	25 %	-238 %
-200 % oder Verfall	76 %	27 %	131 %	13 %	-338 %
-300 % oder Verfall	79 %	27 %	149 %	8 %	-450 %
-400 % oder Verfall	79 %	27 %	160 %	6 %	-536 %
Keines (Verfall)	81 %	28 %	247 %	k. A.	-708 %
21 DTE	79 %	21 %	96 %	k. A.	-283 %
50 % Gewinn oder Verfall	91 %	16 %	236 %	90 %	-654 %

Bei diesen Tests wurde nicht berücksichtigt, ob ein P/L-Ziel im Laufe des Handelstags erreicht wurde, sondern nur, ob es zum Ende des Handelstags erreicht wurde. Deshalb sind diese Kennzahlen für diese Managementmethode nicht vollständig repräsentativ.

Verwendet man eine enge Verlustschwelle, zum Beispiel -50 Prozent, ergeben sich eine geringere P/L-Standardabweichung und ein geringeres Ausreißerrisiko als beim Halten des Kontrakts bis zur Fälligkeit. Aber in diesem Fall sind Verluste häufiger und treten in rund 42 Prozent der Fälle ein, weil es für Optionen nicht ungewöhnlich ist, diese Verlustschwelle zu erreichen, auch wenn sich viele Positionen vor der Fälligkeit letztlich wieder erholen (man beachte die höheren POP bei weiteren Limits). Auch beseitigt das Setzen eines Stop-Loss nicht unbedingt das *gesamte* Tail Risk, dass diese Schwelle überschritten wird. So kann beispielsweise trotz eines Stop-Loss von -50 Prozent ein plötzlicher Anstieg der impliziten Volatilität (IV) oder eine plötzliche Kursänderung des Basiswerts dazu führen, dass der Tagesverlust von -25 auf -75 Prozent steigt, sodass der Trade zwar geschlossen wird, aber der abschließende P/L über die Verlustschwelle hinausgeht. Da das Gewinnpotenzial begrenzt ist und bei einem sehr engen Stop-Loss ein gewisses Maß von Tail-Risk-Exposure besteht, ist ein mittelgroßer Stop-Loss von mindestens -200 Prozent praktikabel.* Setzt man einen Stop-Loss und hält andernfalls bis zur Fälligkeit, sind das Gewinnpotenzial und das Verlustpotenzial im Allgemeinen größer, als wenn man in der Mitte der Laufzeit managt, aber tendenziell ist dabei auch das Tail Risk geringer als beim Management anhand eines angemessenen Gewinnziels. Bei aktiverem Trading werden üblicherweise Stop-Losses nicht allein, sondern in Kombination mit einer anderen Managementstrategie eingesetzt.

Vergleich der Managementmethoden und Wahl einer Strategie

Die bislang vorgestellten Managementstrategien für Strangles sind verhältnismäßig einfach. Diese Methoden lassen sich anhand ihres Verlustpotenzials (von hoch nach niedrig) sortieren und anhand des CVaR und der Standardabweichung des P/L der untersuchten Positionen quantifizieren:

---

* Stop-Losses sind für Strategien mit definiertem Risiko nicht geeignet. Da bei Strategien mit definiertem Risiko der maximale Verlust feststeht, ist es am besten, Verlierer mit definiertem Risiko verfallen zu lassen, anstatt sie bei einer bestimmten Verlustschwelle zu managen. Das verschafft der Position mehr Gelegenheit, sich wieder zu erholen.

1. Halten bis zur Fälligkeit
2. Management anhand eines Gewinnziels zwischen 50 und 75 Prozent
3. Management anhand eines Verlustlimits von -200 Prozent
4. Management bei 21 DTE (in der Mitte der Laufzeit)

Erinnern Sie sich, dass bei der Wahl einer Managementstrategie Konsistenz und die Leichtigkeit der Umsetzung wichtige zu bedenkende Faktoren sind. Trader, die sich mit aktivem Trading wohlfühlen, können Strategien kombinieren und präziser auf ihre individuellen Vorlieben abstimmen. Nehmen wir beispielsweise an, ein Trader will SPY-Strangles mit 45 DTE und 16Δ mit einer Strategie managen, die eine hohe POP, eine moderate Standardabweichung des P/L und ein moderates Ausreißer-Exposure besitzt. Eine Möglichkeit ist, bei 50 Prozent der anfänglichen Gutschrift *oder* bei 21 DTE zu managen, je nachdem, was zuerst eintritt. Die Kennzahlen dieser Strategie sind in Tabelle 6.5 zu sehen.

Tabelle 6.5
Kennzahlen zu SPY-Strangles mit 45 DTE und 16Δ von 2005 bis 2021, die entweder bei 50 Prozent der anfänglichen Gutschrift *oder* bei 21 DTE gemanagt wurden, je nachdem, was zuerst eintrat. Zum Vergleich werden auch Kennzahlen anderer Strategien nach CVaR sortiert angegeben.

	Kennzahlen zu SPY-Strangles mit 16Δ (2005 – 2021)				
Managementstrategie	**POP**	**Durchschnittlicher P/L**	**Durchschnittlicher Tages-P/L**	**Standardabweichung des P/L**	**CVaR (5 %)**
21 DTE	79 %	21 %	1,60 $	96 %	-283 %
21 DTE oder 50 % Gewinn	81 %	18 %	1,67 $	96 %	-288 %
-200 % Verlust oder Verfall	76 %	27 %	k. A.	131 %	-338 %
50 % Gewinn oder Verfall	91 %	16 %	1,67 $	236 %	-654 %
Keine (Verfall)	81 %	28 %	1,29 $	247 %	-708 %

In diesem Beispiel sind die Laufzeit- und Gewinnziele moderat, was eine kombinierte Strategie mit geringeren, aber etwas wahrscheinlicheren Gewinnen als beim 21-DTE-Management und einem signifikant geringeren Verlustpotenzial als beim 50-Prozent-Gewinn-Management ergibt. Das kann für risikoaverse Trader reizvoll sein, weil es einen großen Teil der historischen Verluste beseitigt, das Tail Risk erheblich reduziert und die Vorteile einer etwas höheren POP und eines höheren durchschnittlichen Tages-P/L besitzt.

Wenn man eine Managementstrategie wählt, muss man wissen, dass alle Managementstrategien Kompromisse zwischen POP, durchschnittlichem P/L, der Standardabweichung des P/L und dem Verlustpotenzial darstellen. Wie man diese Faktoren gewichtet, hängt von den individuellen Zielen ab:

- Für *wahrscheinliche* Gewinne muss das Gewinnpotenzial kleiner oder das Exposure gegenüber Ausreißerverlusten größer sein.
- Für *größere* Gewinne muss es weniger Fälle geben oder das Exposure gegenüber Ausreißerverlusten größer sein.
- Für ein *geringes* Verlustpotenzial muss das Gewinnpotenzial kleiner oder die Gewinne müssen weniger wahrscheinlich sein.

Einen qualitativen Vergleich der verschiedenen Strategien sehen Sie in Tabelle 6.6.

Tabelle 6.6

	Managementstrategie			
	21 DTE	**50 % oder Verfall**	**-200 % oder Verfall**	**Verfall**
Bequemlichkeit	Mittel	Hoch*	Hoch	Hoch
POP	Mittel	Hoch	Mittel	Mittel
Verlustpotenzial je Trade	Gering	Hoch	Gering	Hoch
Gewinnpotenzial je Trade	Mittel	Gering	Hoch	Hoch
Anzahl der Fälle	Mittel	Mittel	Gering	Gering

* Werden Limit-Orders eingesetzt, ist das Gewinnziel-Management sehr bequem.

Wie erwähnt hängt die geeignete Managementstrategie von individuellen Vorlieben beim Eingehen von Trades ab, vom P/L-Potenzial je Trade, von der P/L-Wahrscheinlichkeit und von der Anzahl der Fälle. Es folgen Beispielszenarien, die verschiedene Managementprofile verdeutlichen:

- Für passive Trader mit Portfolios, die mehr Ausreißerrisiko vertragen können, kann es sinnvoller sein, nur einen Stop-Loss einzusetzen und andernfalls Trades bis zur Fälligkeit zu halten, um aus den bestehenden Positionen so viel äußeren Wert wie möglich herauszuholen.
- Aktive Trader mit Portfolios, die mehr Ausreißerrisiko vertragen können, können allgemeine Positionen an einem festen Gewinnpunkt managen und Trades mit höherem Risiko und größeren Chancen in der Mitte der Laufzeit.
- Sehr aktive Trader können alle Trades mit undefiniertem Risiko entweder bei 50 Prozent der anfänglichen Gutschrift *oder* in der Mitte der Kontraktlaufzeit managen, weil diese Methode den Schwerpunkt auf ein moderates Ausreißerrisiko und das Erreichen wahrscheinlicher Gewinne von angemessener Größe legt.

Allgemein gesprochen eignet sich eine Methode des aktiven Managements besser für Privatanleger, weil damit in einem gegebenen Zeitraum mehr Fälle erzielt werden können, weil es ein effizienter Kapitaleinsatz ist, weil die Tagesgewinne höher sind und das Verlustpotenzial je Trade geringer ist. Es muss unbedingt noch einmal betont werden, dass dieses Risiko *je Trade* gilt. Short-Premium-Verluste treten selten ein und werden häufig von unerwarteten Ereignissen hervorgerufen, sodass es schwierig ist, die langfristige Performance von Strategien mit verschiedenen Zeitrahmen zu vergleichen. Im nächsten Abschnitt besprechen wir genauer, weshalb der Vergleich der langfristigen Risiken von Managementstrategien nicht einfach ist.

Bemerkungen zum langfristigen Risiko

Wie bereits erwähnt werden die P/L-Ausschläge von Kontrakten volatiler, wenn die Fälligkeit näherrückt. Daher ist beim Management von Trades vor der Fälligkeit die Standardabweichung der P/L und das Ausreißerrisiko je Trade geringer als beim Halten bis zur Fälligkeit. Dazu muss jedoch unbedingt angemerkt werden, dass sich diese Senkung des Risikos je Trade *nicht unbedingt in einer Senkung des langfristigen Risikos niederschlägt.* Zwar senken Methoden des frühzeitigen Managements das Ausmaß des Verlusts *je Trade,* aber die inhärenten Risikofaktoren ergeben sich aus einer größeren Anzahl von Fällen. Daher kann es sein, dass eine Managementstrategie pro Trade ein geringeres Exposure haben kann als eine andere, dafür aber ein größeres *kumulatives* langfristiges Risiko. Sehen Sie sich dazu die in den Abbildungen 6.1 und 6.2 skizzierten Szenarien an. Jedes Szenario vergleicht die Performance zweier Portfolios mit jeweils 100.000 Dollar investiertem Kapital. Beide Portfolios bestehen auf Short-SPY-Strangles mit 45 DTE und 16Δ, die kontinuierlich getradet werden, allerdings werden im einen Portfolio die Trades in der Mitte der Laufzeit (21 DTE) gemanagt, im anderen werden sie bis zur Fälligkeit gehalten. Die einzigartigen Marktbedingungen jedes Szenarios wirken sich auf die jeweilige Managementstrategie aus.*

* Backtests von Optionsportfolios muss man mit Vorsicht genießen. Optionen sprechen sehr empfindlich auf Änderungen des Zeitrahmens an, was bedeutet, dass übereinstimmende Portfolios mit Strangles, die an leicht unterschiedlichen Tagen eröffnet und geschlossen wurden oder leicht unterschiedliche Laufzeiten hatten, ganz anders performt haben können als die hier gezeigten.

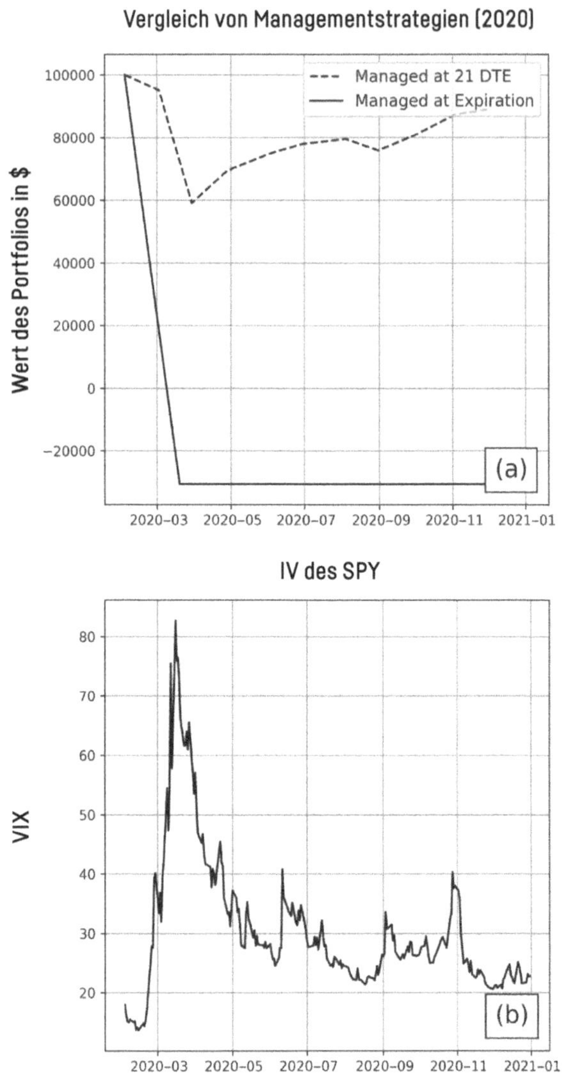

Abbildung 6.1

(a) Zwei Portfolios, jeweils mit 100.000 Dollar investiertem Kapital, die von Februar 2020 bis Januar 2021 mit Short-Strangles auf den SPY mit 45 DTE und 16Δ tradeten. Ein Portfolio besteht aus Strangles, die bei 21 DTE gemanagt wurden (gestrichelte Linie), das andere aus Strangles, die bis zur Fälligkeit gehalten wurden (durchgezogene Linie). (b) Der VIX von Februar 2020 bis Januar 2021.

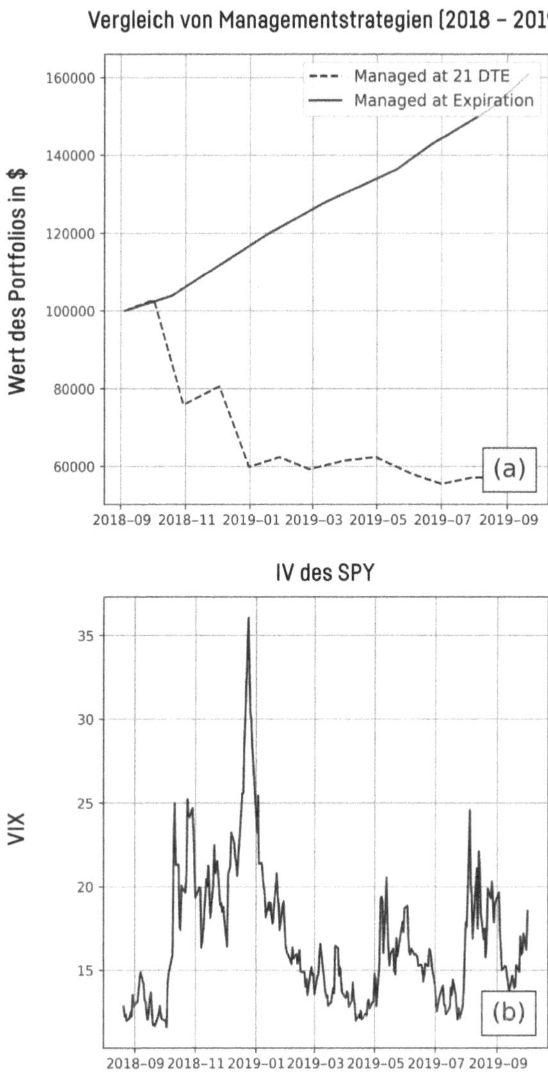

Abbildung 6.2
(a) Zwei Portfolios, jeweils mit 100.000 Dollar investiertem Kapital, die von September 2018 bis September 2019 mit Short-Strangles auf den SPY mit 45 DTE und 16Δ tradeten. Ein Portfolio besteht aus Strangles, die bei 21 DTE gemanagt wurden (gestrichelte Linie), das andere aus Strangles, die bis zur Fälligkeit gehalten wurden (durchgezogene Linie). (b) Der VIX von September 2018 bis September 2019.

Der Anstieg der IV während des Kursrutschs 2020 war einer der größten und schnellsten seit 20 Jahren, was den SPY-Strangles historische Verluste bescherte. Aufgrund des zeitlichen Verlaufs und der Dauer dieser Expansion der Volatilität bekamen 45-DTE-Kontrakte, die im Februar eröffnet und am Ende des Fälligkeitszyklus im März geschlossen wurden, den größten Teil der Expansion ab und waren *besonders* betroffen. In Abbildung 6.1 ist zu sehen, dass das Portfolio mit Kontrakten, die bis zur Fälligkeit gehalten wurden, durch diese extreme Volatilität des Marktes sofort ausradiert wurde und dass das Portfolio mit den frühzeitig gemanagten Kontrakten zwar einen schweren Verlust von 40 Prozent hinnehmen musste, aber am Ende doch überlebte. Dieses Szenario demonstriert, dass das Verlustpotenzial von Kontrakten, die bis zur Fälligkeit gehalten werden, signifikant größer als das frühzeitig gemanagter Kontrakte ist. Aber das bedeutet nicht unbedingt, dass das Halten bis zur Fälligkeit zwangsläufig langfristig in größeren kumulierten Verlusten resultiert.

Die gleichen Strategien performten gegen Ende 2018 ganz anders, als der Markt kleinere, häufigere Zunahmen der IV erlebte. In dieser Zeit landete der Managementzeitpunkt bei 21 DTE im Zuge des Zyklus der Marktvolatilität dauernd auf IV-Hochs, sodass das frühzeitig gemanagte Portfolio mehrere schwere Verluste in Folge erlitt. Im Vergleich dazu waren die 45-DTE-Verfallzyklen gerade lang genug, um diesen kleineren Spitzen zu entgehen, und insgesamt hatte das Portfolio mit den bis zur Fälligkeit gehaltenen Kontrakten eine bessere Performance. Dieses Szenario demonstriert, dass ein geringerer Verlust je Trade weder eine bessere langfristige Performance noch kleinere Drawdowns garantiert.

Der Vergleich der langfristigen Risiken von Strategien, die über verschiedene Zeiträume auftreten, ist kompliziert. Diese Beispiele zeigen potenzielle Handelsstrategien während einzigartiger makroökonomischer Bedingungen, aber auf die tatsächlichen Erfahrungen von jemandem, der in diesen Zeiten handelte, können sich unzählige Faktoren ausgewirkt haben. Wenn zum Beispiel jemand am 3. Februar 2020 angefangen hätte, mit Short-Strangles auf den SPY mit 45 DTE und 16Δ zu traden, hätte er beim Management bei 21 DTE einen End-P/L von -717 Dollar und beim Halten des Kontrakts bis zur Fälligkeit einen End-P/L von -8.087 Dollar gehabt. Hätte jemand hingegen mit der gleichen Strategie *einen Monat später*, am 4. März, begonnen, dann hätte er mit 21 DTE einen End-P/L von -2.271 Dollar und beim Halten bis zur Fälligkeit einen End-P/L von 518 Dollar gehabt. Das Risiko und die Performance von Strangles sprechen besonders in Zeiten extremer Marktschwankungen hochempfindlich auf den Zeitrahmen und auf die IV an. Bei der Wahl der Kontraktlaufzeit, dem Management der Positionen und der Anwendung von Stop-Losses gibt es so viele Varianten, wie es Trader gibt. Das macht es schwierig, auf statistisch strenge Weise Modelle darüber zu erstellen, wie Menschen *realistischerweise traden würden*, und dadurch entstehen Komplikationen, wenn man das langfristige Risiko verschiedener Managementstrategien bewerten will.

Anstatt bei der Auswahl einer Managementstrategie das langfristige Risiko einzurechnen, sollte sich die Entscheidung letztlich auf die folgenden Kriterien stützen:

- Bequemlichkeit/Konsistenz
- Vorlieben der Kapitalallokation und gewünschte Anzahl der Fälle
- Durchschnittlicher P/L und Exposure gegenüber Ausreißerverlusten *je Trade*

Kernpunkte

1. Trader sollten eine *konsistente* Managementstrategie wählen, um die Zahl der Fälle sowie die Chancen zu erhöhen, die günstigen langfristigen Durchschnitte zu erzielen. Zu manchen Managementstrategien gehört es, dass ein Trade zu einem feststehenden Zeitpunkt während der Kontraktlaufzeit

geschlossen wird, dass er bei einem bestimmten Gewinn- oder Verlustziel geschlossen wird oder eine Kombination aus beiden.

2. Im Vergleich zu Trades, die in der Frühphase der Kontraktlaufzeit gemanagt werden, haben später gemanagte Trades höhere Gewinne und Verluste, höhere POP und ergeben weniger Fälle. Frühzeitig gemanagte Positionen lassen mehr Fälle zu und haben einen durchschnittlich höheren Tages-P/L als Positionen, die bis zur Fälligkeit gehalten werden. Positionen vor der Fälligkeit zu schließen und das Kapital für neue Positionen einzusetzen ist im Allgemeinen eine effizientere Kapitalverwendung als der Bezug von mehr äußerem Wert aus einer bestehenden Position.
3. Beim Management anhand der DTE sollte man es in Betracht ziehen, die Trades etwa in der Mitte der Laufzeit zu schließen, um einen ordentlichen langfristigen Gewinn zu erzielen und das Tail-Loss-Exposure von Short-Premium-Trades zu rechtfertigen.
4. Um angemessene Gewinne zu realisieren und die Ausreißerverluste zu reduzieren, sollte man eine Gewinnschwelle von 50 bis 75 Prozent der anfänglichen Gutschrift in Betracht ziehen. Ein zu kleines Gewinn- oder Verlustziel (beispielsweise 25 Prozent der anfänglichen Gutschrift) senkt den durchschnittlichen P/L und das Gewinnpotenzial je Trade; ein zu großes Gewinn- oder Verlustziel trägt wenig zur Dämpfung des Ausreißerrisikos bei.
5. Beim Setzen eines Stop-Loss ist eine mittlere Schwelle von mindestens -200 Prozent praktikabel, weil bei einem sehr niedrigen Stop-Loss das Gewinnpotenzial begrenzt ist und immer noch ein gewisses Maß an Tail Risk besteht.
6. Die geeignete Managementstrategie hängt von den individuellen Vorlieben beim Eingehen von Trades, dem durchschnittlichen P/L je Trade, dem Ausreißerrisiko-Exposure je Trade und der Anzahl der Fälle ab. Kontrakte mit undefiniertem

Risiko bei 50 Prozent der anfänglichen Gutschrift oder in der Mitte der Kontraktlaufzeit zu managen bringt im Allgemeinen denjenigen angemessene, konsistente Gewinne und ein moderates Ausreißerrisiko, die sich mit aktivem Trading wohler fühlen. Diese Richtlinie, klein und häufig zu traden, ergibt außerdem mehr Fälle,

7. Ein Vergleich der langfristigen Risiken von Strategien des Trade-Managements ist kompliziert, weil unerwartete Ereignisse wie etwa der Kursrutsch 2020 die Short-Premium-Strategien je nach Kontraktlaufzeit unterschiedlich beeinflussen. Vergleichen Sie aus diesem Grund die Risiken und Chancen verschiedener Strategien auf einzelne Trades bezogen und treffen Sie Ihre Wahl anhand von Bequemlichkeit und Konsistenz, anhand Ihrer Vorlieben der Kapitalallokation und des Tail-Risk-Exposures sowie Ihrer Gewinnziele.

8. Die in diesem Kapitel dargestellten Konzepte beziehen sich spezifisch auf Positionen mit undefiniertem Risiko. Man kann diese Managementgrundsätze zwar auch auf Positionen mit definiertem Risiko anwenden, aber Positionen mit definiertem Risiko verzeihen einem normalerweise mehr, weil ihr Verlustpotenzial begrenzt ist. Bei Verlusten aus definiertem Risiko ist das Management nicht so unerlässlich, weil der größtmögliche Verlust bekannt ist, und in manchen Fällen kann es besser sein, einem Trade mit definiertem Risiko noch Zeit zu lassen, sich zu erholen, als die Position mit Verlust zu schließen.

7

GRUNDLEGENDES PORTFOLIOMANAGEMENT

Ob man nun ein Portfolio aus Aktien, aus Optionen oder ein hybrides Portfolio aufbaut – das Zusammenstellen eines Portfolios ist nicht trivial. Es kann leicht haarig werden, eine passende Kombination von Bestandteilen zu identifizieren, die optimalen Portfoliogewichtungen zu berechnen und dieses Gleichgewicht aufrechtzuerhalten. Es gibt zahllose Möglichkeiten, an diesen Prozess heranzugehen, und die in diesem Buch besprochenen Taktiken des Portfoliomanagements werden auf zwei Kapitel verteilt nur recht grob angerissen. Das vorliegende Kapitel behandelt die *notwendigen* Richtlinien des Portfoliomanagements, das nächste Kapitel das fortgeschrittene Portfoliomanagement einschließlich *ergänzender* Methoden zur Optimierung von Portfolios. Das grundlegende Portfoliomanagement beinhaltet folgende Konzepte:

- Richtlinien zur Kapitalallokation
- Diversifizierung
- Aufrechterhaltung der Griechen im Portfolio

Kapitalallokation und Positionsgrößen

Der Zweck der Richtlinien für die dynamische Allokation, die bereits in Kapitel 3 vorgestellt wurden, besteht darin, das Tail-Exposure des Portfolios zu begrenzen und gleichzeitig ein angemessenes langfristiges Wachstum zuzulassen, indem man die Kapitalallokation an die aktuellen Risiken und Chancen am Markt anpasst. Erinnern Sie sich, dass sich der Anteil der Kaufkraft des Portfolios, der Short-Premium-Positionen – zum Beispiel Short-Strangles und Short-Iron-Condors – zugewiesen wird, je nach der aktuellen Volatilität des Marktes zwischen 25 und 50 Prozent liegen sollte, wobei das restliche Kapital entweder in Cash oder in einem risikoarmen passiven Investment verwahrt wird. Von dem Betrag, der auf Short-Premium entfällt, sollten mindestens 75 Prozent für Trades mit undefiniertem Risiko reserviert werden (wobei einer einzelnen Position höchstens 7 Prozent der Kaufkraft des Portfolios zugewiesen werden) und höchstens 25 Prozent sollten für Strategien mit definiertem Risiko reserviert werden (wobei einer einzelnen Position höchstens 5 Prozent der Kaufkraft des Portfolios zugewiesen werden); allerdings gibt es dazu Ausnahmen bei Strategien mit definiertem Risiko und einer hohen Gewinnwahrscheinlichkeit (POP). Dazu ist anzumerken, dass es nicht immer machbar ist, sich streng an die Begrenzung der Positionsgrößen auf 5 beziehungsweise 7 Prozent zu halten. Wenn die Kaufkraft eines Portfolios nur 10.000 Dollar beträgt und die implizite Volatilität (IV) gering ist (zum Beispiel VIX < 15), dann schränkt diese Regel die maximale Kaufkraftreduktion (BPR) je Trade für einen Trade mit undefiniertem Risiko zu einem Zeitpunkt auf 700 Dollar ein, zu dem die BPR tendenziell hoch sind. Diese Richtlinie würde daher die für kleine Depots verfügbaren Chancen sehr stark begrenzen. Die Allokationsrichtlinien für das Gesamtportfolio *müssen* eingehalten werden, doch bei kleineren Depots gilt für die Richtlinien zur Allokation je Trade mehr Nachsicht.

Diese Richtlinien begrenzen den Kapitalbetrag, der Ausreißerverlusten ausgesetzt wird, aber wie das Kapital aufgeteilt wird, hängt von den persönlichen Gewinnzielen und Risikotoleranzen ab. Ein Optionsportfolio besteht üblicherweise aus zwei Arten von Positionen: Kernpositionen und ergänzenden Positionen. Die Kernpositionen sind gewöhnlich Trades mit hoher POP und einer moderaten Standardabweichung von Gewinn und Verlust (P/L). Diese Positionstypen sollten eigentlich konsistente, recht zuverlässige Gewinne und ein angemessenes Ausreißer-Exposure bieten, allerdings fallen sie je nach Risikotoleranz unterschiedlich aus. Sehen Sie sich einmal die folgenden Beispiele an:

- Riskantere Kernposition: Strangle mit 45 Tagen Restlaufzeit (DTE = Days To Expiration) und 20Δ (Trade mit undefiniertem Risiko) auf einen diversifizierten börsennotierten Fonds (ETF = Exchange-Traded Fund) wie den SPY oder den QQQ als Basiswert.
- Konservativere Kernposition: Iron Condor mit 45 DTE und 16Δ mit 6Δ-Flügeln (Trade mit hoher POP und definiertem Risiko) auf einen diversifizierten ETF wie den SPY oder den QQQ als Basiswert.

Die Kernpositionen sollten den Großteil eines Portfolios umfassen und über mehrere Sektoren gestreut sein, um verlässlichere Gewinn- und Verlusterwartungen sowie mehr Belastbarkeit hinsichtlich der Marktvolatilität zu entwickeln. Die ergänzenden Positionen sind nicht unbedingt zuverlässige Gewinnquellen, sondern vielmehr Instrumente, um sich am Markt zu beteiligen. Diese Positionen sind üblicherweise Trades mit größeren Risiken und Chancen, die dafür gedacht sind, dynamische Marktchancen auszunutzen. Beispiele für ergänzende Positionen sind etwa Earnings-Trades (die wir in Kapitel 9 noch ausführlicher besprechen werden) oder Strangles mit Aktien als Basiswerten, zum Beispiel ein Strangle mit 45 DTE und 16Δ auf AAPL. Wenn man mit Aktienoptionen handelt, sind für eher risikoaverse Trader ergänzende Positionen mit definiertem Risiko geeignet. Bei Positionen dieses Typs ist die P/L-Variabilität signifikant größer als bei Optionen auf ETFs, sodass sich je Trade mehr Gewinnpotenzial und mehr Verlustpotenzial bei weniger verlässlichen Gewinn- und Verlusterwartungen ergibt.

Die Erwartungsrenditen, die P/L-Variabilität und das Tail-Exposure eines Portfolios hängen in allererster Linie von den Typen von Kernpositionen, den Typen von ergänzenden Positionen und von dem Verhältnis der Kernpositionen zu den ergänzenden Positionen ab. Portfolios risikotoleranterer Trader können einen größeren Anteil an ergänzenden Positionen enthalten. Trotzdem bleibt die Dämpfung des Tail-Risikos oberste Priorität, vor allem wenn die

Basiswerte des Portfolios nicht gut diversifiziert sind. Deshalb sollten allgemein gesprochen höchstens 25 Prozent des Kapitals, das auf Short-Premium entfällt, in ergänzende Positionen fließen. Wenn beispielsweise der VIX bei 45 steht und 50 Prozent der Kaufkraft des Portfolios auf Short-Premium-Positionen entfallen (gemäß den Allokationsrichtlinien), dann sollten höchstens 25 Prozent dieser 50 Prozent (also 12,5 Prozent der Kaufkraft des Portfolios) ergänzenden Positionen zugewiesen werden. Ein Zahlenbeispiel sehen Sie in Tabelle 7.1.

Tabelle 7.1
Kennzahlen zu Strangles mit 45 DTE und 16Δ von 2011 bis 2020, die bei Fälligkeit gemanagt wurden. Enthalten sind Beispiele mit Basiswerten für Kernpositionen und für ergänzende Positionen.

	Kennzahlen zu Strangles mit 16Δ (2011 – 2020)				
	Basiswert	**POP**	**Durchschnittlicher Gewinn**	**Durchschnittlicher Verlust**	**Conditional Value at Risk (CVaR) (5%)**
Kernpositionen	SLV	84 %	32 $	-88 $	-201 $
	QQQ	74 %	109 $	-183 $	-454 $
	SPY	80 %	162 $	-320 $	-800 $
	GLD	81 %	119 $	-456 $	-1.100 $
Ergänzende Positionen	AAPL	74 %	425 $	-1.443 $	-4.771 $
	GOOGL	80 %	1.174 $	-2.955 $	-6.593 $
	AMZN	77 %	1.235 $	-2.513 $	-6.810 $

Diese Kennzahlen berücksichtigen weder die IV noch aktienspezifische Faktoren wie Gewinne oder Dividenden.

Im Vergleich zu Kernpositionen wie etwa Strangles auf SPY oder QQQ haben die ergänzenden Positionen ein signifikant größeres Gewinnpotenzial, Verlustpotenzial und Tail-Risk-Exposure. Der durchschnittliche Gewinn ist unter anderem deshalb höher, weil die Basiswerte der ergänzenden Positionen höhere Aktienkurse haben. Das war bei GOOGL und bei AMZN der Fall, die während der gesamten Backtest-Periode mehr kosteten als die anderen Aktien-Underlyings. Diese Instrumente bringen aber auch deshalb als Basiswerte von Optionen ein größeres Gewinnpotenzial mit sich, weil sie unternehmensspezifischen Risikofaktoren unterliegen, die häufig den Wert ihrer jeweiligen Optionen aufblähen. Das galt besonders für AAPL, das während der gesamten Backtest-Periode zwar pro Stück weniger kostete als SPY, QQQ und GLD, dessen Optionen jedoch volatiler waren.

Aufgrund dieser auf einzelne Aktien bezogenen Risikofaktoren und der Varianz, die sich in den P/L der jeweiligen Optionen niederschlägt, eignen sich Aktien grundsätzlich nicht als Kernpositionen. Ihre hohen Gewinnpotenziale machen sie für opportunistische Anleger zu reizvollen Basiswerten, aber für die Langlebigkeit des Portfolios ist es entscheidend, das Tail-Risk-Exposure der ergänzenden Positionen zu dämpfen. Am wirkungsvollsten erreicht man dies, indem man das Portfoliokapital, das hochriskanten Positionen zugewiesen wird, streng begrenzt.

Zusammenfassend: Kernpositionen sollten ziemlich zuverlässige P/L-Erwartungen bieten und über mehrere Sektoren gestreut sein. Ergänzende Positionen sollten einen kleineren Prozentsatz des Portfolios ausmachen, weil sie zwar mehr Gewinnpotenzial, aber auch mehr Risiko mit sich bringen. Insbesondere im Optionshandel ist die Diversifizierung eine weitere unentbehrliche Strategie des Risikomanagements, die die Schwankungen des P/L und das Ausreißer-Exposure wesentlich reduzieren kann.

Die Grundlagen der Diversifizierung

Alle Finanzinstrumente unterliegen einem gewissen Maß an Risiko, wobei die Risikoprofile mancher Instrumente flexibler sind als die anderer. Eine einzelne Aktie hat ein unveränderliches Risikoprofil und das Risikoprofil einer Option lässt sich anhand mehrerer Parameter einstellen. Allerdings unterliegen Trader in beiden Fällen den

Risikofaktoren der konkreten Position. Wenn man ein aus Anlagen bestehendes *Portfolio* tradet, kann der Trader die Risiken einzelner Positionen durch den Einsatz komplementärer Positionen ausgleichen. Die Streuung des Portfoliokapitals über mehrere Anlagen bezeichnet man als Diversifizierung oder Diversifikation.

Die Risiken lassen sich in zwei große Kategorien aufteilen: unsystematisch (auch als spezifisch, idiosynkratisch oder diversifizierbar bezeichnet) und systematisch. Das unsystematische Risiko ist spezifisch auf eine einzelne Anlage, einen Sektor oder eine Position bezogen und lässt sich durch Diversifizierung minimieren. So unterliegt beispielsweise ein Portfolio, das nur Apple-Aktien enthält, Risikofaktoren, die für Apple und den Technologiesektor spezifisch sind. Manche dieser Risiken lassen sich durch die Hinzunahme einer unkorrelierten oder invers korrelierten Anlage ausgleichen, zum Beispiel eines Rohstoff-ETFs wie GLD. In diesem stärker diversifizierten Szenario können gewisse hypothetische unternehmensspezifische Risikofaktoren, die dazu führen, dass die Aktie AAPL abwertet, durch die Performance von GLD, das eine verhältnismäßig eigenständige Dynamik besitzt, vermindert werden.

Im Unterschied dazu wohnt das systematische Risiko dem Markt als Gesamtheit inne und kann nicht wegdiversifiziert werden. Alle gehandelten Vermögensgegenstände unterliegen einem systematischen Risiko, weil jede Volkswirtschaft, jeder Markt, jeder Sektor und jedes Unternehmen bankrottgehen kann. Dieses Element der Unsicherheit lässt sich auch durch eine noch so breite Streuung nicht beseitigen. Der Zweck der Diversifizierung besteht vielmehr darin, ein robustes Portfolio zu konstruieren, das möglichst wenig auf unternehmens-, sektor- oder marktspezifische Risiken anspricht.

Der Prozess, ein diversifiziertes Portfolio aufzubauen, hängt von den Arten von Anlagen ab, aus denen das Zielportfolio besteht. Bei einem Aktienportfolio besteht die wirkungsvollste Möglichkeit, gegen das unsystematische Risiko zu diversifizieren, darin, das Portfoliokapital über Anlagen zu streuen, deren Preisbewegungen untereinander schwach oder invers korreliert sind. Das liegt daran, dass beim Handel mit Aktien die Hauptsorge die Richtungsbewegungen sind, vor allem Abwärtsbewegungen. Die Diversifizierung der in einem Portfolio enthaltenen Anlagen senkt, üblicherweise durch den Einsatz von Instrumenten für verschiedene Unternehmen, Sektoren und Märkte, teilweise diese Richtungskonzentration und erhöht die Stabilität des Portfolios.

Um die Wirkung der Diversifizierung durch diese Methode zu verstehen, sehen Sie sich das nachstehend skizzierte Beispiel an. Tabelle 7.2 zeigt die verschiedenen anteiligen Allokationen zweier Aktienportfolios, Tabelle 7.3 die Korrelation der in den beiden Portfolios enthaltenen Anlagen – und Abbildung 7.1 zeigt vergleichend die Performance der beiden Portfolios. Die historischen Richtungstendenzen werden häufig mithilfe des Korrelationskoeffizienten abgeschätzt, der die Stärke der historischen linearen Beziehung zwischen zwei Variablen quantifiziert. Erinnern Sie sich, dass der Korrelationskoeffizient von -1 bis 1 reicht, wobei 1 einer perfekten positiven Korrelation entspricht, -1 einer perfekten inversen Korrelation und 0 einer nicht messbaren Korrelation.

Tabelle 7.2

Zwei Beispielportfolios, die jeweils einen gewissen Prozentsatz an Markt-ETFs enthalten, die ein zuverlässiges Portfoliowachstum bringen sollen (SPY, QQQ), zwecks Diversifizierung Anlagen mit geringer Volatilität (GLD, TLT) und – um ein erhöhtes Gewinnpotenzial zu erzielen – Anlagen mit hoher Volatilität (AMZN, AAPL).

	Portfolio-Allokation in %	
	Portfolio A	**Portfolio B**
Markt-ETFs	40 %	50 %
Anlagen mit geringer Volatilität	50 %	0 %
Anlagen mit hoher Volatilität	10 %	50 %

Diese Portfoliogewichtungen wurden intuitiv festgelegt, nicht anhand einer bestimmten quantitativen Methode. Dieses Beispiel führt die Wirksamkeit der Diversifizierung vor, bietet jedoch keinen spezifischen Rahmen, um in Aktienportfolios Diversifizierung zu erzielen.

Tabelle 7.3
Korrelationshistorie der in den Portfolios A und B enthaltenen Anlagen über 5 Jahre. Über kurze Zeiträume betrachtet fluktuieren diese Beziehungen zwar, aber man geht davon aus, dass sie langfristig verhältnismäßig konstant bleiben.

		Korrelation (2015 – 2020)					
		SPY	QQQ	GLD	TLT	AMZN	AAPL
Markt-ETFs	SPY	1,0	0,89	-0,13	-0,33	0,62	0,64
	QQQ	0,89	1,0	-0,12	-0,26	0,75	0,74
Anlagen mit geringer Volatilität	GLD	-0,13	-0,12	1,0	0,39	-0,12	-0,11
	TLT	-0,33	-0,26	0,39	1,0	-0,18	-0,22
Anlagen mit hoher Volatilität	AMZN	0,62	0,75	-0,12	-0,18	1,0	0,50
	AAPL	0,64	0,74	-0,11	-0,22	0,50	1,0

Tabelle 7.2 beschreibt zwei Portfolios: Portfolio A ist ein verhältnismäßig diversifiziertes Portfolio mit konservativen Risikotoleranzen und moderaten Gewinnerwartungen, während Portfolio B ein risikotolerantes und recht konzentriertes Portfolio ist. Tabelle 7.3 zeigt, dass die Bestandteile von Portfolio B (SPY, QQQ, AMZN, AAPL) historisch ziemlich stark untereinander korreliert sind und daher ähnliche Richtungstendenzen besitzen. Im Unterschied dazu ist Portfolio A zur Hälfte in Anlagen mit geringer Volatilität investiert, die zu den Markt-ETFs und den hochvolatilen Anlagen nicht korreliert oder invers korreliert sind. Daher ist Portfolio A aufgrund der diversifizierenden Beiträge der verhältnismäßig unabhängigen Anlagen weniger empfindlich gegen Ausreißerereignisse am Markt. Abbildung 7.1 zeigt, wie sich diese Portfolios in den Jahren 2020 und 2021 entwickelt hätten, wobei wichtig ist, dass dieser Zeitraum den Kursrutsch 2020 und die nachfolgende Erholung umfasst.

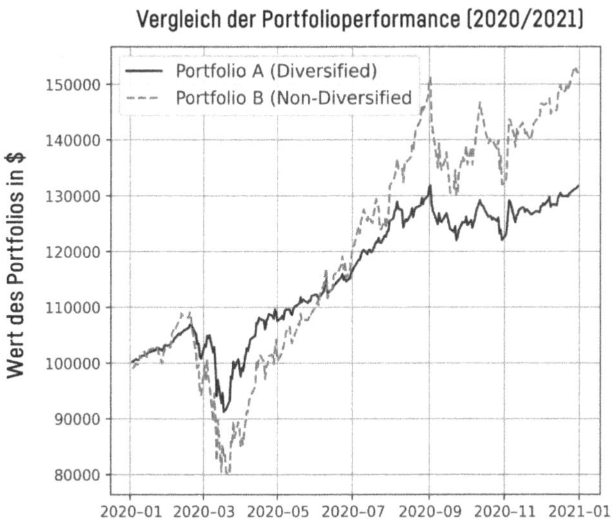

Abbildung 7.1
Performancevergleich der Portfolios A und B von Anfang 2020 bis Anfang 2021. Jedes Portfolio beginnt mit einem Anfangskapital von 100.000 Dollar.

Die historischen Korrelationen wurden bei Crashs und Kurseinbrüchen *stärker*. Anders ausgedrückt wurden die Anlagen in volatilen Marktphasen stärker korreliert oder stärker invers korreliert. Daher geben die Kennzahlen in Tabelle 7.2 die Korrelationen, die im Jahr 2020 gemessen worden wären, zu niedrig an.

Infolge der COVID-19-Pandemie erlitten Markt-ETFs und stark korrelierte Anlagen wie etwa hoch kapitalisierte Technologie-Aktien erhebliche Drawdowns. Portfolio B, das zur Hälfte in volatilen Technologie-Aktien investiert war, brach von Februar bis März 2020 um circa 25 Prozent ein. Portfolio A hingegen erlebte zwar ebenfalls massive Einbrüche, fiel in diesem Zeitraum aber nur um 14 Prozent. Portfolio B ist der Marktvolatilität wesentlich stärker ausgesetzt als Portfolio A, sodass auf den Kursrutsch 2020 eine schnellere, aber instabilere Erholung folgte. Im Laufe dieses Jahres wuchs Portfolio B ab dem Tiefststand im März um circa 90 Prozent, während Portfolio A nur um 44 Prozent wuchs, wobei allerdings Portfolio B fast doppelt so volatil war. Im Allgemeinen sprechen nicht diversifizierte Portfolios empfindlicher auf sektor- oder marktbedingte Schwankungen an als diversifizierte Portfolios. Die Diversifizierung eines Portfolios über Anlageklassen vermindert das Risiko der Konzentration der Positionen und meist auch das Verlustpotenzial im Falle turbulenter Marktbedingungen. Abbildung 7.1 zeigt allerdings, dass sich volatilere, riskantere Portfolios dank höherer Gewinne lohnen können.

Aufgrund ihrer komplexen Risikoprofile sind Optionen untereinander von Grund auf stärker diversifiziert als Aktien. Anders als bei Aktien, wo das direktionale Risiko die Hauptsorge ist, können sich auf den P/L von Optionen mehrere Faktoren auswirken:

- Direktionale Preisbewegung des Basiswerts
- Änderungen der IV
- Änderungen der Restlaufzeit

Da sich das Exposure gegenüber allen diesen Variablen anhand der Kontraktparameter steuern lässt, indem man Faktoren wie die Restlaufzeit/den Managementzeitpunkt, den Basiswert und die Strategie abwandelt, kommt eine zusätzliche Senkung der P/L-Korrelation zustande, die beim ausschließlichen Handel mit Aktien nicht möglich ist. Am allerwichtigsten aus Sicht des Risikomanagements bleibt es jedoch, gegen das direktionale Risiko des Basiswerts zu diversifizieren, vor allem gegen Ausreißerrisiken. Die Diversifizierung gegen nichtdirektionale Risiken durch Abwandlung der Strategie oder der Kontraktlaufzeit erfolgt ergänzend.

Um zu verstehen, weshalb es so unerlässlich ist, die Basiswerte eines Optionsportfolios zu diversifizieren, sehen Sie sich zwei Markt-ETFs an: SPY und QQQ. Die Korrelationsmatrix in Tabelle 7.4 zeigt, dass die Preisdynamik und die IV-Dynamik dieser Anlagen historisch stark korreliert war.

Tabelle 7.4
Historische Korrelationen zwischen zwei Markt-ETFs (SPY und QQQ) sowie die Korrelationen zwischen ihren Indizes der impliziten Volatilität (VIX und VXN) von 2011 bis 2020. Angegeben ist zu Vergleichszwecken auch die Korrelation zwischen jedem Marktindex und seinem jeweiligen Volatilitätsindex.

		Korrelation zwischen den Preisen aktienbasierter Anlagen und ihrer IV-Indizes (2011 – 2020)			
		SPY	**QQQ**	**VIX**	**VXN**
Aktienanlagen	**SPY**	1,0	0,89	-0,80	
	QQQ	0,89	1,0		-0,76
Volatilitäts-indizes	**VIX**	-0,80		1,0	0,89
	VXN		-0,76	0,89	1,0

Die aktienbasierten Basiswerte und ihre IV-Indizes sind eng korreliert, was bedeutet, dass Anstiege der IV und Ausreißer-Preisbewegungen tendenziell bei beiden Anlagen gleichzeitig auftreten. Wenn keine solchen Ereignisse eintreten, können Short-Premium-Positionen auf diese beiden Basiswerte gleichzeitig Tail-Verluste erleiden. Um eine Vorstellung davon zu bekommen, wie oft solche Positionen historisch gleichzeitig Ausreißerverluste erlitten haben, sehen Sie sich die Strangle-Kennzahlen in Tabelle 7.5 an.

Tabelle 7.5
Die Wahrscheinlichkeit von Ausreißerverlusten (mehr als 200 Prozent der anfänglichen Gutschrift), die von 2011 bis 2020 gleichzeitig bei 16Δ-Strangles auf den SPY und auf den QQQ aufgetreten sind. Alle Kontrakte haben ungefähr die gleiche Laufzeit (45 DTE), das gleiche Anfangsdatum und das gleiche Fälligkeitsdatum. Die diagonalen Einträge (SPY-Strangle-SPY-Strangle und QQQ-Strangle-QQQ-Strangle) geben die Wahrscheinlichkeit an, mit der eine Strategie für sich genommen einen Ausreißerverlust erleidet, und die nicht diagonalen Einträge die Wahrscheinlichkeit, dass beide gleichzeitig Ausreißerverluste erleiden.

	Wahrscheinlichkeit von Verlusten über 200 % (2011 – 2020)	
	SPY-Strangle	**QQQ-Strangle**
SPY-Strangle	5,8 %	3,9 %
QQQ-Strangle	3,9 %	8,7 %

Tabelle 7.5 zeigt, dass die Wahrscheinlichkeit, dass beide Strategien gleichzeitig Ausreißerverluste erleiden, recht gering ist, da dies nur in 3,9 Prozent der Fälle passiert ist. Aber wenn diese Ereignisse vollständig unabhängig voneinander wären, dann wären solche gehäuften Verluste in weniger als 1 Prozent der Zeit aufgetreten: 5,8 % x 8,7 % ≈ 0,50 %. Wenn man dazu noch die Wahrscheinlichkeit von Ausreißerverlusten bei jeder einzelnen Strategie betrachtet, wird ein bisschen klar, wie es sich auswirkt, wenn man Strangles mit korrelierten Basiswerten tradet.

So beträgt beispielsweise die Wahrscheinlichkeit, dass ein SPY-Strangle einen Ausreißerverlust erleidet, 5,8 Prozent. Wie hoch ist nun die Wahrscheinlichkeit, dass ein QQQ-Strangle gleichzeitig mit diesem beim SPY eingetretenen Verlust einen Ausreißerverlust erleidet? Um dies zu berechnen, kann man die bedingte Wahrscheinlichkeit heranziehen*:

$$\text{P (QQQ-Verlust bei SPY-Verlust)} = \frac{P\,\text{(SPY-Verlust und QQQ-Verlust)}}{P\,\text{(SPY-Verlust)}}$$

$$= \frac{3{,}9\,\%}{5{,}8\,\%} \approx 67\,\%$$

Anders gesagt stimmt es zwar, dass Strangles auf den SPY und den QQQ nur während 3,9 Prozent der Zeit Ausreißerverluste haben, aber wenn ein SPY-Strangle einmal einen Ausreißerverlust erleidet, dann besteht eine *Wahrscheinlichkeit von 67 Prozent,* dass dies auch beim QQQ-Strangle passiert.** Insgesamt ist also die Wahrscheinlichkeit eines geballten Verlusts recht gering, aber wenn eine Short-

---

* Eine Einführung in die bedingte Wahrscheinlichkeit finden Sie im Anhang.

** Die bedingte Wahrscheinlichkeit eines geballten Verlusts ist sehr hoch, aber sie ist niedriger als beim Handel mit den entsprechenden Aktien. SPY und QQQ sind hochgradig korreliert und erleben in turbulenten Börsenzeiten fast identische Drawdowns. Somit demonstriert die Tatsache, dass die entsprechenden Optionen nur in 70 Prozent der Zeit geballte Ausreißerverluste erleiden, die oben angedeutete Optionenen innewohnende Diversifizierung.

Premium-Positionen einen Verlust einsteckt, dann besteht häufig eine hohe Wahrscheinlichkeit, dass eine entsprechende Position auf einen korrelierten Basiswert einen Verlust vergleichbarer Größenordnung erleidet. Da das Verlustpotenzial solcher geballten Fälle so groß ist, ist es unerlässlich, die Basiswerte zu diversifizieren und bei korrelierten Optionen geeignete Positionsgrößen aufrechtzuerhalten, um so die Wahrscheinlichkeit und die Auswirkung geballter Ausreißerverluste zu senken.

Sehen Sie sich nun zwei Markt-ETFs (SPY und QQQ) und zwei diversifizierende ETFs an, die zum Markt nicht korreliert oder invers korreliert sind (GLD und TLT). Die historischen Korrelationen werden in Tabelle 7.6 gezeigt, die Wahrscheinlichkeit, dass Ausreißerverluste gleichzeitig auftreten, in Tabelle 7.7.

Tabelle 7.6

Historische Korrelationen zwischen zwei Markt-ETFs (SPY und QQQ), einem Gold-ETF (GLD) und einem Anleihen-ETF (TLT) von 2011 bis 2020.

	ETF-Preiskorrelationen (2011 – 2020)			
	SPY	**QQQ**	**GLD**	**TLT**
SPY	1,0	0,89	-0,03	-0,41
QQQ	0,89	1,0	-0,04	-0,34
GLD	-0,03	-0,04	1,0	0,23
TLT	-0,41	-0,34	0,23	1,0

Tabelle 7.7
Die Wahrscheinlichkeit von Ausreißerverlusten (mehr als 200 Prozent der anfänglichen Gutschrift), die von 2011 bis 2020 gleichzeitig bei verschiedenartigen 16Δ-Strangles aufgetreten sind, die bis zur Fälligkeit gehalten wurden. Alle Kontrakte haben ungefähr die gleiche Laufzeit (45 DTE), das gleiche Anfangsdatum und das gleiche Fälligkeitsdatum. Die diagonalen Einträge geben die Wahrscheinlichkeit an, mit der eine bestimmte Strategie für sich genommen einen Ausreißerverlust erleidet, und die nicht diagonalen Einträge die Wahrscheinlichkeit, dass beide gleichzeitig Ausreißerverluste erleiden.

	Wahrscheinlichkeit von Verlusten größer 200 % bei verschiedenen Strangles (2011 – 2020)			
	SPY	**QQQ**	**GLD**	**TLT**
SPY	5,8 %	3,9 %	2,1 %	1,9 %
QQQ	3,9 %	8,7 %	1,9 %	1,7 %
GLD	2,1 %	1,9 %	12 %	4,8 %
TLT	1,9 %	1,7 %	4,8 %	12 %

Wieder ist es verhältnismäßig unwahrscheinlich, dass bei einem Paar gleichzeitig Ausreißerverluste auftreten, aber die Tabelle zeigt die signifikante Reduktion der *bedingten* Ausreißerverluste, wenn die Basiswerte nicht korreliert oder invers korreliert sind. Beachten Sie Folgendes:

- Wenn ein SPY-Strangle einen Ausreißerverlust erleidet, besteht eine 67-prozentige Wahrscheinlichkeit für einen gleichzeitigen Verlust bei einem QQQ-Strangle.
- Wenn ein SPY-Strangle einen Ausreißerverlust erleidet, besteht eine 36-prozentige Wahrscheinlichkeit für einen gleichzeitigen Verlust bei einem GLD-Strangle.
- Wenn ein QQQ-Strangle einen Ausreißerverlust erleidet, besteht eine 20-prozentige Wahrscheinlichkeit für einen gleichzeitigen Verlust bei einem TLT-Strangle.

Geballte Verluste treten zwar immer noch auf, wenn die Preisbewegungen der Basiswerte schwach oder invers korreliert sind, aber die Minderung der Wahrscheinlichkeit ist trotzdem von entscheidender Bedeutung. Besonders wichtig ist ein Portfolio, das nicht korrelierte oder invers korrelierte Anlagen enthält, in Zeiten unerwarteter Marktvolatilität, wenn die meisten Anlagen eine stärkere Korrelation zum Markt entwickeln und es weitverbreitet zu Anstiegen der IV kommt. Man kann Optionen zwar im Hinblick auf mehrere Variablen diversifizieren, aber die Diversifizierung der Basiswerte ist eine der wirksamsten Möglichkeiten, die Auswirkungen von Ausreißerereignissen auf ein Portfolio zu reduzieren. Da Diversifizierung das Risiko geballter Ausreißerverluste nicht vollständig beseitigt, bleibt die Aufrechterhaltung kleiner Positionsgrößen (höchstens 5 bis 7 Prozent des Portfoliokapitals für eine einzelne Position) entscheidend.

Die Aufrechterhaltung der Griechen im Portfolio

Die Griechen bilden eine Gruppe von Risikokennzahlen, die verschiedene Dimensionen des Exposures von Optionen quantifizieren. Jeder Kontrakt hat seinen eigenen Satz an Griechen, aber manche Griechen haben die praktische Eigenschaft, über Positionen mit verschiedenen Basiswerten hinweg additiv zu sein. Somit lassen sich diese Kennzahlen verwenden, um die verschiedenen Risikoquellen eines Portfolios aufzusummieren und sich bei Anpassungen danach zu richten. Folgende Portfolio-Griechen werden den Schwerpunkt dieses Abschnitts bilden:

- Das betagewichtete Delta ($\beta\Delta$): Erinnern Sie sich aus Kapitel 1, dass das Beta ein Maß für das systematische Risiko ist und konkret die Richtungstendenz einer Aktie im Verhältnis zur Richtungstendenz des Gesamtmarkts quantifiziert. Aktien mit positiver Korrelation zum Markt haben ein positives Beta und

Aktien mit negativer Korrelation ein negatives. Das βΔ ähnelt dem Delta, das die erwartete Änderung des Optionspreises bei einer Preisänderung des Underlyings um 1 Dollar angibt. Wird das Delta betagewichtet, dann entspricht sein Wert der erwarteten Änderung des Optionspreises bei einer Preisänderung eines Referenzindex wie etwa des SPY um 1 Dollar.

- Theta (Θ): Der Zeitwertverlust einer Option bei sonst gleichen Bedingungen. Im Allgemeinen wird er als Abnahme des Optionswerts pro Tag angegeben.

Für die langfristig gesunde Verfassung eines Short-Optionsportfolios ist die Aufrechterhaltung der Balance bei diesen zwei Variablen von entscheidender Bedeutung. Das βΔ stellt das Ausmaß an Richtungs-Exposure einer Position im Verhältnis zu einem Index statt zum Basiswert selbst dar. Das kumulierte βΔ eines Portfolios gibt das gesamte Richtungs-Exposure des Portfolios im Verhältnis zum Markt dar, wenn der Beta-Index ein Markt-ETF wie der SPY ist. Dank der Normalisierung des Deltas anhand eines Standard-Basiswerts kann das Delta über alle Portfoliopositionen hinweg additiv sein. *Nicht möglich* ist das mit dem ungewichteten Delta, weil Bewegungen um 1 Dollar bei verschiedenen Basiswerten nicht miteinander vergleichbar sind, sodass der Versuch, die Deltas verschiedener Positionen zu addieren so wäre, als würde man Äpfel und Birnen addieren. So bedeutet eine Sensitivität von 50Δ gegenüber Underlying A und von 25Δ gegenüber Underlying B keine Sensitivität von 75Δ gegen irgendetwas, außer wenn A und B zufällig perfekt korreliert sind.

βΔ-neutrale Positionen sind für Short-Premium-Trader attraktiv, weil das Portfolio dann verhältnismäßig unempfindlich gegen Änderungen des Marktes ist und die Gewinne vor allem durch Änderungen der IV und durch die Zeit getrieben werden. βΔ-Neutralität vereinfacht außerdem Aspekte des Diversifizierungsprozesses, weil ein βΔ von nahe null auf ein geringes direktionales Markt-Exposure hindeutet. Da sich das Delta einer Position während der gesamten

Kontraktlaufzeit entwickelt, ist das Gesamtdelta eines Portfolios schief. Um die βΔ-Neutralität aufrechtzuerhalten, kann man bestehende Positionen neu ausrichten (den laufenden Trade schließen und mit einem neuen Delta wieder eröffnen), bestehende Positionen vollständig schließen oder neue Positionen hinzunehmen. Welche Strategie am besten geeignet ist, hängt vom aktuellen Theta des Portfolios ab.

Das Theta ist ebenfalls über Positionen hinweg additiv, weil die Einheit des Thetas bei allen Optionen die gleiche ist ($/Tag). Da Short-Premium-Trader konsistent vom Zeitwertverlust profitieren, liefert das Gesamt-Theta der Positionen eine zuverlässige Schätzung des zu erwartenden täglichen Wachstums des Portfolios. Das Theta-Ratio (Theta/Nettoliquidität des Portfolios) gibt den erwarteten Tagesgewinn pro Kapitaleinheit in einem Short-Premium-Portfolio an. Da Optionsportfolios einem signifikanten Tail Risk unterliegen, sollte der zu erwartende Tagesgewinn möglichst signifikant höher sein als bei einem passiv in den Markt investierten Portfolio, um dieses Risiko zu rechtfertigen. Daher kann man, wie in Tabelle 7.8 gezeigt, die Benchmark-Gewinnziele eines äquivalenten Short-Optionsportfolios ermitteln, indem man sich auf die tägliche P/L-Performance eines passiv in den SPY investierten Portfolios bezieht.

Tabelle 7.8
Tagesperformance-Kennzahlen von fünf passiv in den SPY investierten Portfolios von 2011 bis 2021. Jedes Portfolio hat ein Anfangskapital von 100.000 Dollar und der Anteil des in jedem Portfolio allokierten Kapitals reicht von 25 bis 50 Prozent.

Prozentuale SPY-Allokation	Tages-P/L des Portfolios (2011 – 2021)
25 %	0,013 %
30 %	0,015 %
35 %	0,017 %
40 %	0,020 %
50 %	0,025 %

Von 2011 bis 2021 vereinnahmte also ein passives SPY-Portfolio je nach dem Anteil des eingesetzten Kapitals täglich 0,013 bis 0,025 Prozent. Anders ausgedrückt brachten die Portfolios bei einem Kapital von 100.000 Dollar über die letzten zehn Jahre Tagesgewinne von 13 bis 25 Dollar ein (100.000 $ x 0,00013). Allerdings sollte der pro Einheit zu erwartende Tagesgewinn eines Short-Options-Portfolios *wesentlich* höher als diese Benchmark sein. Bei den meisten Tradern dürfte das Minimum des Theta-Ratios zwischen 0,05 und 0,1 Prozent der Nettoliquidität des Portfolios liegen, um die Tail Risks der Short-Premium-Strategie zu rechtfertigen. Anders ausgedrückt sollte ein Short-Premium-Portfolio einen täglichen Erwartungsgewinn von 50 bis 100 Dollar pro 100.000 Dollar Kaufkraft des Portfolios aus dem Zeitwertverlust (Theta) beziehen.

Allerdings sollte das Theta-Ratio 0,2 Prozent nicht überschreiten. Ein hohes Theta-Ratio ist zwar vorteilhaft, aber zu hoch sollte es wegen des versteckten Gamma-Risikos auch nicht sein. Gamma (Γ) ist die zu erwartende Änderung des Deltas einer Option bei einer Preisänderung des Basiswerts um 1 Dollar. Deltaneutrale Positionen sind selten gammaneutral und wenn das Gamma einer Position besonders hoch ist, dann spricht das Delta des Trades hochempfindlich auf Preisänderungen des Basiswerts an und ist daher grundsätzlich instabil. Eine Position mit hoher Delta-Empfindlichkeit kann leicht die βΔ-Neutralität eines Portfolios beeinträchtigen.

Die Gammas verschiedener Derivate lassen sich aus ähnlichen Gründen, aus denen das Delta an sich nicht zwischen Basiswerten verglichen werden darf, nicht zwischen Basiswerten vergleichen. Das Gamma lässt sich nicht so präzise betagewichten wie das Delta, aber die positive Beziehung zwischen Gamma und Theta bietet eine Lösung für dieses Problem. Positionen mit hohem Theta, zum Beispiel Trades mit Strikes dicht am Geld (ATM) oder Trades kurz vor der Fälligkeit, haben normalerweise auch ein großes Gamma-Risiko. Da das Theta über die Portfoliopositionen hinweg additiv ist, ist das Theta-Ratio der unmittelbarste Indikator eines überzogenen Gamma-Risikos. Diese Beziehung zwischen Gamma und Theta demonstriert auch, dass Short-Premium-Trader die Profitabilität durch den Zeitwertverlust gegen die P/L-Schwankungen ausgleichen müssen, die aus dem Gamma resultieren.

Zusammenfassend: Das Theta-Ratio eines Optionsportfolios sollte zwischen 0,05 und 0,1 Prozent liegen und 0,2 Prozent nicht überschreiten. Bestehende Positionen sollten basierend auf dem Theta-Ratio und dem derzeit allokierten Kapital neu ausgerichtet werden, es sollten Short-Premium-Positionen hinzugenommen oder Short-Premium-Positionen entfernt werden. Angesichts dieser Benchmarks für die erwarteten Tagesgewinne lässt sich das Verfahren zur Abwandlung der Portfoliopositionen wie folgt zusammenfassen:

- Wenn ein korrekt allokiertes und gut diversifiziertes Portfolio βΔ-neutral ist, aber kein ausreichendes Beta liefert, müssen die im Portfolio enthaltenen Positionen neu bewertet werden. In einem solchen Fall sollte man vielleicht einige Trades mit definiertem Risiko durch Trades mit undefiniertem Risiko ersetzen oder Positionen mit undefiniertem Risiko in höhere Deltas durchrollen. Man kann auch neue deltaneutrale Positionen hinzunehmen, zum Beispiel Strangles und Iron Condors. Auch IV und Theta sind eng korreliert, sodass auch Basiswerte mit höheren IV erwogen werden können, wenn das Theta zu niedrig ist. Diese Maßnahmen kann man umkehren, wenn das Portfolio bei βΔ-Neutralität ein zu hohes Theta hat.
- Ist das Theta-Ratio zu niedrig (< 0,1 Prozent), sollten entweder bestehende Positionen neu ausgerichtet/gestrafft werden oder neue Short-Premium-Positionen hinzugenommen werden.
  - Ist das βΔ zu hoch und positiv (bullish), dann nehme man neue βΔ-negative Positionen hinzu (zum Beispiel Short-Calls auf Basiswerte mit positivem Beta oder Short-Puts auf Basiswerte mit negativem Beta).
  - Ist das βΔ zu hoch und negativ (bearish), dann nehme man neue βΔ-positive Positionen hinzu (zum Beispiel Short-Puts auf Basiswerte mit positivem Beta).

- Ist das Theta-Ratio zu hoch (> 0,2 Prozent), sollten entweder bestehende Positionen neu ausgerichtet/ausgeweitet werden oder Short-Premium-Positionen entfernt werden.
  - Ist das βΔ zu hoch und positiv (bullish), dann entferne man βΔ-positive Positionen (zum Beispiel Short-Puts auf Basiswerte mit positivem Beta).
  - Ist das βΔ zu hoch und negativ (bearish), dann entferne man βΔ-negative Positionen (zum Beispiel Short-Calls auf Basiswerte mit positivem Beta).
  - Wenn ein korrekt allokiertes und gut diversifiziertes Portfolio ausreichend Theta liefert, aber nicht βΔ-neutral ist, dann sollten bestehende Positionen neu bewertet werden. Zum Beispiel könnte man schiefe Positionen schließen und neu ausrichten oder durch neue deltaneutrale Positionen ersetzen, die vergleichbare Thetas liefern.

Kernpunkte

1. Der Anteil an der Kaufkraft des Portfolios, der Short-Premium-Positionen zugewiesen wird, sollte je nach der aktuellen Marktvolatilität zwischen 25 und 50 Prozent liegen, wobei das restliche Kapital entweder in Cash oder in einem risikoarmen passiven Investment verwahrt wird. Von dem eingesetzten Betrag sollten mindestens 75 Prozent für Trades mit undefiniertem Risiko reserviert werden (dabei pro Position höchstens 7 Prozent) und höchstens 25 Prozent sollten für Strategien mit definiertem Risiko reserviert werden (dabei pro Position höchstens 5 Prozent). Die Richtlinien für die Allokation des gesamten Portfolios *müssen* eingehalten werden, aber für die auf einzelne Trades bezogenen Allokationsrichtlinien gilt insbesondere bei kleineren Depots mehr Nachsicht.
2. Ein Optionsportfolio besteht üblicherweise aus zwei Arten von Positionen: Kernpositionen und ergänzenden Positionen.

Kernpositionen sind gewöhnlich Trades mit hoher POP und moderater P/L-Varianz, die konsistente Gewinne und ein angemessenes Ausreißerrisiko bieten. Ergänzende Positionen sind nicht unbedingt zuverlässige Gewinnquellen, sondern vielmehr Instrumente, um sich am Markt zu beteiligen. Höchstens 25 Prozent des Kapitals, das auf Short-Premium-Strategien entfällt, sollten in ergänzende Positionen fließen.

3. Anders als Aktienportfolios lassen sich Optionsportfolios im Hinblick auf mehrere Variablen diversifizieren, zum Beispiel Laufzeit/Managementzeitpunkt, Basiswert und Strategie. Die Diversifizierung der Basiswerte eines Optionsportfolios bleibt das unentbehrlichste Diversifizierungsinstrument des Portfolio-Risikomanagements, insbesondere des Managements von Ausreißerrisiken.
4. Das betagewichtete Delta (βΔ) stellt die Menge an Richtungs-Exposure einer Position im Verhältnis zu einem Index anstatt zum Basiswert selbst dar. Das Theta eines Portfolios (Θ) stellt das erwartete tägliche Wachstum eines Portfolios dar. Das Theta-Ratio eines Optionsportfolios sollte mindestens 0,05 bis 0,1 Prozent betragen und 0,2 Prozent nicht überschreiten. Die Aufrechterhaltung der Ausgewogenheit dieser beiden Griechen gewährleistet, dass das Chance-Risiko-Profil eines Optionsportfolios so dicht am Ziel wie möglich bleibt.

8

FORTGESCHRITTENES PORTFOLIOMANAGEMENT

Nachdem wir nun die notwendigen Grundlagen des Portfoliomanagements behandelt haben, bespricht dieses Kapitel zusätzliche Optimierungsmethoden für Trader, die einem aktiveren Handel aufgeschlossen gegenüberstehen. Die Richtlinien der Kapitalallokation, der Diversifizierung der Basiswerte und der Griechen eines Portfolios müssen unbedingt eingehalten werden und lassen sich verhältnismäßig einfach umsetzen. Dieses Kapitel stellt nun einige weniger essenzielle Strategien vor:

- Zusätzliche Methoden der Diversifizierung von Optionen
- Die Gewichtung von Anlagen nach der Gewinnwahrscheinlichkeit (POP)

Fortgeschrittene Diversifizierung

Wie bereits im vorigen Kapitel gesagt, ist einer der größten strategischen Unterschiede zwischen Aktienportfolios und Optionsportfolios die Möglichkeit, das Risiko im Hinblick auf andere Faktoren als den Preis zu diversifizieren. Die Diversifizierung bezüglich des Basiswerts ist der wirkungsvollste Weg, die Auswirkungen von Ausreißerereignissen auf ein Portfolio zu reduzieren. Die Diversifizierung in Bezug auf andere Variablen, zum Beispiel Zeit und Strategie, erfordert zwar mehr aktives Management, senkt aber tendenziell die P/L-Korrelation zwischen den Positionen. Betrachten wir beispielsweise in Abbildung 8.1 die tägliche Standardabweichung des P/L von SPY-Strangles mit verschiedenen Laufzeiten.

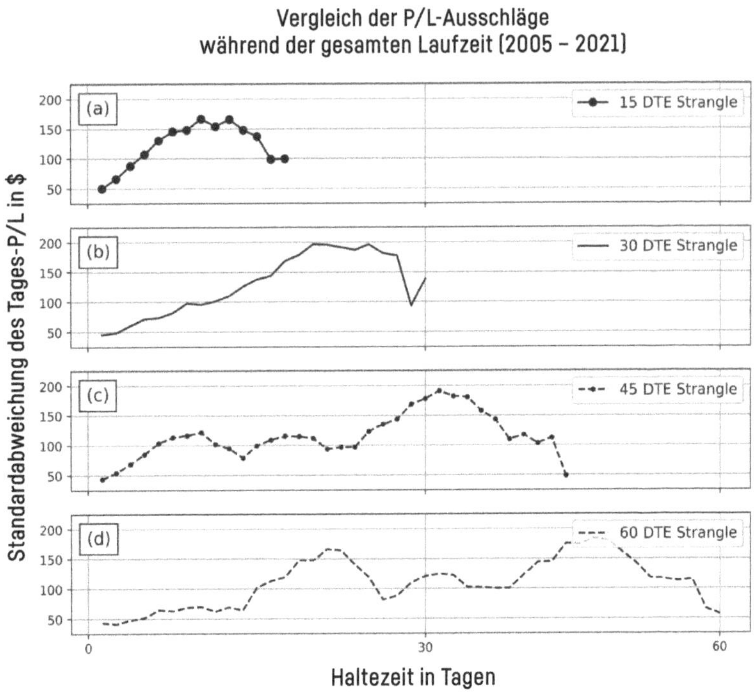

Abbildung 8.1
Standardabweichung der täglichen P/L in Dollar bei SPY-Strangles mit 16Δ und verschiedenen Laufzeiten von 2005 bis 2021. Dargestellt sind Restlaufzeiten (DTE) von (a) 15 Tagen, (b) 30 Tagen, (c) 45 Tagen und (d) 60 Tagen.

Bei Short-Premium-Trades werden meist die P/L-Ausschläge größer, wenn sie sich der Fälligkeit nähern, was daraus resultiert, dass die Position empfindlicher für die Zeit und für den Preis des Underlyings wird (größeres Gamma und Theta). Da Kontrakte mit verschiedenen Laufzeiten zu einem gegebenen Zeitpunkt unterschiedlich empfindlich auf diese Faktoren ansprechen, vermindert eine Diversifizierung der Restlaufzeiten der Portfoliopositionen die Korrelationen zwischen ihren P/L-Dynamiken. Da es wichtig ist, konsistente Laufzeiten zu traden, um viele Fälle zu erzielen, besteht die effektivste Möglichkeit, bezüglich der Zeit zu diversifizieren, darin, Kontrakte mit konsistenten Laufzeiten, aber unterschiedlichen Fälligkeiten zu traden.

Durch diese Strategie schafft man im Portfolio ein Sortiment an Restlaufzeiten, ohne die Anzahl der Fälle zu beeinträchtigen. Trotz ihrer Wirksamkeit wird die Diversifizierung hinsichtlich der Zeit in diesem Kapitel nicht ausführlich behandelt, weil es schwierig ist, sie bequem und konsistent aufrechtzuerhalten.

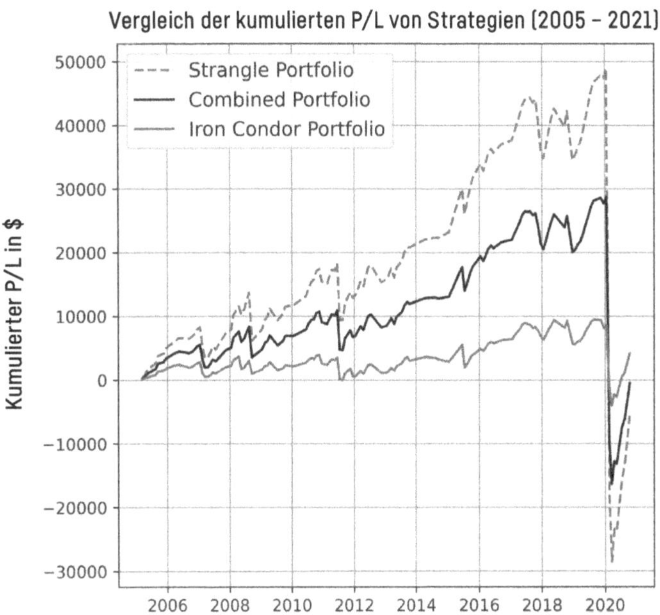

Abbildung 8.2

Kumulierte P/L von drei verschiedenen Portfolios, die Kombinationen aus SPY-Strangles und SPY-Iron-Condors enthalten, die bis zur Fälligkeit gehalten wurden, von 2005 bis 2021. Das Strangle-Portfolio enthält zehn Strangles, das kombinierte Portfolio fünf Strangles und fünf Iron Condors, das Iron-Condor-Portfolio enthält zehn Iron Condors. Alle Kontrakte werden über den Verfallzyklus getradet, also zu Beginn des Zyklus eröffnet und bei Fälligkeit geschlossen. Die Positionen haben das gleiche Short-Delta (16Δ), etwa die gleiche Laufzeit (45 DTE) sowie die gleichen Eröffnungs- und Schließungsdaten. Die Long-Strikes der Iron Condors liegen in etwa bei 10Δ.

Die Diversifizierung nach Strategien ist zwar nicht so unerlässlich wie die Diversifizierung nach Basiswerten, aber sie ist eine weitere Methode des Risikomanagements, die einfacher ist als die Diversifizierung nach der Zeit. Diese Methode streut das Portfoliokapital effektiv über verschiedene Risikoprofile und wahrt gleichzeitig bei einem gegebenen Basiswert (oder einem stark korrelierten Basiswert) die gleiche Richtungsannahme. Dies ermöglicht es Tradern, die Richtungsdynamik einer Anlage auszunutzen und dabei einen Teil des Portfoliokapitals vor Ausreißerverlusten zu schützen. Als Beispiel für das Diversifizierungspotenzial dieser Methode sehen wir uns einen Backtest dreier verschiedener Portfolios an. Jedes Portfolio enthält eine Kombination aus zwei richtungsneutralen SPY-Strategien: Strangles und Iron Condors. Die Performance dieser Portfolios im langfristigen Backtest wird in Abbildung 8.2 gezeigt und in Tabelle 8.1 analysiert. Zweck dieses Backtests ist es nicht, das Gewinn- oder Verlustpotenzial zu demonstrieren, das mit dem Kombinieren von Strangles und Iron Condors auf den SPY verbunden ist, sondern die möglichen Auswirkungen der Diversifizierung nach Strategien auf das Portfoliorisiko anhand eines Beispiels von Ergebnissen zu veranschaulichen.

Tabelle 8.1
Statistische Analyse der drei in Abbildung 8.2 dargestellten Portfolios. Die ersten vier Kennzahlen (POP, durchschnittlicher P/L, Standardabweichung des P/L und CVaR) bewerten die Portfolioperformance während eher normaler Marktbedingungen (2005 bis 2020). Die letzte Spalte gibt den Worst-Case-Drawdown durch den Kurseinbruch 2020 (die kumulierten Verluste von Februar bis März 2020) an.

	2005 – 2020				Kursrutsch 2020
Art des Portfolios	**POP**	**Durchschnittlicher P/L**	**Standardabweichung des P/L**	**CVaR (5 %)**	**Worst-Case-Drawdown**
Strangle	76 %	379 $	1.803 $	-5.174 $	-77.520 $
Kombiniert	75 %	221 $	1.275 $	-3.648 $	-45.080 $
Iron Condor	67 %	64 $	799 $	-2.324 $	-12.640 $

Die Wirkung der Diversifizierung wird sofort deutlich, vor allem wenn man die Drawdowns beim Kursrutsch 2020 beachtet. Die Strangles und die Iron Condors erlitten Anfang 2020 massive Drawdowns, obwohl Trades mit definiertem Risiko Trades mit geringerem Risiko und geringeren Chancen sind. Der auf das Portfoliokapital bezogene prozentuale kumulierte Drawdown ist bei allen drei Portfolios ungefähr gleich (circa 150 Prozent), aber in Dollar waren die Drawdowns beim Strangle-Portfolio wesentlich größer als beim kombinierten Portfolio. Unter eher normalen Marktbedingungen hatte das kombinierte Portfolio außerdem eine viel höhere POP und ein größeres Gewinnpotenzial als das Iron-Condor-Portfolio sowie geringere P/L-Schwankungen und ein geringeres Ausreißerrisiko als das Strangle-Portfolio.

Dieses Beispiel führt vor, dass man als Trader, indem man das Portfoliokapital über Strategien mit definiertem und undefiniertem Risiko streut, die Richtungstendenzen eines Basiswerts (oder mehrerer eng korrelierter Basiswerte) ausnutzen und gleichzeitig einen Teil des Kapitals vor unwahrscheinlichen Ausreißerereignissen schützen kann. Allerdings kombiniert dieses Beispiel die Strategien auf stark vereinfachte Weise, denn die implizite Volatilität (IV) des Marktes, die Richtlinien für die Kapitalallokation, alternative Managementmethoden und strategiespezifische Faktoren wurden dabei nicht berücksichtigt. In der Praxis erreichen Strategien mit definiertem und undefiniertem Risiko die P/L-Ziele unterschiedlich schnell und erfordern häufig verschiedene Managementstrategien. Auch der Anteil des Kapitals, der einer einzelnen Position zugewiesen wird, hängt von mehreren Faktoren ab, unter anderem von der Kaufkraftreduktion (BPR) des Trades (bei Trades mit definiertem Risiko höchstens 5 Prozent, bei undefiniertem Risiko höchstens 7 Prozent) und von der Korrelation zu den bestehenden Portfoliopositionen. Trader, die sich für eine eher quantitative Methode der positionsbezogenen Kapitalallokation interessieren, können die Gewichtungen anhand der Gewinnwahrscheinlichkeit der Strategie ermitteln.

Kapitalgewichtung anhand der POP

Der Anteil des Kapitals, der einer Position zugewiesen werden soll, lässt sich anhand der POP der Strategie ermitteln. Ein angemessener Anteil der Kaufkraft lässt sich mit folgender Formel berechnen, die aus dem Kelly-Kriterium hergeleitet ist:*

$$f = r \cdot \frac{DTE}{365} \cdot \frac{\text{POP}}{\text{1-POP}} \qquad (8.1)$$

Dabei ist r der annualisierte risikolose Renditesatz, DTE die Restlaufzeit des Kontrakts in Kalendertagen, POP ist die Gewinnwahrscheinlichkeit der Strategie.** Die Ermittlung der risikolosen Rendite ist nur eine Näherung, weil es sich dabei um eine nicht beobachtbare marktweite Konstante handelt. Dafür wird üblicherweise als konservative Schätzung die Rendite langfristiger Anleihen verwendet. Im weiteren Verlauf dieses Kapitels wird der Einfachheit halber dieser risikolose Zins mit rund 3 Prozent angesetzt. Beispiele für prozentuale Portfolio-Allokationen, die mit dieser Gleichung berechnet wurden, sehen Sie in Tabelle 8.2.

Tabelle 8.2

POP und prozentuale Allokationen der Kaufkraft bei Strangles mit 45 DTE und 16Δ auf SPY, QQQ und GLD, 2011 bis 2018.

	Kennzahlen zu Strangles (2011 – 2018)	
	POP	**Prozentuale Allokation**
SPY-Strangle	79 %	1,4 %
QQQ-Strangle	73 %	1,0 %
GLD-Strangle	84 %	1,9 %

* Eine Vorstellung des Kelly-Kriteriums finden Sie im Anhang.

** Die in diesem Kapitel verwendeten POP wurden aus historischen Optionsdaten berechnet. Optionsdaten sind zwar für statistische Analysen ideal, aber den meisten Menschen nicht zugänglich. Trading-Plattformen bieten häufig die theoretische POP einer Strategie an, die man bei diesen Berechnungen statt der gemessenen POP einsetzen kann.

Die obige Gleichung legt nahe, dass der Anteil an der Kaufkraft des Portfolios, der diesen Positionen zugewiesen werden sollte, zwischen 1,0 und 1,9 Prozent liegen sollte, aber diese Berechnungen berücksichtigen keine Korrelationen zwischen den Positionen. Strategien mit perfekt korrelierten Basiswerten sollten prozentual gegeneinander verrechnet werden, weil Gleichung (8.1) verlangt, dass die Trades voneinander unabhängig sind. Da in diesem Beispiel SPY und QQQ untereinander eng korreliert, aber jeweils nicht mit dem GLD korreliert sind, dürfen GLD-Strangles 1,9 Prozent der Kaufkraft des Portfolios in Anspruch nehmen, hingegen SPY-Strangles und QQQ-Strangles *zusammen* 1,4 Prozent (den größeren der beiden Allokationsprozentsätze). Da SPY und QQQ nicht perfekt korreliert sind, ist das eine konservative Untergrenze.

Die Allokationsanteile sind insgesamt recht niedrig, weil das Kelly-Kriterium dafür eintritt, viele kleine Wetten einzugehen, die nicht miteinander korreliert sind. Wenn man vorhat, 25 bis 50 Prozent der Kaufkraft des Portfolios einzusetzen, ist es kaum praktikabel, sich strikt an diese Größen zu halten, weil es schlicht nicht genug Basiswerte gibt, die nicht miteinander korreliert sind. Der Wert des risikolosen Zinssatzes liefert eine *konservative* Schätzung der idealen Kapitalallokation, sodass es gerechtfertigt ist, die Prozentsätze anzuheben und einen aggressiveren Ansatz zu fahren. Um bei der Anhebung der Prozentsätze nicht die Richtlinien der Kapitalallokation zu verletzen, kann man die Positionsgrößen als Heuristik für die Ermittlung der *verhältnismäßigen* Kapitalallokation statt der ausdrücklichen Prozentsätze verwenden. Anstatt einer Allokation anhand der POP-Gewichtung könnte eine eher heuristische Methode so aussehen:

- Den anfänglichen Schätzungen entsprechend sollten 1,4 Prozent der Kaufkraft des Portfolios auf SPY-Strangles und 1,9 Prozent auf GLD-Strangles entfallen.
- Geteilt durch 1,9 entsprechen diese Gewichtungen einem Verhältnis von circa 0,74 : 1,0.

- Das bedeutet, dass SPY-Strangles circa das 0,74-Fache der Portfoliokaufkraft belegen sollten, die GLD-Strangles belegen.
- Wenn sich für GLD-Strangles die pro Trade maximale Allokation von 7 Prozent ergibt, sollten rund 5,2 Prozent (0,74 x 7 % = 5,2 %) auf SPY-Strangles entfallen.

Führen wir dieses Beispiel fort und nehmen wir an, das SPY-Strangles zugewiesene Kapital würde nun in SPY-Strangles und QQQ-Strangles aufgeteilt. Diese Basiswerte sind zwar korreliert, aber die Aufteilung des Kapitals zwischen diesen Positionen bewirkt eine stärkere Diversifizierung als die Allokation der gesamten 5,2 Prozent auf nur einen Basiswert. Auch dieser Prozess lässt sich anhand der POP-Gewichtungen einschätzen:

- Den anfänglichen Schätzungen entsprechend sollten 1,4 Prozent der Kaufkraft des Portfolios auf SPY-Strangles und 1,0 Prozent auf QQQ-Strangles entfallen.
- Geteilt durch 2,4 Prozent (1,4 % + 1,0 %) entsprechen diese Gewichtungen einem Verhältnis von circa 0,58 : 0,42.
- Das bedeutet, dass SPY-Strangles 58 Prozent der Kapitalallokation und QQQ-Strangles 42 Prozent belegen sollten.
- Wenn diesen Positionen maximal 5,2 Prozent zugewiesen werden können, sollten 3,0 Prozent des Portfoliokapitals in SPY-Strangles und 2,2 Prozent in QQQ-Strangles fließen.

In Kombination mit den Obergrenzen der Positionsgrößen aufgrund der Richtlinien für die Kapitalallokation ermöglicht es diese Skalierungsformel Tradern, Portfoliogewichtungen zu konstruieren, die sich nach der POP einer Strategie richten, ohne sich übermäßigen Ausreißerrisiken auszusetzen. Diese beiden Konzepte bilden eine einfache, aber effektive Grundlage für die Portfoliokonstruktion.

Die Konstruktion eines Beispielportfolios

In diesem Abschnitt werden vereinfachte Richtlinien der Kapitalallokation, der Optionsdiversifizierung und der POP-Gewichtung miteinander kombiniert, um ein Beispielportfolio zusammenzustellen. Das hier vorgestellte Beispielportfolio wird anhand von Daten konstruiert, die von Januar 2011 bis zum 1. Januar 2018 reichen und zu denen ein Backtest von 2. Januar 2018 bis September 2019 durchgeführt wurde. Dieser Backtest konzentriert sich auf die Umsetzung einiger der in den Kapiteln 7 und 8 skizzierten Methoden der Portfoliokonstruktion. Das Beispielportfolio enthält sechs verschiedene Kernpositionen (alles Strangles), auf die jeweils ein konstanter Anteil des Portfoliokapitals entfällt, der anhand der im vorigen Abschnitt beschriebenen Skalierungsmethode der POP-Gewichtung ermittelt wurde. Um die Analyse und das Verständnis zu erleichtern, werden folgende drei Vereinfachungen vorgenommen:

1. Weder die IV des Marktes noch die IV der Basiswerte werden berücksichtigt. Das Hochfahren der Allokation bei steigender IV des Marktes ist ebenso eine wirkungsvolle Möglichkeit, von höheren Prämien zu profitieren, wie die Konzentration auf Basiswerte mit aufgeblähten impliziten Volatilitäten. Da während des gesamten Backtests den gleichen Short-Premium-Positionen konstant 30 Prozent zugewiesen werden, ist das Gewinnpotenzial signifikant eingeschränkt. Darum liegt der Schwerpunkt dieser Analyse auf dem Risikomanagement.
2. Anstatt einer Kombination von Strategien verwendet diese Strategie nur Strangles auf börsennotierte Fonds (ETFs) als Basiswerte. Dadurch ist das Portfolio annähernd deltaneutral und so entfällt die Notwendigkeit, Richtungsannahmen oder Risikoprofile einzelner Anlagen zu begründen. Da Aktien als Basiswerte nicht berücksichtigt werden, kommen aktienspezifische binäre Ereignisse wie etwa Geschäftsergebnisse und Dividenden nicht in Betracht. Das bedeutet auch, dass das

zusätzliche Gewinnpotenzial durch ergänzende Positionen (die meist riskanter sind und auch Aktien als Basiswerte beinhalten) bei diesem Backtest nicht berücksichtigt wird.

3. Anstatt die Trades anhand festgelegter Gewinnziele zu managen, werden alle in diesem Backtest gezeigten Trades in etwa zum Monatsersten eröffnet und zum Monatsende geschlossen.

Schritt 1: Anhand von Daten aus der Vergangenheit geeignete Basiswerte identifizieren. Die Kernpositionen sollten moderate P/L-Standardabweichungen und gut diversifizierte Basiswerte haben. ETFs wie die in Tabelle 8.3 sind als Basiswerte für Kernpositionen geeignete Kandidaten. Die Markt-ETFs sind zwar untereinander stark korreliert, aber eine ausreichende Zahl nicht korrelierter und invers korrelierter Anlagen kann eine vernünftige Senkung des unsystematischen Risikos bewirken.

Tabelle 8.3

Korrelationen zwischen verschiedenen ETFs von 2011 bis 2018. Es handelt sich um zwei Markt-ETFs (SPY, QQQ), einen Gold-ETF (GLD), einen Anleihe-ETF (TLT), einen Währungs-ETF (FXE – Euro) und einen Versorger-ETF (XLU).

		Korrelation (2011 – 2018)					
		SPY	**QQQ**	**GLD**	**TLT**	**FXE**	**XLU**
Markt-ETFs	**SPY**	1,0	0,88	-0,02	-0,44	0,16	0,49
	QQQ	0,88	1,0	-0,03	-0,36	0,12	0,35
Diversifizierende ETFs	**GLD**	-0,02	-0,03	1,0	0,19	0,34	0,08
	TLT	-0,44	-0,36	0,19	1,0	-0,03	-0,04
	FXE	0,16	0,12	0,34	-0,03	1,0	0,18
	XLU	0,49	0,35	0,08	-0,04	0,18	1,0

Schritt 2: Berechnung des Anteils am Portfoliokapital, das jeder Position zugewiesen werden soll. Diese Prozentsätze lassen sich mit Gleichung (8.1) abschätzen und gemäß der im vorigen Abschnitt beschriebenen Methode skalieren, zu sehen in Tabelle 8.4.

Tabelle 8.4

Kennzahlen der Kernpositionen in Form von Strangles mit 45 DTE und 16Δ von 2011 bis 2018. Das Allokationsverhältnis gibt die Allokationsprozentsätze dahingehend normalisiert an, dass die größte Position auf 1,0 gesetzt wird. Ermittelt werden die Portfoliogewichtungen durch Multiplikation des Allokationsverhältnisses mit 7 Prozent (dem maximalen Prozentsatz je Trade). Die angepassten Portfoliogewichtungen geben an, wie das Portfoliokapital auf Anlagen aufgeteilt wird, die eng miteinander korreliert sind.

	Kennzahlen der Kernpositionen (2011 – 2018)	
	POP	**Prozentuale Allokation**
SPY-Strangle	79 %	1,4 %
QQQ-Strangle	73 %	1,0 %
GLD-Strangle	84 %	1,9 %
TLT-Strangle	78 %	1,3 %
FXE-Strangle	83 %	1,8 %
XLU-Strangle	81 %	1,6 %
Allokationsverhältnis	**SPY/QQQ:GLD:TLT:FXE:XLU** 0,74:1,0:0,68:0,95:0,84	
Portfoliogewichtungen	**SPY/QQQ:GLD:TLT:FXE:XLU** 5,2 %:7,0 %:4,8 %:6,7 %:5,9 %	
Angepasste Portfoliogewichtungen	**SPY/QQQ:GLD:TLT:FXE:XLU** 3,0 %:2,2 %:7,0 %:4,8 %:6,7 %:5,9 %	

Die in Tabelle 8.4 dargestellten Kernpositionen haben hohe POP, moderate Standardabweichungen des P/L, gut diversifizierte Basiswerte und die Allokationen liegen unter dem Kaufkraft-Maximum von 7 Prozent. Die gesamte Kaufkraft des Portfolios, die Short-Premium-Trades zugewiesen wird, beläuft sich auf 30 Prozent, was nahe genug an dem Minimum von 25 Prozent ist, damit es für diesen Backtest ausreicht. Nachdem wir das Portfolio nun mit Zahlen von 2011 bis 2018 aufgelegt haben, können wir es anhand neuerer Daten von Anfang 2018 bis Ende 2019 einem Backtest unterziehen, wobei zu bedenken ist, dass dieser Test weder dynamisches Management noch die implizite Volatilität berücksichtigt. Die Ergebnisse des Backtests dieses Beispielportfolios werden in Abbildung 8.3 und Tabelle 8.5 dargestellt.*

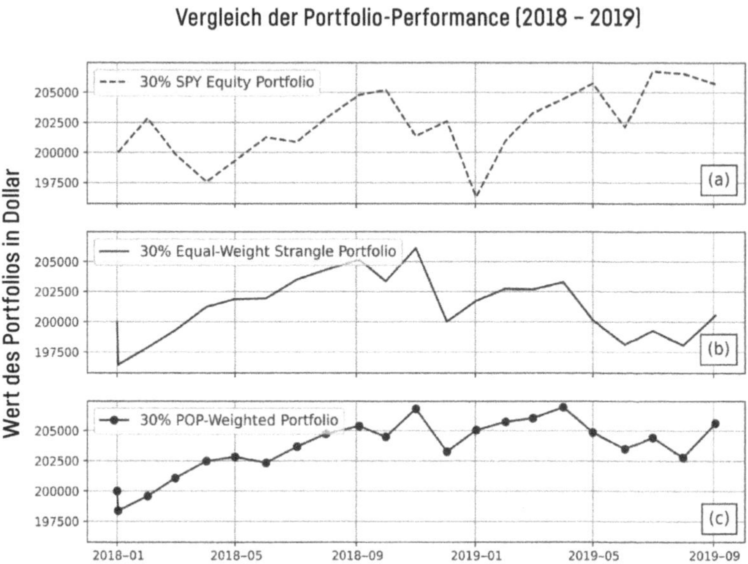

Abbildung 8.3
Performance dreier verschiedener Portfolios von Anfang 2018 bis September 2019. Jedes Portfolio hat ein Anfangskapital von 200.000 Dollar, von denen 30 Prozent eingesetzt werden. Der Anfangsbetrag von 200.000 Dollar erlaubt zu jedem Positionstyp mindestens einen Trade, was bei einem Anfangskapital von 100.000 Dollar nicht der Fall wäre. Beim 30%-SPY-Portfolio (a) werden 30 Prozent in Anteile des SPY investiert. Beim gleichgewichteten 30%-Strangle-Portfolio (b) werden jedem der sechs Typen von Strangles 5 Prozent zugewiesen. Beim POP-gewichteten 30%-Portfolio (c) werden die 30 Prozent gemäß den in Tabelle 8.4 angegebenen Prozentsätzen gewichtet. Alle Kontrakte haben das gleiche Delta (16Δ), gleiche Laufzeiten (circa 45 DTE) sowie die gleichen Eröffnungs- und Schließungsdaten. Zwecks Vergleichbarkeit werden auch die Trades im SPY-Portfolio jeweils am Monatsersten eröffnet und zum Monatsende geschlossen.

---

* Dieser Backtest führt einen konkreten Ausgang unter vielen vor, die beim Short-Premium-Trading denkbar sind. Ziel dieses Backtests ist es, vorzuführen, wie ein Beispielportfolio unter diesen konkreten Umständen im Verhältnis zu anderen Portfolios mit ähnlichen Merkmalen performt.

Tabelle 8.5
Performance-Kennzahlen des Backtests der drei in Abbildung 8.3 dargestellten Portfolios von 2018 bis 2019.

Vergleich der Portfolioperformance (2018 – 2019)				
Portfoliotyp	**POP**	**Durchschnittlicher P/L**	**Standardabweichung des P/L**	**Schwerster Verlust**
SPY	60 %	285 $	2.879 $	-6.319 $
Gleichgewichtet	67 %	26 $	2.440 $	-6.117 $
POP-gewichtet	67 %	268 $	1.610 $	-3.561 $

Interessanterweise zeigt Tabelle 8.5, dass von den drei Portfolios das SPY-Portfolio ohne Optionen am volatilsten war und den schwersten Drawdown erlitt, obwohl es weniger Tail-Exposure aufwies als die Optionsportfolios. Das POP-gewichtete Portfolio brachte eine beständigere Performance und je Trade eine signifikant geringere Standardabweichung als die beiden anderen, wobei die POP je Trade derjenigen des gleichgewichteten Portfolios und der durchschnittliche P/L dem des SPY-Portfolios entsprach. Obwohl das POP-gewichtete Portfolio aus Strategien mit undefinierten Risiken besteht, schwankte sein P/L während der gesamten Backtest-Periode fast nur halb so stark wie das SPY-Portfolio und auch sein Worst-Case-Verlust war nur halb so groß. Auch das gleichgewichtete Strangle-Portfolio performte schlechter als das POP-gewichtete Portfolio, allerdings waren weder seine P/L-Schwankungen noch seine schweren Drawdowns größer als beim vergleichbaren SPY-Portfolio. Um es noch einmal zu sagen: Die Performance beider Strangle-Portfolios lässt sich noch weiter optimieren, indem man die prozentuale Allokation je nach Marktvolatilität erhöht (das kann man durch die Hinzunahme unkorrelierter Short-Premium-Positionen tun) oder indem man komplexere Managementstrategien einbaut. Doch bereits dieser vereinfachte Backtest veranschaulicht, wie es sich auswirkt, wenn man die Risikomanagement-Methoden der Kapitalallokation, der Diversifizierung und der POP-gewichteten Allokation einbezieht.

Die aus dem Kelly-Kriterium abgeleitete Heuristik POP/(1 - POP) liefert einen guten Anhaltspunkt dafür, wie viel Kapital bei der Zusammenstellung eines Portfolios eingesetzt werden sollte. Dabei zeigt sie an, dass Trades mit höheren POP mehr Kapital und weniger verlässlichen Trades weniger Kapital zugewiesen werden sollte. Allerdings bietet diese Methode keine durchgehende Struktur für dynamisches Portfoliomanagement. Oft erreichen Trades zu unterschiedlichen Zeiten Gewinn- oder Verlustziele, verlangen eine Neuausrichtung des Basispreises oder bieten neue Gelegenheiten. Trader können den komplexen Managementprozess zum Beispiel dadurch vereinfachen, dass sie für alle Trades in einem Portfolio die gleiche Kontraktlaufzeit oder die gleiche Managementstrategie wählen. Trotzdem ist ein Rahmen notwendig, um durch diese dynamischen Umstände hindurchzusteuern, und dabei sind die Griechen des Portfolios und das in Kapitel 7 skizzierte Rebalancing-Protokoll besonders nützlich.

Kernpunkte

1. Man kann Optionen im Hinblick auf mehrere Variablen diversifizieren, jedoch bleibt die Diversifizierung der Basiswerte eines Optionsportfolios der wesentlichste Bestandteil des Portfolio-Risikomanagements. Trader, die ein größeres Engagement bewältigen können und sich für weitergehende Diversifizierung interessieren, können Positionen auch in Bezug auf die Zeit und auf die Strategie diversifizieren.
2. Diversifizierung in Bezug auf die Zeit reduziert tendenziell die Korrelationen zwischen Portfoliopositionen, da Kontrakte je nach ihrer Laufzeit unterschiedlich auf Änderungen der Zeit, der Volatilität und des Preises des Basiswerts reagieren. Die wirkungsvollste Möglichkeit, im Hinblick auf die Zeit zu diversifizieren, ohne die Anzahl der Fälle zu beeinträchtigen, ist der Handel mit Kontrakten mit konsistenten Laufzeiten,

aber verschiedenen Fälligkeitsdaten. Allerdings ist diese Strategie schwer durchzuhalten, vor allem wenn mehrere Managementstrategien eingesetzt werden.

3. Die Diversifizierung des Portfoliokapitals über Strategien mit definiertem und mit undefiniertem Risiko ermöglicht es Tradern, die Richtungstendenzen eines Basiswerts auszunutzen, aber gleichzeitig einen Teil des Kapitals vor unwahrscheinlichen Ausreißerereignissen zu schützen. Bei der Umsetzung dieser Diversifizierungsmethode ist zu beachten, dass Strategien mit definiertem und mit undefiniertem Risiko P/L-Ziele üblicherweise verschieden schnell erreichen und häufig unterschiedliche Managementstrategien verlangen.
4. Der Kapitalanteil, der einer einzelnen Position zugewiesen wird, lässt sich aus der POP der Strategie und der Korrelation zwischen bestehenden Portfoliopositionen berechnen. Der Prozentsatz des Portfoliokapitals, der einer einzelnen Position zugewiesen wird, lässt sich mithilfe von Gleichung (8.1) abschätzen, kann dann allerdings noch skaliert werden, weil der risikolose Zinssatz eine sehr konservative Schätzung liefert.

9

BINÄRE EREIGNISSE

Bislang hat dieses Buch unvorhersehbare Zunahmen der impliziten Volatilität (IV) und ihre Auswirkungen auf Short-Premium-Portfolios behandelt. Allerdings können Trader mit einer bestimmten Art von Zunahmen und Abnahmen der Volatilität mit annähernder Gewissheit rechnen. Eine solche erwartbare Volatilitätsdynamik ist das Ergebnis eines *binären Ereignisses*. Ein binäres Ereignis ist ein *bekanntes* bevorstehendes Ereignis, das sich auf eine bestimmte Anlage (oder eine Gruppe von Anlagen) auswirken wird und von dem *erwartet wird*, dass es eine große Preisbewegung hervorruft. Doch auch wenn *damit gerechnet wird*, dass die Preisvarianz dann zunimmt, kann sie es tatsächlich tun oder auch nicht – je nach Ausgang des binären Ereignisses.* Beispiele für binäre Ereignisse sind etwa die Geschäftsberichte von Unternehmen (Anlass für Earnings-Trades), die Ankündigung neuer Produkte, Berichte vom Ölmarkt, Wahlen und Verlautbarungen der Fed, die den breiten Markt betreffen.

Da das Datum des erwarteten Kursausschlags bekannt ist, besteht normalerweise eine signifikante Nachfrage nach Kontrakten, die zu dem oder nach dem binären Ereignis fällig werden, das einen Basiswert betrifft. Die gestiegene Nachfrage lässt die IV der Anlage steigen, die dann gewöhnlich unmittelbar nach Bekanntwerden des Ausgangs wieder auf das ereignislose Niveau zurückfällt. Diese Tendenz wird in Abbildung 9.1 gezeigt.

---

* Der Begriff „binär" bezeichnet Systeme, die einen von zwei möglichen Zuständen annehmen können (ein/aus, ja/nein). In diesem Kontext ist ein binäres Ereignis ein Ereignis, bei dem die Preisänderungen entweder innerhalb der Erwartungen bleiben oder die Erwartungen übertreffen.

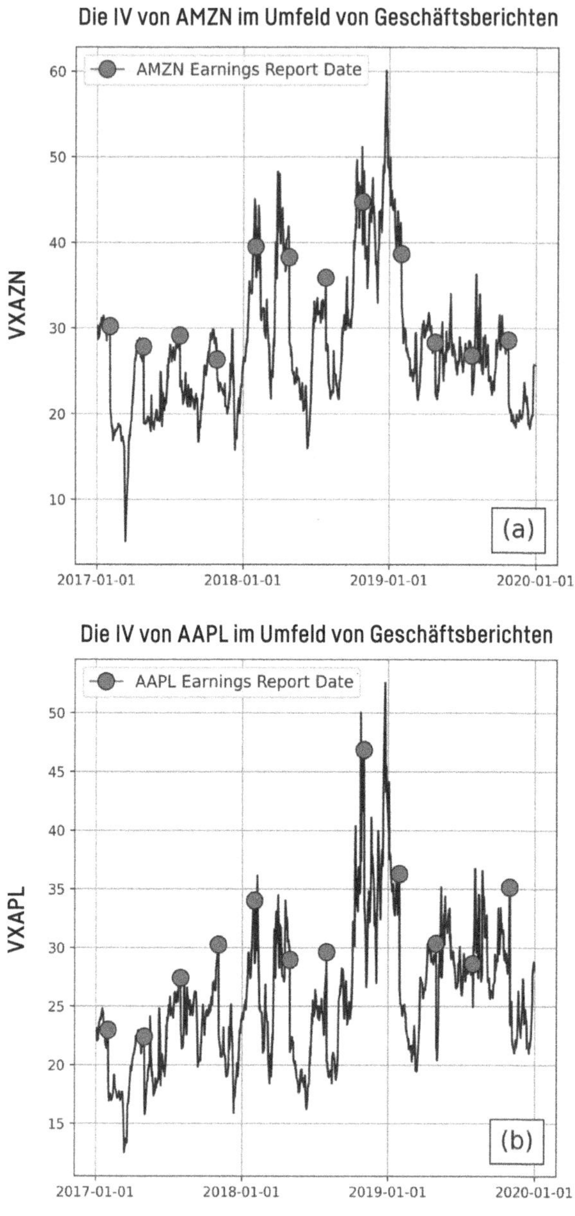

Abbildung 9.1
IV-Indizes verschiedener Aktien von 2017 bis 2020. (a) AMZN (Amazon) und (b) AAPL (Apple).

Die Wirkung einer Volatilitätszunahme infolge eines binären Ereignisses unterscheidet sich dahingehend von unerwarteten Perioden der Marktvolatilität, dass sich in den Optionspreisen im Vorfeld binärer Ereignisse die Erwartung großer Preisbewegungen des Basiswerts niederschlägt. Allerdings schlagen sich die hohen Gutschriften und die sofortigen Rückgänge der Volatilität, die häufig aus binären Ereignissen resultieren, nicht zwangsläufig in höheren (oder auch nur wahrscheinlichen) Gewinnen durch Short-Premium-Positionen nieder. Das liegt daran, dass das *Ausmaß* der Preisbewegung, die auf den Ausgang des binären Ereignisses folgt, nicht vorhersehbar ist und somit den Erwartungen entsprechen oder von ihnen abweichen kann. Im Schnitt fällt die Reaktion des Marktes auf ein binäres Ereignisses meist ziemlich groß aus, sodass Short-Options-Strategien, die von solchen Bedingungen profitieren, meist *hochgradig* volatil und auf lange Sicht nicht unbedingt profitabel sind. Auch dieses Phänomen ergibt sich aus der Effizienzmarkthypothese (EMH), denn die Tatsache, dass der Charakter binärer Ereignisse so wohlverstanden ist, steht einem etwaigen konsistenten Vorteil derartiger Strategien entgegen.

Es gibt keine starken Belege dafür, dass der Kauf oder Verkauf von Optionen im Umfeld binärer Ereignisse einen konsistenten Vorteil hinsichtlich der Gewinnwahrscheinlichkeit (POP) oder des durchschnittlichen Gewinns/Verlusts (P/L) bieten würde, denn ein Großteil des Vorteils durch die übertriebene IV geht durch die großen Kursbewegungen im Gefolge eines binären Ereignisses verloren. Allerdings sind Trades auf binäre Ereignisse eine sehr zeiteffiziente Kapitalverwendung, weil die Volatilitätsrückgänge in solchen Fällen schneller und vorhersehbarer stattfinden als unter eher normalen Marktbedingungen. Auch können Trades auf binäre Ereignisse für risikotolerante Trader als Quelle der Beteiligung am Markt attraktiv sein. In der Berichtssaison kann eine einzige Woche bis zu 20 Gelegenheiten für Earnings-Trades mit hohem Risiko und hoher Chance bieten. Außerdem können Trades auf binäre Ereignisse lehrreich für Trader-Neulinge sein, die lernen wollen, wie man

Positionen unter schnell wechselnden und hochvolatilen Bedingungen außerhalb von Kursrutschen anpasst. Da Trades dieses Typs unter einzigartigen Umständen stattfinden, werden sie anders strukturiert und gemanagt als die üblichen Kernpositionen und ergänzenden Positionen.

Optionsstrategien für binäre Ereignisse

Da Trades auf binäre Ereignisse sehr volatil sind und keine starken Belege für einen langfristigen statistischen Vorteil vorliegen, sollten sie nur mit überschüssigem Portfoliokapital getätigt werden und die Positionsgröße sollte *äußerst* klein gehalten werden. Wenn beispielsweise die übliche Positionsgröße eines Traders für einen AAPL-Strangle ein „Five-Lot" beträgt (fünf Calls und fünf Puts, jeweils auf 100 Aktien), dann könnte ein Earnings-Strangle auf AAPL etwa ein oder zwei Lots umfassen. Außerdem sind die Basiswerte von Trades auf binäre Ereignisse normalerweise Aktien und das gängigste binäre Ereignis sind Quartalsberichte. Trades auf binäre Ereignisse erstrecken sich über viel kürzere Zeiträume als die eher typischen Trades und müssen sorgfältig überwacht werden. Beispielsweise werden Earnings-Trades üblicherweise am Tag vor der Bekanntgabe der Zahlen eröffnet und am Tag danach geschlossen. Diese Strategie begrenzt das Verlustrisiko und nutzt den Großteil der Volatilitätskontraktion aus, die meist sofort nach dem binären Ereignis stattfindet.

Der langfristige Erfolg von Trades auf binäre Ereignisse lässt sich schwer überprüfen, weil es relativ wenige Fälle gibt, woraus sich eine hohe statistische Unsicherheit ergibt. So hat beispielsweise Apple seit Mitte der 1990er-Jahre nur etwa 100-mal Ergebnisse gemeldet. Die Federal Reserve hält nur achtmal im Jahr Pressekonferenzen ab und bedeutende Wahlen finden nur alle zwei oder vier Jahre statt. Zu Trading-Strategien, die nicht auf Geschäftsberichten basieren, gibt es Tausende Datenpunkte und die Statistiken sind für die langfristigen Erwartungen repräsentativer (hier wirkt der zentrale Grenzwertsatz). Somit können die wenigen Datenpunkte zwar eine *Vorstellung* davon vermitteln, welche Performance Trades auf binäre Ereignisse in der Vergangenheit gebracht haben, aber man sollte sie mit großer Vorsicht genießen. Die Tabellen 9.1 bis 9.3 zeigen, wie die Earnings-Trades dreier Technologieunternehmen im Laufe von 15 Jahren performt haben.

Tabelle 9.1

Kennzahlen zu AAPL-Strangles mit 45 Tagen Laufzeit (DTE) und 16Δ, 2005 bis 2020. Die Trades werden am Tag vor Bekanntgabe eines Geschäftsberichts eröffnet und entweder einen, fünf, zehn oder 20 Tage nach der Meldung geschlossen.

	Kennzahlen zu AAPL-Strangles (2005 – 2020)			
Zeitpunkt des Schließens der Position in Bezug auf den Geschäftsbericht	**POP**	**Durchschnittlicher P/L**	**Standardabweichung des P/L**	**Conditional Value at Risk (CVaR) (5 %)**
Tag danach	72 %	85 $	203 $	-405 $
5 Tage danach	70 %	43 $	400 $	-1.027 $
10 Tage danach	61 %	60 $	408 $	-1.025 $
20 Tage danach	56 %	-34 $	660 $	-1.976 $

Tabelle 9.2

Kennzahlen zu AMZN-Strangles mit 45 DTE und 16Δ, 2005 bis 2020. Die Trades werden am Tag vor Bekanntgabe eines Geschäftsberichts eröffnet und entweder einen, fünf, zehn oder 20 Tage nach der Meldung geschlossen.

	Kennzahlen zu AMZN-Strangles (2005 – 2020)			
Zeitpunkt des Schließens der Position in Bezug auf den Geschäftsbericht	**POP**	**Durchschnittlicher P/L**	**Standardabweichung des P/L**	**Conditional Value at Risk (CVaR) (5 %)**
Tag danach	65 %	99 $	803 $	-1.927 $
5 Tage danach	65 %	85 $	842 $	-2.154 $
10 Tage danach	72 %	1 $	1.446 $	-4.416 $
20 Tage danach	76 %	78 $	1.540 $	-4.477 $

Tabelle 9.3
Kennzahlen zu GOOGL-Strangles mit 45 DTE und 16Δ, 2005 bis 2020. Die Trades werden am Tag vor Bekanntgabe eines Geschäftsberichts eröffnet und entweder einen, fünf, zehn oder 20 Tage nach der Meldung geschlossen.

	Kennzahlen zu GOOGL-Strangles (2005 – 2020)			
Zeitpunkt des Schließens der Position in Bezug auf den Geschäftsbericht	**POP**	**Durchschnittlicher P/L**	**Standardabweichung des P/L**	**Conditional Value at Risk (CVaR) (5 %)**
Tag danach	75 %	-60 $	1.320 $	-4.639 $
5 Tage danach	67 %	-113 $	1.358 $	-4.724 $
10 Tage danach	65 %	-122 $	1.275 $	-3.675 $
20 Tage danach	71 %	-2 $	1.584 $	-4.909 $

Bei der Performance der Strategien besteht bei diesen drei unterschiedlichen Basiswerten eindeutig eine signifikante Variabilität. Um es noch einmal zu sagen: Die hohe statistische Unsicherheit macht es schwer, definitive Schlussfolgerungen über den Erfolg von Earnings-Trades zu ziehen, aber einige konsistente Trends sind erkennbar. Earnings-Trades sind hochgradig empfindlich gegen Änderungen der Zeit. Das geht aus den signifikanten Unterschieden zwischen den Kennzahlen je Trade hervor, je weiter die Ergebnismeldung zurückliegt, und das zeigt, weshalb man auf binäre Ereignisse bezogene Trades genau beobachten muss. Zwar ist gewöhnlich *die Mehrzahl* der Earnings-Trades profitabel, aber aufgrund der hohen Standardabweichung je Trade bringen sie im langfristigen Durchschnitt nicht unbedingt Gewinn.

Auch die Varianz je Trade und das Tail-Exposure nehmen tendenziell zu, je länger der Trade gehalten wird. Das deutet an, weshalb Trades dieser Art verhältnismäßig kurzfristig gehalten werden sollten. Deshalb werden Trades auf binäre Ereignisse wie etwa Earnings-Trades im Allgemeinen am Tag nach dem binären Ereignis geschlossen.

Kernpunkte

1. Ein binäres Ereignis ist ein bekanntes bevorstehendes Ereignis, das sich auf eine bestimmte Anlage (oder eine Gruppe von Anlagen) auswirkt und von dem erwartet wird, dass es eine große Kursbewegung hervorruft. Diese Erwartung erzeugt eine Nachfrage nach Optionskontrakten, die am Tag des binären Ereignisses oder am Tag danach fällig werden, und eine Zunahme der IV der betreffenden Anlage. Üblicherweise fällt die IV sofort nach Bekanntwerden des Ausgangs wieder auf das ereignislose Niveau zurück.
2. Die hohen Gutschriften und die sofortigen Volatilitätsrückgänge, die aus binären Ereignissen resultieren, schlagen sich nicht unbedingt in großen oder konsistenten Optionsgewinnen nieder, weil das Ausmaß der Marktreaktion nicht vorhersehbar ist. Trades auf binäre Ereignisse sind grundsätzlich hochvolatil und daher unzuverlässige Gewinnquellen. Man kann sie aber nutzen, um sich am Markt zu beteiligen, oder als Lernerfahrung für Trading-Neulinge.
3. Trades auf binäre Ereignisse sollten nur überschüssiges Portfoliokapital in Anspruch nehmen und ihre Positionsgröße sollte *äußerst* klein gehalten werden. Auch sollten sich Trades auf binäre Ereignisse über viel kürzere Zeiträume erstrecken als eher typische Trades und sie müssen sorgfältig überwacht werden.

10

FAZIT UND ZENTRALE KERNPUNKTE

Erfolgreiche Trader verlassen sich nicht auf ihr Glück. Vielmehr hängt der langfristige Erfolg von Tradern von ihrer Fähigkeit ab, aus Werkzeugen, Strategien und verfügbaren Informationen einen konsistenten statistischen Vorteil zu ziehen. Dieses Buch stellt die zentralen Konzepte des Optionshandels vor und bringt Trading-Neulingen bei, wie sie die Vielseitigkeit und die Kapitaleffizienz von Optionen auf personalisierte und verantwortungsvolle Weise ausnutzen können. Optionen sind ziemlich komplizierte Instrumente, aber dieses Buch versucht, die Lernkurve zu verkürzen, indem es sich auf die wesentlichsten Aspekte des angewandten Optionshandels konzentriert. Der detaillierte Rahmen, der in diesem Buch dargelegt wurde, lässt sich in den folgenden zentralen Kernpunkten zusammenfassen:

1. Die implizite Volatilität (IV) ist ein Anhaltspunkt für das empfundene Marktrisiko, abgeleitet aus Angebot und Nachfrage nach einer finanziellen Versicherung. Wenn die Optionspreise steigen, steigt auch die IV; wenn die Optionspreise sinken, sinkt auch die IV. Die IV gibt den erwarteten Betrag der künftigen Bewegungen an und ist nicht richtungsbezogen. Man kann sie auch zur Berechnung eines Näherungswerts für die Preisspanne verwenden, die bei einer Anlage innerhalb einer Standardabweichung zu erwarten ist (wobei jedoch die Schiefe des Basispreises nicht berücksichtigt wird). Der CBOE Volatility Index (VIX) soll die IV des S&P 500 verfolgen und wird als Anhaltspunkt für das wahrgenommene Risiko des breiten Marktes verwendet. Man geht davon aus, dass der VIX wie alle Volatilitätssignale nach einem signifikanten Anstieg wieder zurückfällt, was darauf hindeutet,

dass abwärts gerichtete Richtungserwartungen hinsichtlich der Volatilität, nachdem sie sich aufgebläht hat, eine gewisse statistische Gültigkeit besitzen.

2. Im Vergleich zu Long-Premium-Strategien liefern Short-Premium-Strategien konsistentere Gewinne und sind langfristig statistisch im Vorteil. Die Kehrseite für das Verbuchen konsistenter Gewinne ist das Exposure gegenüber großen und manchmal undefinierten Verlusten. Deshalb bestehen die wichtigsten Ziele eines Short-Premium-Traders darin, konsistent genug Gewinn zu erzielen, um wahrscheinlichere moderate Verluste abzudecken, und ein Portfolio zu konstruieren, das auch unwahrscheinliche Extremverluste überlebt.
3. Die Profitabilität von Short-Options-Strategien hängt davon ab, eine große Anzahl von Fällen zu haben, um die positiven statistischen Durchschnitte zu erzielen. Das ergibt sich aus dem Gesetz der großen Zahlen und aus dem zentralen Grenzwertsatz. Damit der durchschnittliche Gewinn/Verlust einer Strategie auf die langfristigen Gewinnziele zuläuft, sind circa 200 Fälle nötig – und je mehr Fälle, desto besser.
4. Extreme Verluste sind bei Short-Premium-Strategien zwar sehr unwahrscheinlich, aber sie treten typischerweise dann ein, wenn der Basiswert große Preisausschläge vollführt, während die erwartete Spanne der Kursbewegungen eng ist (niedrige IV). Da große Preisbewegungen bei niedriger IV selten sind und es schwierig ist, sie zu modellieren, besteht die wirkungsvollste Art, dieses Exposure zu reduzieren, darin, Short-Premium-Trades bei erhöhter IV einzugehen.
5. Zwar sind Umfelder mit hoher Volatilität für Short-Premium-Positionen ideal, aber diese haben in allen Volatilitätslagen hohe Gewinnwahrscheinlichkeiten (POP) und genießen einen gewissen statistischen Vorteil. Da zudem die Volatilität meistens niedrig ist, erlaubt es das Trading mit Short-Options-Strategien Tradern, in *allen* IV-Umfeldern konsistente Gewinne zu erzielen, und es erhöht die Anzahl der Fälle.

Um bei dieser Strategie das Ausreißerrisiko zu managen, muss man unbedingt die Positionsgrößen klein halten und den Kapitalbetrag begrenzen, der für Short-Premium-Positionen eingesetzt wird, vor allem wenn die IV niedrig ist. Diese Strategie lässt sich noch weiter verbessern, indem man den Kapitalbetrag, der für Short-Premium verwendet wird, auf die aktuellen Marktbedingungen einstellt.

VIX-Spanne	Maximale Portfolio-Allokation
0-15	25 %
15-20	30 %
20-30	35 %
30-40	40 %
> 40	50 %

6. Die Kaufkraftreduktion (BPR = Buying Power Reduction) ist der Betrag an Portfoliokapital, der benötigt wird, um einen Options-Trade zu platzieren und aufrechtzuerhalten. Bei Long-Positionen ist die BPR einfach der Preis des Kontrakts; bei Short-Optionen sollte die BPR bei ETFs als Basiswerten mindestens 95 Prozent der potenziellen Verluste abdecken, bei Aktien als Basiswerten 90 Prozent. Die BPR wird auf zweierlei Weise verwendet, um das Short-Premium-Risiko je Trade zu bewerten: Die BPR ist eine recht zuverlässige Kennzahl für den Worst-Case-Verlust einer Position mit undefiniertem Risiko und sie wird verwendet, um zu ermitteln, ob sich eine Position für die Kaufkraft eines Portfolios eignet. Ein Trade mit definiertem Risiko sollte höchstens 5 Prozent der Kaufkraft eines Portfolios in Beschlag nehmen und ein Trade mit undefiniertem Risiko höchstens 7 Prozent, allerdings sind bei kleinen Depots Ausnahmen erlaubt. Die Formeln für die BPR sind kompliziert und spezifisch auf die Art der Strategie bezogen, aber bei Short-Strangles beträgt sie

rund 20 Prozent des Preises des Basiswerts. Man kann die BPR verwenden, um die Risiken von Varianten der gleichen Strategie miteinander zu vergleichen (zum Beispiel eines Strangles auf Basiswert A mit einem Strangle auf Basiswert B), aber nicht, um die Risiken von Strategien mit unterschiedlichen Risikoprofilen miteinander zu vergleichen (zum Beispiel eines Strangles auf Basiswert A mit einem Iron Condor auf Basiswert A).

7. Trader traden anhand ihrer persönlichen Gewinnziele, Risikotoleranzen und Marktüberzeugungen, doch grundsätzlich ist es gute Praxis, Folgendes zu bedenken:
   - Nur auf Basiswerte mit liquiden Optionsmärkten traden, um das Risiko der Illiquidität zu minimieren.
   - Die Wahl eines Basiswerts ist gewissermaßen willkürlich, doch wichtig ist es, Basiswerte mit geeigneten Risikoniveaus zu wählen. Aktien bringen als Basiswerte meist größere Risiken und größere Chancen mit sich als ETFs. Das heißt, dass Aktien häufiger Chancen durch hohe IV bieten, aber sie sind auch stärker dem Tail Risk ausgesetzt und der Handel mit ihnen ist teurer.
   - Wählen Sie eine Kontraktlaufzeit, die einen effizienten Einsatz der Kaufkraft bedeutet, Konsistenz ermöglicht, eine angemessene Anzahl von Fällen bietet, deren P/L-Ausschläge über die gesamte Dauer handhabbar sind und deren End-P/L nur moderat schwankt. Für die meisten Trader sind Laufzeiten zwischen 30 und 60 Tagen geeignet.
   - Im Vergleich zu Trades mit definiertem Risiko haben Trades mit undefiniertem Risiko höhere POP, höhere Gewinnpotenziale, ein unbegrenztes Verlustrisiko und höhere BPR. Die Risikoprofile von Trades mit hoher POP und definiertem Risiko, wie beispielsweise breiten Iron Condors, sind mit denen von Trades mit undefiniertem Risiko vergleichbar und sie bieten gleichzeitig Schutz vor

extremen Verlusten. Solche Trades können sich bei niedriger IV besser eignen als Trades mit undefiniertem Risiko und sie dürfen auch für undefiniertes Risiko vorgesehenes Kapital beanspruchen.

- Kontrakte mit höheren Deltas sind mit höheren Risiken und größern Chancen verbunden als Kontrakte mit niedrigeren Deltas. Ziehen Sie bei Options-Trades Kontrakte von 10Δ bis 40Δ in Betracht, das reicht, um ein ordentliches Wachstum zu erzielen, und es ist niedrig genug, damit sich die P/L-Ausschläge und die Schwankungen des End-P/L noch managen lassen.

8. Die wichtigsten Faktoren, die man bei der Wahl einer Managementstrategie berücksichtigen sollte, sind Bequemlichkeit und Konsistenz, die Allokationsvorlieben, die gewünschte Anzahl der Fälle, der durchschnittliche P/L je Trade und das Exposure je Trade. Bei frühzeitig gemanagten Trades sind die P/L je Trade geringer, aber auch ihr Tail Risk ist geringer als bei Trades, die bis zur Fälligkeit gehalten werden. Da das frühzeitige Management außerdem mehr Fälle zulässt und im Schnitt einen höheren Tages-P/L aufweist, ist das Schließen von Positionen vor der Fälligkeit unter Einsatz des Kapitals für neue Positionen im Allgemeinen eine effizientere Kapitalverwendung, als aus einer bestehenden Position mehr äußeren Wert herauszuholen.
   - Ziehen Sie beim Management anhand der Restlaufzeit (DTE) in Betracht, die Trades um die Mitte der Laufzeit herum zu schließen, um ein ordentliches Maß an langfristigem Gewinn zu erzielen und das Exposure gegenüber Tail-Verlusten zu rechtfertigen.
   - Wenn man eine Position mit undefiniertem Risiko anhand eines Gewinnziels managt, ermöglicht die Wahl eines Ziels von 50 bis 75 Prozent der anfänglichen Gutschrift angemessene Gewinne und sie reduziert gleichzeitig das potenzielle Ausmaß von Ausreißerverlusten. Die Wahl

eines zu niedrigen Gewinnziels senkt den durchschnittlichen P/L, die Wahl eines zu hohen Gewinnziels trägt wenig zur Dämpfung des Ausreißerrisikos bei. Bei Positionen mit definiertem Risiko dürfen die Gewinnziele niedriger sein, weil sie im Allgemeinen weniger volatil sind.
- Wenn man Strategien miteinander kombiniert, bringt es im Allgemeinen angemessene, konsistente Gewinne und dämpft das Ausreißerrisiko, wenn man Kontrakte mit undefiniertem Risiko entweder bei 50 Prozent der anfänglichen Gutschrift oder in der Mitte der Kontraktlaufzeit managt.
- Beim Setzen eines Stop-Loss ist eine mittlere Schwelle bei mindestens -200 Prozent der anfänglichen Gutschrift praktikabel. Ist der Stop-Loss zu eng (beispielsweise -50 Prozent), sind Verluste wahrscheinlicher, da Optionen zwar eine signifikante P/L-Varianz aufweisen, sich aber oft wieder erholen. Zu beachten ist auch, dass Stop-Losses im Falle schneller Preisbewegungen keinen größten Verlust garantieren können, sodass man sie normalerweise mit einer anderen Managementstrategie kombiniert, außer wenn man passiv tradet. Für Strategien mit definiertem Risiko sind Stop-Losses grundsätzlich nicht geeignet.

9. Die Richtlinien der Kapitalallokation müssen unbedingt eingehalten werden, um das Tail-Exposure zu minimieren und ein vernünftiges Maß an langfristigem Wachstum zu erzielen:
   - Der Anteil der Kaufkraft eines Portfolios, die auf Short-Premium-Positionen wie etwa Short-Strangles und Short-Iron-Condors entfällt, sollte je nach der aktuellen Volatilität des Marktes von 25 bis 50 Prozent reichen, wobei das übrige Kapital entweder in bar oder in einem risikoarmen passiven Investment verwahrt wird (siehe Kernpunkt 5).

- Von dem Betrag, der für Short-Premium verwendet wird, sollten mindestens 75 Prozent für Trades mit undefiniertem Risiko vorgesehen sein (wobei einer Einzelposition höchstens 7 Prozent der Kaufkraft des Portfolios zugewiesen werden) und höchstens 25 Prozent sollten für Trades mit definiertem Risiko vorgesehen sein (wobei einer Einzelposition höchstens 5 Prozent der Kaufkraft des Portfolios zugewiesen werden) (siehe Kernpunkt 6).
- Allgemein gesagt sollten höchstens 25 Prozent des für Short-Premium-Trades eingesetzten Kapitals in ergänzende Positionen oder in Trades mit höheren Risiken und größeren Chancen fließen, die Werkzeuge für die Beteiligung am Markt sind. Der Rest sollte in Kernpositionen oder in Trades mit hoher POP und moderaten P/L-Schwankungen fließen, die konsistente Gewinne und ein angemessenes Ausreißer-Exposure bieten.

10. Die Diversifizierung der Basiswerte eines Optionsportfolios (zum Beispiel eine Zusammenstellung von Anlagen, die schwach korreliert sind) ist eines der unentbehrlichsten Instrumente des Portfolio-Risikomanagements, insbesondere des Ausreißerrisiko-Managements. Die Diversifizierung nach Strategien und nach Laufzeiten sind zwar nicht so unerlässlich wie die Diversifizierung nach Basiswerten, aber es sind ebenfalls einfache Methoden des Risikomanagements.

11. Die Griechen bilden eine Gruppe von Risikokennzahlen, die verschiedene Dimensionen des Exposures von Optionen quantifizieren. Jeder Kontrakt besitzt sein eigenes spezifisches Set von Griechen, aber manche Griechen sind bezüglich Positionen auf verschiedene Basiswerte additiv. Daher kann man diese Kennzahlen verwenden, um die verschiedenen Risikoquellen eines Portfolios aufzusummieren und Anpassungen daran auszurichten. Die beiden wichtigsten Griechen sind dabei das betagewichtete Delta (βΔ) und das Theta (Θ). Das betagewichtete Delta stellt das Maß an Richtungs-Exposure dar, das eine Position im Verhältnis zu einem Index statt zu seinem Basiswert besitzt. Das Theta stellt den pro Tag zu erwartenden Zeitwertverlust einer Option dar. βΔ-neutrale Portfolios sind für Anleger attraktiv, weil sie verhältnismäßig unempfindlich gegen Richtungsbewegungen des Marktes sind und von Änderungen sowohl der impliziten Volatilität als auch der Zeit profitieren.

12. Da Short-Premium-Trader konsistent vom Zeitwertverlust profitieren, liefert das Gesamt-Theta der Positionen eine verlässliche Schätzung für das erwartete tägliche Wachstum eines Portfolios aus Short-Optionen. Das Theta-Ratio eines Optionsportfolios ($\Theta_{\text{Portfolio}}$/Nettoliquidität) sollte von 0,05 bis 0,1 Prozent reichen und 0,2 Prozent nicht überschreiten, weil dies auf ein überzogenes Risiko hindeutet. Erfüllt ein Portfolio diese Richtlinie für das Theta-Ratio nicht, sollten die Positionen folgendermaßen angepasst werden:

- Ist ein korrekt allokiertes und gut diversifiziertes Portfolio βΔ-neutral, bietet aber kein ausreichendes Theta, dann sollten die Positionen im Portfolio neu bewertet werden. Vielleicht sollten in diesem Fall ein paar Trades mit definiertem Risiko durch Trades mit undefiniertem Risiko ersetzt oder Positionen mit undefiniertem Risiko in höhere Deltas durchgerollt werden. Man kann auch neue deltaneutrale Positionen hinzunehmen, beispielsweise Strangles und Iron Condors. Außerdem sind IV und Theta eng korreliert, was bedeutet, dass man auch Basiswerte mit höherer IV in Erwägung ziehen kann, wenn das Theta zu niedrig ist. Man kann die umgekehrten Maßnahmen treffen, wenn das Portfolio zu viel Theta-Exposure hat und βΔ-neutral ist.
- Ist das Theta-Ratio zu niedrig (< 0,1 Prozent) und das Portfolio nicht βΔ-neutral, dann sollten entweder bestehende Positionen neu ausgerichtet oder gestrafft oder neue Short-Premium-Positionen hinzugenommen werden.

   - Ist das βΔ zu hoch und positiv (bullish), dann nehme man neue Positionen mit negativem βΔ hinzu (zum Beispiel Short-Calls auf Basiswerte mit positivem Beta oder Short-Puts auf Basiswerte mit negativem Beta).
   - Ist das βΔ zu hoch und negativ (bearish), dann nehme man neue Positionen mit positivem βΔ hinzu (zum Beispiel Short-Puts auf Basiswerte mit positivem Beta).
- Ist das Theta-Ratio zu groß (> 0,2 Prozent) und das Portfolio nicht βΔ-neutral, dann sollten entweder bestehende Positionen neu ausgerichtet oder verbreitert werden oder aber Short-Premium-Positionen entfernt werden.
   - Ist das βΔ zu hoch und positiv (bullish), dann entferne man Positionen mit positivem βΔ (beispielsweise Short-Puts auf Basiswerte mit positivem Beta).
   - Ist das βΔ zu hoch und negativ (bearish), dann entferne man Positionen mit negativem βΔ (beispielsweise Short-Calls auf Basiswerte mit positivem Beta).
- Bietet ein korrekt allokiertes und gut diversifiziertes Portfolio ein ausreichendes Theta, ist aber nicht βΔ-neutral, dann sollten bestehende Positionen neu bewertet werden. Zum Beispiel könnten schiefe Positionen geschlossen und neu ausgerichtet werden oder durch neue deltaneutrale Positionen ersetzt werden, die vergleichbare Thetas bieten.

13. Trades auf binäre Ereignisse, zum Beispiel Trades im Umfeld der Veröffentlichung von Quartalsberichten, sollten vorsichtig getradet werden, nur überschüssiges Portfoliokapital beanspruchen und ihre Positionsgröße sollte außerordentlich klein gehalten werden. Trades auf binäre Ereignisse müssen sorgfältig überwacht werden und erstrecken sich üblicherweise über viel kürzere Zeiträume als eher typische Trades. Häufig werden sie am Tag vor einem binären Ereignis eröffnet und am Tag danach geschlossen.

Der Optionshandel ist nicht jedermanns Sache. Tradern, die bereit sind, die komplexen Risikoprofile von Optionen zu verstehen, die sich damit wohlfühlen, ein gewisses Maß an Exposure zu akzeptieren, und außerdem bereit sind, die Zeit für aktives Trading aufzubringen, können Short-Premium-Strategien jedoch einen Wahrscheinlichkeitsvorteil und das Potenzial bieten, in allen Marktlagen Gewinn zu erzielen. Es gibt keine „richtige" Art, diese Instrumente zu traden. Jeder Trader hat sein individuelles Gewinnziel und seine individuelle Risikotoleranz. Wir hoffen, dass dieses Buch Trader dabei anleiten wird, fundierte Entscheidungen zu treffen, die möglichst gut zu ihren persönlichen Zielen passen.

ANHANG

I. Logarithmus, Logarithmische Normalverteilung und geometrische brownsche Bewegung,

mit Beiträgen von Jacob Perlman

Im folgenden Abschnitt sei S_0 der Anfangswert einer Anlage oder eine Sammlung von Anlagen und S_T der Wert zum Zeitpunkt T. Angesichts der Anlageziele ist die offensichtlichste Kennzahl, um ein Investment oder ein Portfolio zu bewerten, der Gewinn beziehungsweise Verlust: S_T - S_0. Aber gemäß der Effizienzmarkthypothese (EMH) sollten Anlagen im Verhältnis zu ihrer anfänglichen Größe beurteilt werden, was durch die Rendite $\frac{S_T}{S_0}$ dargestellt wird.

Man kann die Rendite einer Anlage vom Zeitpunkt 0 bis zum Zeitpunkt T auch in Form der einzelnen Renditen in diesem Zeitraum darstellen. Genauer gesagt kann man für eine ganze Zahl N, wenn $t_k = \frac{k}{N} \cdot T$, die Renditen $\frac{S_T}{S_0}$ in ein Teleskopprodukt* aufteilen.

$$\frac{S_T}{S_0} = \frac{S_{t_1}}{S_{t_0}} \cdot \frac{S_{t_2}}{S_{t_1}} \cdot \ldots \cdot \frac{S_{t_{N-1}}}{S_{t_{N-2}}} \cdot \frac{S_{t_N}}{S_{t_{N-1}}} \qquad \text{(A.1)}$$

* So genannt, weil sich benachbarte Zähler und Nenner gegeneinander kürzen lassen, sodass sich das lange Produkt wie ein Teleskop zusammenschieben lässt.

Die EMH besagt, dass jeder Term dieses Produkts unabhängig und ähnlich verteilt sein muss. Der zentrale Grenzwertsatz und viele andere leistungsfähige Werkzeuge der Wahrscheinlichkeitstheorie betreffen lange *Summen* unabhängiger Zufallsvariablen. Um diese Werkzeuge auf dieses Teleskopprodukt aus Zufallsvariablen anzuwenden, muss es erst in eine Summe aus Zufallsvariablen umgewandelt werden. Logarithmen eignen sich sehr gut dafür.

Logarithmusfunktionen sind eine Klasse von Funktionen mit breiten Anwendungsbereichen in Naturwissenschaft und Mathematik. Es gibt dafür mehrere äquivalente Definitionen, aber die einfachste ist die Umkehrung der Potenzierung. Wenn x und b positive Zahlen sind und $b \neq 1$, dann ist $\log_b x$ (gelesen als „Logarithmus von x zur Basis b“) die Zahl, für die $b^{\log_b x} = x$ gilt. So kann man zum Beispiel $4^2 = 16$ äquivalent als $\log_4(16) = 2$ schreiben.

Die Wahl der Basis ist weitgehend beliebig und wirkt sich nur als konstantes Vielfaches auf den Logarithmus aus. Wenn $c \neq 1$ eine andere mögliche Basis ist, dann gilt $\log_c x = \frac{1}{\log_b c} \log_b x$. Die in der Mathematik gängigste Basis ist die Eulersche Zahl, eine transzendentale Konstante: $e \approx 2{,}718$. Verwendet man diese Konstante als Basis, ergibt sich der *natürliche Logarithmus,* notiert als $\ln x = \log_e x$. Die Begründung dieser Wahl läuft weitgehend auf eine bequeme Notation hinaus, zum Beispiel bei der Bildung von Ableitungen: $\frac{d\log_b x}{d_x} = \frac{1}{d\log_e b}\frac{1}{x}$. Da $\log_e e = 1$, vermeidet in diesem Beispiel die Verwendung von „ln“ die Häufung umständlicher und nicht besonders aussagekräftiger konstanter Faktoren.

Da $e^x \cdot e^y = e^{x+y}$, haben Logarithmen folgende nützliche Eigenschaft:*

$$\ln(x \cdot y) = \ln(x) + \ln(y) \tag{A.2}$$

* Abstrakt ausgedrückt sind Logarithmen die Gruppenhomomorphismen zwischen $(\mathbb{R}_{>0}, \cdot)$ und $(\mathbb{R}, +)$.

Dank dieser Eigenschaft lässt sich das oben erwähnte Teleskopprodukt in eine Summe kleiner unabhängiger Glieder umwandeln, die durch folgende Gleichung gegeben ist:

$$\ln\frac{S_T}{S_0} = \ln\frac{S_{t_1}}{S_{t_0}} + \ln\frac{S_{t_2}}{S_{t_1}} + \ldots + \ln\frac{S_{tN\text{-}1}}{S_{tN\text{-}2}} + \ln\frac{S_{tN}}{S_{tN\text{-}1}} \qquad \text{(A.3)}$$

Der zentrale Grenzwertsatz besagt, dass dann, wenn eine Zufallsvariable durch Addition vieler unabhängiger zufälliger Glieder gebildet wird, das Ergebnis normalverteilt ist. Daraus kann man schließen, dass logarithmierte Renditen normalverteilt sind. Sehen Sie sich folgende Gleichung an:

$$S_T = S_0 e^{\ln\frac{S_T}{S_0}} \qquad \text{(A.4)}$$

Sie legt nahe, dass Aktienkurse einer logarithmischen Normalverteilung folgen, also einer Verteilung, bei welcher der Logarithmus einer Zufallsvariable normalverteilt ist. Im Kontext von Black-Scholes bedeutet dies, dass sich die logarithmierten Renditen einer Aktie in Form einer brownschen Bewegung entwickeln (normalverteilt sind) und dass sich die Aktienkurse in Form einer geometrischen brownschen Bewegung entwickeln (logarithmisch normalverteilt). Die Log-Normalverteilung ist besser für die Beschreibung von Aktienkursen geeignet, weil sie keine negativen Werte aufweisen kann und weil sie je nach der Volatilität der Preise schief ist, gezeigt in dem Vergleich in Abbildung A.1.

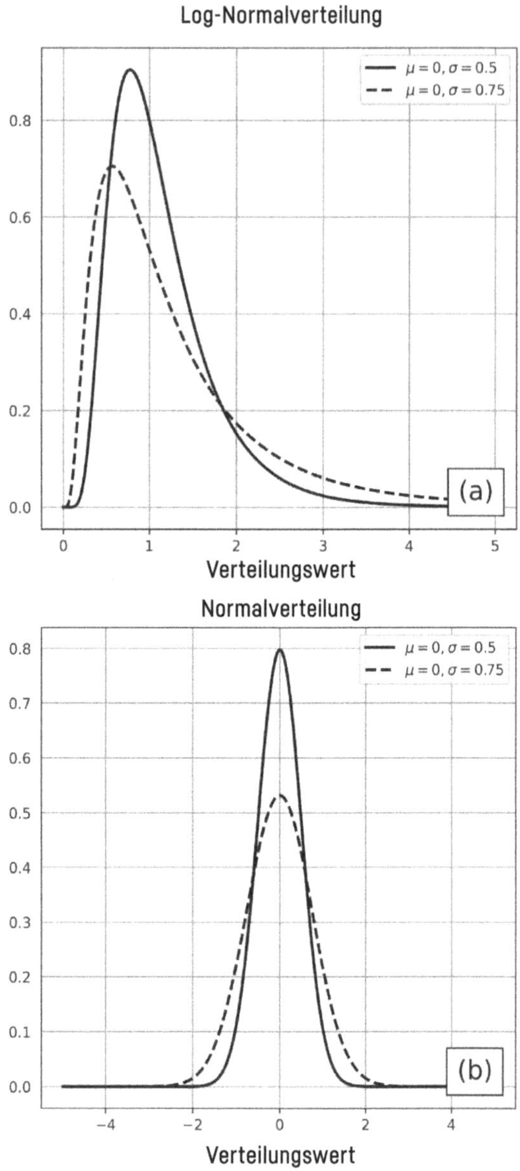

Abbildung A.1

Vergleich der Log-Normalverteilung (a) mit der Normalverteilung (b). Der Mittelwert (Erwartungswert) und die Standardabweichung der Normalverteilung sind die potenzierten Parameter der Log-Normalverteilung.

II. Erwartete Spanne, Schiefe des Basispreises und Volatilitäts-Smile

Der Großteil dieses Buches bezieht sich auf erwartete Spannen, die näherungsweise mit folgender Gleichung berechnet werden:

$$\text{Erwartete Spanne von } 1\sigma \text{ in \$} =$$

$$\text{Aktienkurs} \cdot \text{IV} \cdot \sqrt{\frac{\textit{Anzahl Kalendertage}}{365}} \qquad \text{(A.5)}$$

Bei einer Aktie mit dem aktuellen Preis S_0, der Volatilität σ und bei einem risikolosen Zins von r ist die theoretische 1σ-Preisspanne der Anlage nach Black-Scholes zu einem künftigen Zeitpunkt t durch folgende Gleichung gegeben:

$$\text{Erwartete Spanne von } 1\sigma \text{ in \$} = S_0 e^{rt \pm \sigma\sqrt{t}} \qquad \text{(A.6)}$$

Gleichung (A.5) ist eine gültige Näherung dieser Formel, wenn $rt \pm \sigma\sqrt{t}$ klein ist. Das resultiert aus der mathematischen Beziehung $e^x = 1 + x + O(x^2)$. Allgemein gesprochen ist (A.5) eine sehr grobe Näherung für die erwartete Spanne und wird bei hoher Volatilität, wenn $rt \pm \sigma\sqrt{t}$ groß ist, immer ungenauer.

Obwohl (A.5) immerhin eine angemessene Überschlagsrechnung für die erwartete Spanne liefert, wird bei den meisten Trading-Plattformen die erwartete Spanne der Kursbewegungen folgendermaßen berechnet:

Erwartete Spanne von 1σ in $ =
60 % x Preis eines ATM-Straddles
+ 30 % x Preis eines Strangles,
der 1 Strike von ATM entfernt ist
+ 10 % x Preis eines Strangles,
der 2 Strikes von ATM entfernt ist

(A.7)

Laut EMH ist das einfach die erwartete künftige Preisänderung, also der Preis eines am Geld befindlichen (ATM) Straddles, mit zusätzlichen Termen (den Preisen von ATM-Strangles) als Gegengewicht zu den massiven Tails, die den Erwartungswert über die zentralen 68 Prozent hinausbewegen. Als Vergleich zwischen dieser Formel und der Näherung mit (A.5) sehen Sie sich die Kennzahlen in Tabelle A.1 an.

Tabelle A.1

Näherungswerte für die über 30 Tage erwartete Spanne für einen Basiswert mit einem Preis von 100 Dollar und einer impliziten Volatilität (IV) von 20 Prozent. Gemäß dem Black-Scholes-Modell belaufen sich die Preise je Aktie der 30-Tages-Optionen beim Straddle auf 4,58 Dollar, beim einen Strike von ATM entfernten Strangle auf 3,64 Dollar und beim zwei Strikes von ATM entfernten Strangle auf 2,85 Dollar.

Vergleich der über 30 Tage erwarteten Spannen

Gleichung A.5	Gleichung A.7
±5,73 $	±4,13 $

Im Vergleich zu Gleichung (A.5) ist Gleichung (A.7) für Trading-Plattformen die attraktivere Art, die erwartete Spanne zu berechnen, weil sie rechnerisch einfacher ist und nicht von einem starren mathematischen Modell abhängt. Allerdings berücksichtigt keine dieser Berechnungen der erwarteten Spanne die *Schiefe*.

Wenn man Kontrakte über die Optionskette hinweg betrachtet, ist häufig ein interessantes Phänomen namens Volatilitäts-Smile oder Volatilitätslächeln zu beobachten. Gemäß dem Black-Scholes-Modell haben Optionen mit dem gleichen Basiswert und der gleichen Laufzeit ungeachtet ihrer Basispreise die gleiche implizite Volatilität (weil die Volatilität eine Eigenschaft des Basiswerts ist). Da jedoch der Markt jeden Kontrakt anders bewertet und die implizite Volatilität aus den Optionspreisen abgeleitet wird, fallen die impliziten Volatilitäten häufig je nach Basispreis unterschiedlich aus. Das

Volatilitätslächeln tritt auf, wenn die implizite Volatilität mit Basispreisen (Strikes) dicht am Geld (ATM) am niedrigsten ist und zunimmt, wenn man sich weiter aus dem Geld (OTM) bewegt. In ähnlicher Weise ist das Grinsen (oder die Schiefe) der Volatilität ein gewichtetes Volatilitätslächeln, wobei Optionen mit niedrigeren Strikes tendenziell eine höhere IV haben als Optionen mit höheren Strikes. Das Gegenteil des Volatilitätsgrinsens ist die Forward Skew, die relativ selten vorkommt und beispielsweise Anfang 2021 bei GME aufgetreten ist. Sehen Sie sich als Beispiel für die Schiefe der Volatilität die in Abbildung A.2 gezeigten Daten zu OTM-Optionen mit 30 Tagen Restlaufzeit (DTE) auf den SPY an.

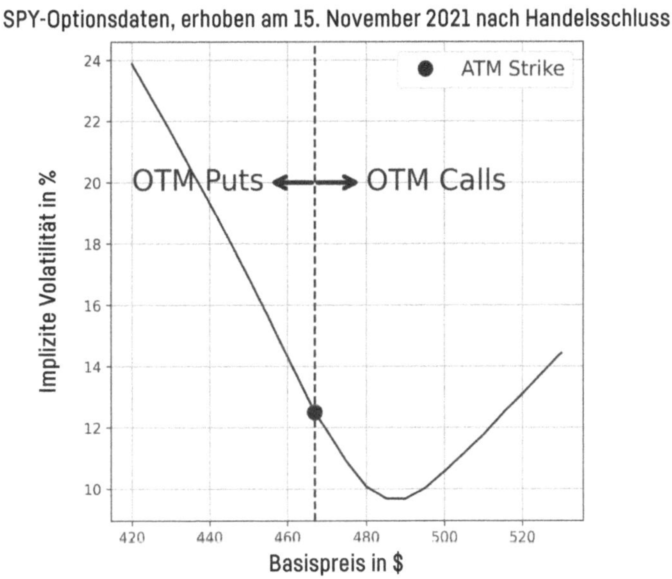

Abbildung A.2
Volatilitätskurve von OTM-Calls und OTM-Puts mit 30 DTE auf den SPY, erhoben am 15. November 2021 nach Handelsschluss.

Die Volatilitätskurve in Abbildung A.2 ist bezüglich des ATM-Strikes eindeutig asymmetrisch, wobei Optionen mit niedrigeren Strikes (OTM-Puts) höhere IV haben als Optionen mit höheren

Strikes (OTM-Calls). Diese Art von Kurven ist nützlich, um den wahrgenommenen Wert von OTM-Kontrakten zu analysieren. Im Vergleich zur ATM-Volatilität sind OTM-Puts im Allgemeinen überbewertet, während OTM-Calls im Allgemeinen unterbewertet sind, bis sie sehr weit OTM sind (circa 510 Dollar). Dies deutet darauf hin, dass die Trader bereit sind, für den Schutz gegen Abwärtsrisiken höhere Prämien zu bezahlen als für den Schutz gegen Aufwärtsrisiken.

Das ist ein Beispiel für eine Put-Schiefe, die daraus folgt, dass Put-Kontrakte, die weiter vom ATM-Punkt entfernt sind, als ebenso riskant wahrgenommen werden wie Call-Kontrakte, die dichter am ATM-Punkt sind. Tabelle A.2 stammt aus Kapitel 5.

Tabelle A.2

Zahlen zu 16Δ-Strangles mit unterschiedlichen Laufzeiten am 20. April 2021. Die erste Zeile ist der Abstand zwischen dem Basispreis eines 16Δ-Puts und dem Preis des Basiswerts bei verschiedenen Kontraktlaufzeiten (wenn beispielsweise der Preis des Basiswerts 100 $ und der Basispreis bei einem 16Δ-Put 95 $ beträgt, dann beträgt der Put-Abstand [100 $ -95 $]/100 $ = 5 %). Die zweite Zeile ist der Abstand zwischen dem Basispreis eines 16Δ-Calls und dem Preis des Basiswerts bei verschiedenen Kontraktlaufzeiten.

16Δ-Optionen auf den SPY, Abstand „zum Geld" (ATM)

Art der Option	15 DTE	30 DTE	45 DTE
Put	3,9 %	6,5 %	8,0 %
Call	2,4 %	3,9 %	4,9 %

Diese Schiefe resultiert aus der *nach unten gerichteten* Angst des Marktes, also dass der Markt extreme Abwärtsbewegungen mehr fürchtet als extreme Aufwärtsbewegungen. Laut EMH ist die Schiefe bereits in den aktuellen Wert des Basiswerts eingepreist. Daher besagt die Put-Schiefe, dass der Markt große Abwärtsbewegungen für wahrscheinlicher hält als große Aufwärtsbewegungen, allerdings insgesamt kleinere Aufwärtsbewegungen für am wahrscheinlichsten hält. Bei einer bestimmten Laufzeit entsprechen die Basispreise der Puts und Calls mit 16Δ ungefähr der bei einer Standardabweichung erwarteten Spanne der betreffenden Anlage in diesem Zeitraum. Ein Beispiel: Da der SPY am 20. April 2021 bei circa 413 Dollar stand, betrug gemäß den Optionen mit 16Δ die über 30 Tage erwartete Preisbewegung nach oben 16 Dollar und die erwartete Preisbewegung nach unten 27 Dollar.

III. Bedingte Wahrscheinlichkeit

Die bedingte Wahrscheinlichkeit wurde in diesem Buch nur kurz erwähnt, aber es lohnt sich, dieses interessante Konzept der Wahrscheinlichkeitstheorie kurz zu besprechen. Die bedingte Wahrscheinlichkeit ist die Wahrscheinlichkeit, dass ein Ereignis eintritt, falls ein anderes Ereignis eingetreten ist. Sehen Sie sich die folgenden Beispiele an:

- Wenn die Erde nass ist, wie hoch ist dann die Wahrscheinlichkeit, dass es geregnet hat?
- Wenn bei einem Würfel beim letzten Mal sechs Augen gefallen sind, wie hoch ist dann die Wahrscheinlichkeit, dass beim nächsten Würfeln wieder eine Sechs kommt?
- Wenn der SPY gestern gestiegen ist, wie hoch ist dann die Wahrscheinlichkeit, dass er morgen steigt?

Die bedingte Analyse von Wahrscheinlichkeiten betrachtet die Wahrscheinlichkeit eines Ergebnisses im Zusammenhang mit bekannten Informationen. Für die Ereignisse A und B errechnet sich die bedingte Wahrscheinlichkeit P(B|A) (gelesen als „Wahrscheinlichkeit von B unter der Bedingung A“) wie folgt:

$$P(B|A) = \frac{P(A \cap B)}{P(A)} \tag{A.8}$$

Dabei ist P(A) die Wahrscheinlichkeit, dass Ereignis A eintritt, und P(A∩B) die Wahrscheinlichkeit, dass A und B eintreten. Nehmen wir beispielsweise an, A sei das Ereignis, dass es an einem bestimmten Tag regnet, und P(A) = 0,20 (20 Prozent Regenwahrscheinlichkeit). Nehmen wir weiter an, B sei das Ereignis, dass an einem bestimmten Tag ein Tornado stattfindet, es bestehe dafür eine Wahrscheinlichkeit von 1 Prozent. Außerdem treten Tornados niemals ohne Regen auf, woraus P(B) = P(A∩B) = 0,01. Daher besteht, da wir einen Regentag haben, folgende Wahrscheinlichkeit, dass ein Tornado kommen wird:

$$\text{Wahrscheinlichkeit eines Tornados, wenn Regen vorliegt} = P(B|A) = P(A \cap B)/P(A) = \frac{0{,}01}{0{,}20} = 0{,}05 = 5\,\%$$

Anders ausgedrückt: Wenn es regnet, ist es fünfmal so wahrscheinlich, dass ein Tornado eintritt, wie unter normalen Bedingungen.

IV. Das Kelly-Kriterium,

Herleitung von Jacob Perlman

Das Kelly-Kriterium ist ein Konzept aus der Informationstheorie und wurde ursprünglich entwickelt, um die Signalübertragung über Kommunikationskanäle mit Hintergrundrauschen zu analysieren. Man kann es auch verwenden, um die theoretisch optimale Einsatzhöhe bei einem sich wiederholenden Spiel zu ermitteln, sofern die Chancen und die Auszahlungen bekannt sind. Der Kelly-Einsatz ist derjenige Bruchteil der Geldmittel, der die erwartete langfristige Wachstumsrate des Spiels optimiert, konkret gesagt den Logarithmus des Vermögens. Bei einem Spiel mit der Wahrscheinlichkeit p, b zu gewinnen, und der Wahrscheinlichkeit q = 1 - p, 1 (den gesamten Einsatz) zu verlieren, ergibt sich die Einsatzhöhe nach Kelly wie folgt:

$$f = p - \frac{q}{b} \qquad \text{(A.9)}$$

Das ist der theoretisch optimale Anteil der Geldmittel, der die erwartete Wachstumsrate des Spiels maximiert. Eine kurze Begründung dieser Formel findet sich in dem Artikel der in der Bibliografie unter 4. angegeben ist.

- Ein Spiel biete die Wahrscheinlichkeit p, b zu gewinnen, und die Wahrscheinlichkeit q = 1 - p, den Einsatz zu verlieren. Besitzt ein Spieler ein Startvermögen von W_0 und setzt einen Bruchteil f dieses Vermögens bei dem Spiel ein, dann ist es Ziel des Spielers, für f einen Wert zu wählen, der den Vermögenszuwachs nach N Einsätzen maximiert.
- Erzielt der Spieler in N Spielen N_W Gewinne und N_L Verluste, gilt:

$$W_N = (1 + fb)^{N_W}(1 - f)^{N_L}W_0$$

- Wird bei diesem Spiel viele Male gewettet, ergibt sich die logarithmierte Wachstumsrate wie folgt:

$$\frac{1}{N} \cdot \ln\left(\frac{W_N}{W_0}\right) = \frac{N_W}{N} \ln(1 + fb) + \frac{N_L}{N} \ln(1 - f)$$

$$\rightarrow p \ln(1 + fb) + q \ln(1 - f), \text{ da } N \rightarrow \infty$$

Das folgt aus dem Gesetz der großen Zahlen.

- Der Wetteinsatz, der die langfristige Wachstumsrate maximiert, entspricht $f = p - \frac{q}{b}$.

Man kann das Kelly-Kriterium auch auf die Vermögensverwaltung anwenden, um die theoretisch optimale prozentuale Allokation für einen Trade mit bekannter (oder näherungsweise bekannter) Gewinnwahrscheinlichkeit (POP = Probability Of Profit) und einem Vorteil zu ermitteln. Konkreter gesagt beträgt bei einer Option mit gegebener Laufzeit und POP der optimale Bruchteil des Vermögens, der dem Trade zuzuweisen ist, circa:

$$f = r \cdot \frac{\text{DTE}}{365} \cdot \frac{\text{POP}}{1 - \text{POP}} \tag{A.10}$$

wobei r der risikolose Zins und DTE/365 die Laufzeit des Trades in Jahren ist. Die Herleitung dieser Gleichung sieht so aus:

- Bei einem Spiel mit der Wahrscheinlichkeit p, b zu gewinnen, und einer Wahrscheinlichkeit q = 1 - p, eine Einheit zu verlieren, beträgt die zu erwartende Vermögensänderung nach einem Spiel pb - q.
- Bei einem Investment über die Zeit t zum risikolosen Zins r beträgt die erwartete Wertänderung e^{rt} - 1, abgeleitet aus dem künftigen Wert des Spiels bei stetiger Verzinsung. Unter der Annahme, dass rt klein ist, gilt $e^{rt} - 1 \approx rt$.
- Damit der Preis der Wette fair ist, sollte auch die Vermögensänderung gleich rt sein. Daher kann man, wenn pb - q ≈ rt, die Wettchancen bei diesem Trade als b ≈ (rt + q)/p = (1 + rt)/p - 1 abschätzen.
- Setzt man diesen Wert von b in die Formel für das Kelly-Kriterium ein, ergibt sich Folgendes:

$$f = p - \frac{q}{b} = p - \frac{1 - p}{\frac{1}{p} \cdot (1 + rt) - 1}$$

$$= \frac{(1 + rt) - p - 1 + p}{\frac{1}{p} \cdot (1 + rt) - 1} = \frac{rt}{\frac{1}{p} \cdot (1 + rt) - 1}$$

$$\approx \frac{rt}{\frac{1}{p} - 1} = rt \frac{p}{1 - p}$$

- Dies ergibt nun den ungefähren optimalen Anteil des Vermögens, den man einem gegebenen Trade zuweisen sollte, indem man für t DTE/365 und für p die POP einsetzt.

VERZEICHNIS GÄNGIGER TICKERSYMBOLE, ABKÜRZUNGEN, VARIABLEN UND GLEICHUNGEN

Symbol	Name
SPY	SPDR S&P 500
XLE	Energy Select Sector SPDR Fund
GLD	SPDR Gold Trust
QQQ	Invesco QQQ ETF (NASDAQ-100)
TLT	iShares 20+ Year Treasury Bond ETF
SLV	iShares Silver Trust
FXE	Wahrungs-ETF auf den Euro
XLU	Versorger-ETF
AAPL	Apple-Aktie
GOOGL	Google-Aktie
IBM	IBM-Aktie

AMZN	Amazon-Aktie
TSLA	Tesla-Aktie
VIX	CBOE Volatility Index (implizite Volatilität des S&P 500)
GVZ	CBOE Gold Volatility Index
VXAPL	CBOE Equity VIX für Apple
VXAZN	CBOE Equity VIX für Amazon
VXN	CBOE NASDAQ-100 Volatility Index

Abkürzung	**Volle Bezeichnung**
NYSE	New York Stock Exchange
ETF	Exchange-Traded Fund (börsennotierter Fonds)
DTE	Days To Expiration (Laufzeit/Restlaufzeit)
EMH	Efficient Market Hypothesis (Effizienzmarkthypothese)
ITM	In The Money (im Geld)
OTM	Out of The Money (aus dem Geld)
ATM	At The Money (am Geld)
P/L	Profit and Loss (Gewinn/Verlust)
IV	Implizite Volatilität
VaR	Value at Risk
CVaR	Conditional Value at Risk
POP	Probability Of Profit (Gewinnwahrscheinlichkeit)
BPR	Buying Power Reduction (Kaufkraftreduktion)

IVP	IV Percentile (IV-Perzentil)
IVR	IV Rank (IV-Rang)
NFT	Non-Fungible Tokens

Variablensymbol	**Bezeichnung/Definition der Variable**
S	Kassakurs/Aktienkurs: der Preis des Basiswerts
V	Kontraktpreis: der Preis der Option, wobei C verwendet wird, wenn es sich um einen Call handelt, und P für Puts
K	Basispreis/Ausübungspreis/Strike: der Preis, zu dem der Inhaber einer Option einen Basiswert zu einem künftigen Zeitpunkt oder davor kaufen beziehungsweise verkaufen kann
r	Risikolose Rendite/risikoloser Zins: die theoretische Rendite einer risikolosen Anlage
μ	Erwartungswert/Mittelwert
σ	Standardabweichung: die Streuung einer Verteilung, auch als Maß für Unsicherheit oder Risiko verwendet Volatilität: Standardabweichung der logarithmierten Renditen einer Anlage, wichtige Eingangsgröße bei der Optionsbewertung
Δ	Delta: die erwartete Preisänderung einer Option, wenn der Preis des Basiswerts um 1 $ steigt
Γ	Gamma: die erwartete Änderung des Deltas einer Option, wenn sich der Preis des Basiswerts um 1 $ ändert
Θ	Theta: der erwartete Zeitwertverlust (Verlust des äußeren oder extrinsischen Wertes) einer Option in Dollar pro Tag
β	Beta: die Volatilität einer Aktie im Verhältnis zur Volatilität des Gesamtmarkts
$\beta\Delta$	Betagewichtetes Delta: erwartete Änderung eines Optionspreises bei der Änderung eines Referenzindex um 1 $

Nummer der Gleichung	Gleichung
1.1 Einfache Rendite	Einfache Rendite = $R_t = \frac{S_t - S_{t-1}}{S_{t-1}}$
1.2 Logarithmierte Rendite	Logarithmierte Rendite = $R_t = \ln\left(\frac{S_t}{S_{t-1}}\right)$
1.3 P/L Long-Call	P/L Long-Call = $max(0, S - K) - C$
1.4 P/L Long-Put	P/L Long-Put = $max(0, K - S) - P$
1.5 Erwartungswert einer Population	Erwartungswert = $\mu = \frac{1}{n} \cdot \sum_{i=1}^{n} x_i = \frac{1}{n} \cdot (x_1 + x_2 + x_3 + \ldots + x_n)$
1.6 Erwartungswert	$E[X] = \sum_{i=1}^{k} x_i \cdot p_i = x_1 \cdot p_1 + x_2 \cdot p_2 + x_3 \cdot p_3 + \ldots + x_k \cdot p_k$
1.7 Varianz einer Population	Varianz = $\sigma^2 = \frac{1}{n} \cdot \sum_{i=1}^{n} (x_i - \mu)^2$
1.8 Varianz	$Var(X) = E[(X - E[X])^2] = E[X^2] - E[X]^2$ $= (x_1^2 \cdot p_1 + x_2^2 \cdot p_2 + x_3^2 \cdot p_3 + \ldots + x_k^2 \cdot p_k)$ $- (x_1 \cdot p_1 + x_2 \cdot p_2 + x_3 \cdot p_3 + \ldots + x_k \cdot p_k)^2$
1.9 Schiefe	Schiefe = $\frac{1}{n} \cdot \frac{\sum_{i=1}^{n} (x_i - \mu)^3}{\sigma^3}$
1.15 Delta	$\Delta = \frac{\partial V}{\partial S}$
1.16 Gamma	$\Gamma = \frac{\partial \Delta}{\partial S} = \frac{\partial^2 V}{\partial S^2}$
1.17 Theta	$\Theta = \frac{\partial V}{\partial t}$
1.18 Kovarianz einer Population	Kovarianz = $Cov(X, Y) = \frac{1}{n} \cdot \sum_{i=1}^{n} (x_i - \mu_x)(y_i - \mu_y)$
1.19 Kovarianz	$Cov(X, Y) = E[(X - E[X])(Y - E[Y])]$

1.20 Korrelationskoeffizient	$\text{Korrelation} = \rho_{xy} = \frac{\text{Cov}[X, Y]}{\sigma_x \sigma_y}$
1.21 Additiver Charakter der Varianz	$\text{Var}(X + Y) = \text{Var}(X) + \text{Var}(Y) + 2\text{Cov}(X, Y)$
1.22 Beta	$\beta = \frac{\text{Cov}[R_i, R_m]}{\text{Var}[R_m]}$
2.1 Erwartete Spanne ±1σ in %, Näherung	$\text{Erwartete Spanne von } 1\sigma \text{ in \%} = \text{IV} \cdot \sqrt{\frac{\text{Anzahl Kalendertage}}{365}}$
2.2 Erwartete Spanne ±1σ in $, Näherung	Erwartete Spanne von 1σ in $ = $\text{Aktienkurs} \cdot \text{IV} \cdot \sqrt{\frac{\text{Anzahl Kalendertage}}{365}}$
3.1 IV-Perzentil (IVP)	$\text{IVP} = \frac{\text{Anzahl der Tage im vergangenen Jahr mit einer IV unter der aktuellen IV}}{252}$
3.2 IV-Rang (IVR)	$\text{IVR} = \frac{\text{derzeitige IV - niedrigste IV des vergangenen Jahres}}{\text{höchste IV des vergangenen Jahres - niedrigste IV des vergangenen Jahres}}$
4.1 BPR eines Short-Puts	**BPR eines Short-Puts** = *max*([(0,2 x *S*) - (*S* - *K*)] x 100, (0,1 x *K*) x 100, 250 - *P* x 100)
4.2 BPR eines Short-Calls	**BPR eines Short-Calls** = *max*([(0,2 x S) - (*S* - *K*)] x 100, (0,1 x *K*) x 100, 250 - *C* x 100)
4.3 BPR eines Short-Strangles	Short-Strangle-BPR = *max* (Put-BPR, Call-BPR)
5.1 BPR eines Short Iron Condors	BPR eines Short Iron Condors = 100 x *max*(Strike des Long-Calls - Strike des Short-Calls, Strike des Short-Puts - Strike des Long-Puts) - 100 x (Preis des Short-Calls + Preis des Short-Puts - Preis des Long-Calls - Preis des Long-Puts)
8.1 Näherung für den Allokationsprozentsatz gemäß dem Kelly-Kriterium	$f = r \cdot \frac{\text{DTE}}{365} \cdot \frac{\text{POP}}{1 - \text{POP}}$

BIBLIOGRAFIE

1. Campbell, J. M. (1997). *The Econometrics of Financial Markets*. Princeton University Press.

2. Chriss, N. A. (1997). *Black-Scholes and Beyond: Option Pricing Models*. Irwin Professional Publishing.

3. Hull, J. C. (2015). *Options, Futures, and Other Derivatives* (9th ed.). Pearson.

4. Kelly, J. L. (1956). A new interpretation of information rate. *Bell Systems Technical Journal, 35*(4), 917–926. https://ieeexplore.ieee.org/ document/6771227

5. Ross, S. M. (2005). *A First Course in Probability* (8th ed.). Pearson.

6. Shreve, S. E. (2004). *Stochastic Calculus for Finance I: The Binomial Asset Pricing Model*. Springer.

368 Seiten
gebunden
24,90 [D] / 25,60 [A]
ISBN: 978-3-86470-716-2

Michael Sincere:
Keine Angst vor Optionen

Um Optionen haben Sie bislang lieber einen Bogen gemacht? Dann ist „Keine Angst vor Optionen“ das richtige Buch für Sie. Börsenprofi und Erfolgsautor Michael Sincere hat es für alle geschrieben, die wissen und verstehen wollen, was es mit Optionen auf sich hat. Er beginnt bei den Grundlagen und schreitet systematisch voran bis zur Erklärung komplexerer Strategien, die von Profis genutzt werden – alles anschaulich und nachvollziehbar. So vermittelt er Ihnen das Rüstzeug, um den Optionsmarkt zu verstehen. Und Angst vor Optionen? Die haben Sie nach der Lektüre garantiert nicht mehr!

Börsenbuch verlag

240 Seiten
gebunden
29,99 [D] / 30,90 [A]
ISBN: 978-3-86470-622-6

Jens Rabe: Optionsgewinne mit System

Mittlerweile begeistern sich in Deutschland immer mehr Anleger für Optionen und die Möglichkeiten, mit durchdachten Strategien das Risiko teilweise auszuschalten und planvoll Geld an der Börse zu verdienen. Für diesen Kreis legt Jens Rabe nun ein neues Buch vor: „Optionsgewinne mit System" vermittelt das grundlegende Wissen, das alle Anleger vor ihrem ersten Optionstrade verinnerlicht haben sollten, und stellt eine elementare Strategie vor, mit der Profis rund um den Globus ihr Geld verdienen. Die geschickte Kombination von Optionen und Dividenden ist für kundige Anleger bares Geld wert.

Börsenbuch verlag

160 Seiten
broschiert
29,00 [D] / 29,90 [A]
ISBN: 978-3-86470-089-1

Dr. Alexander Elder:
Alles, was Sie über Trading wissen müssen – Das Arbeitsbuch

Mit dem Arbeitsbuch kann jeder Leser das Gelernte vertiefen und verfestigen. 170 Multiple-Choice-Fragen sorgen dafür, dass der Leser sich das Mindset und das handwerkliche Rüstzeug eines nachhaltig erfolgreichen Traders aneignet. Eine Besonderheit: Dr. Elder nennt nicht nur einfach die Lösungen, sondern kommentiert die richtigen und falschen Antworten – zusätzlicher Erkenntnisgewinn inklusive. Für Leser, die das volle Potenzial von „Alles, was Sie über Trading wissen müssen" – und ihr eigenes – heben wollen.

Börsenbuchverlag

656 Seiten
gebunden mit SU
79,00 [D] / 81,50 [A]
ISBN: 978-3-86470-860-2

James P. O'Shaughnessy: What works on Wall Street

„What Works on Wall Street" ist ein echter Börsenbuchklassiker. Er besticht durch eine rationale, empirische Herangehensweise – und beherzigt damit einen der zentralen Ratschläge, den alle erfolgreichen Investoren befolgen: Halten Sie Emotionen aus dem Anlageprozess heraus! James P. O'Shaughnessy analysiert auf der Grundlage von Daten, die teilweise weit zurückreichen, welche Anlagestrategien sich als dauerhaft erfolgreich erwiesen haben, auf welche Kennzahlen man wirklich achten sollte, weshalb Trendfolge funktioniert, wie man Growth und Value für sich arbeiten lassen kann und vieles mehr.

Börsenbuchverlag